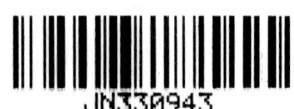

伝統中国判牘資料目録

三木　聰
山本英史　編
高橋芳郎

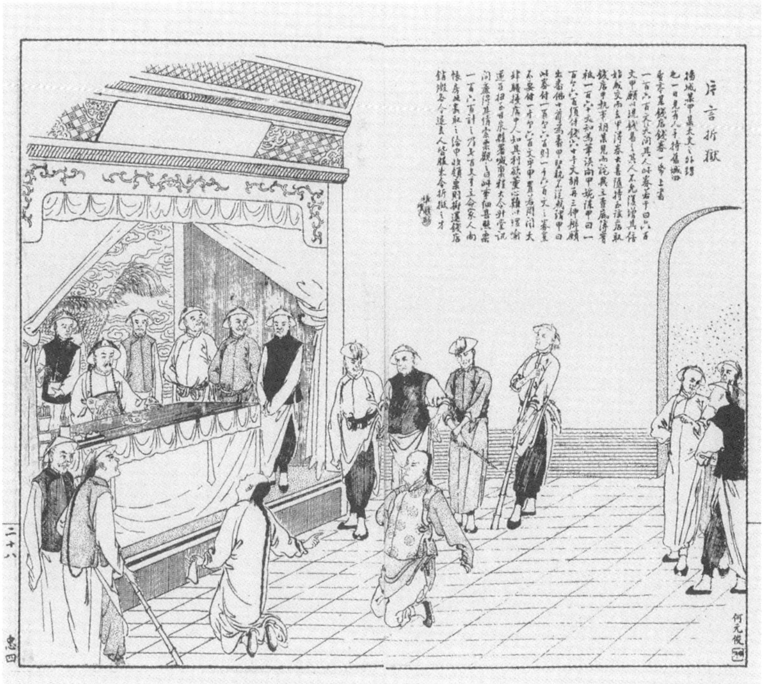

汲古書院

序

「判牘」とは滋賀秀三氏の定義に従えば、「過去の中国において、訴訟案件を扱った地方長官が、何らかの裁きを与える意味をもって書き残した文章」（同『清代中国の法と裁判』創文社、1984年）である。その多くは個人の文集である別集の一部として、あるいは公文書を集めた公牘の一編としてそれぞれ収められたが、判牘だけを集めて一書をなし、『○○判牘』ないしは『○○判語』などの名において刊行されたものも少なくない。

刊行の目的は、官僚個人が実際に携わった裁判記録を書物として後世に遺すためであった。経学や詩文に長じない限り、みずからが著した文章で多数を占めるのは勢い公文書であり、とりわけその中でも判牘だったからである。

刊行のもう一つの目的は、読者の需要に応えるためであった。科挙に合格したばかりで官僚経験の浅い者がいきなり赴任地の紛争に対して判決を下さざるを得ない環境の下、実際に参考にしたのは具体的な判決とその書式であったからである。これは地方官の政治顧問的役割を果たした幕友にとっても判例集として有用だったに違いない。そうした事情は判牘の刊行をさらに促進した。

判牘が裁判文書集であるという性質から、後世におけるその資料としての利用は法学研究の分野から始まったことは当然だった。他方それと対照的に歴史研究の分野でこれを史料として活用したものは以前においてはほとんどなかったといってよい。近年、その判牘が歴史研究においても注目を集め、とりわけ事件記録の中に示された諸情報が当時の地方社会のあり方を具体的に伝えていることから社会史研究の分野において積極的に活用されるようになってきた。

判牘の収蔵に関わる大きな特徴としては、書誌分類上善本に認定されていないものが少なくない点である。日本で最も多くの判牘を収蔵するのは東京大学東洋文化研究所であるが、その主要な部分は1941年に研究所が創設された際に、大木幹一（1881－1958）が寄贈した「大木文庫」から成り立っている。大木は1911年に東京帝国大学法学院を卒業後、弁護士として長期にわたり北京と天津に滞在し、その間に法制関係を中心とする漢籍を多数収集した。他方、中国で判牘を集中して収蔵しているのは中国社会科学院法学研究所法学図書館である。法学研究所は 1958 年に正式に成立した中国社会科学院の一組織で、成立当時、法学研究に供するために購入可能な政書類を収集したものと思われる。また中国国家図書館（旧北京図書館）にも特徴的な判牘が収められているが、それは普通古籍を収蔵した分館に多く見受けられる。これらの機関に収蔵された公牘はたいていの場合、辛亥革命以後にまとめて購入されたものが基礎になっている。実用書としての判牘は革命後その役割を終えたことから市場に大量に、かつ安価で出回ったことがその背景にある。

判牘は編纂物である限り、もちろんいわゆる一次史料ではありえない。判牘の元は「檔案」と呼ばれる原文書であり、判牘はそうした裁判の過程で何枚にもわたって発行された書類群が提供した多くの情報を簡潔にまとめたものに過ぎない。またこれは官僚個人の記録であることから、彼とその関係者にとって後世に遺すことが望ましくないと判断した案件――自分の判決案が上司によって却下された場合など――は収録対象からはずされたことが想定され、判牘が裁判記録の全貌を伝えているとは限らない。さらに時として収録された文書にも何らかの事情によって改変が加えられた可能性もないとはいえない。しかし、前近代中国においては、地方司法行政に関わる檔案で現存するものが極めて少ないという実情にあって、すでに失われた原件文書の情報の一端をいまに伝えている特徴をもつ判牘はなお固有の史料的価値を持っているのである。

本書は以上のような背景の下、判牘を法学研究、歴史学研究、さらには文学研究の資料としていま以上の活用を促進する目的で編んだものである。この目録の前身は三木聰氏を首班とする平成 16 年度～平成 18 年度日本学術振興会科学研究費補助金（基盤研究(B)）海外学術調査研究成果報告書『伝統中国の訴訟・裁判資料に関する調査研究』(2007 年 3 月刊行）に収められた「伝統中国判牘資料目録稿（明清篇)」である。この調査研究の詳しい経緯については跋文に譲るが、その際に中国大陸、台湾、さらにはアメリカの収蔵機関を網羅的に調査し、既知の 71 種に 100 種を上乗せした 171 種の判牘についての詳細な情報を得ることができた。このたび新たに単行本としての目録を刊行するに当たって、全面的に改訂を施し、さらにその後の調査によって得られた情報に基づき、さらに 18 種を加えることができた。なかでも『容我軒雑稿』(上海・復旦大学図書館蔵）のように所在不明とされていたもの、『治開録』、『理信存稿』、『同安紀略』（ともに中国社会科学院法学研究所法学図書館蔵）のように館員の長期貸し出し中のために閲覧が適わなかったもの、『剡中治略』、『天彭治略』（江蘇・常熟市図書館蔵）のように地理的条件のために直接閲覧できなかったものなど、共同調査の時点においては未調査に終わったままになっていた懸案を解決することができたのは大きな成果であった。

最後に本目録の編者の一人である津田（高橋）芳郎さんのことについて記しておきたい。津田さんは本年3月新たな海外学術調査の首班として我々とともに北京で活動されていたが、突然の病気により急逝されてしまった。いまもって信じられない思いでいっぱいである。津田さんは気鋭の宋代史研究者として、また明刊本の『名公書判清明集』を我が国に初めて紹介された功労者としてつとに知られた方であり、私にとっては30年来の知己であった。

私は1994年9月から1995年3月までの7ヶ月間、在外研究によって北京に滞在する機会を得た。その目的は大陸に存在する政書類、とりわけ判牘を含む公牘を調査収集することだった。その時、たまたま津田さんもまた在外研究によって北京に滞在されていた。しかも津田さんの目的もまた判牘の調査であった。中国社会科学院法学研究所に多くの判牘が収蔵されているとの情報は津田さんから初めて教わった。五四運動の舞台で有名な旧北京大学紅楼が近くにある沙灘に移転したばかりの法学研究所に初めて赴いた時、私がこの研究所で漢籍の閲覧を求めた二番目の外国人であることを知った。

共同調査でご一緒させていただいた想い出は尽きない。そして津田さんの判牘についての学識と調査体験が本書の基礎になっていることは疑いない。津田さんが上海の復旦大学図書館で確かに閲したことがあるといわれた“幻の公牘”『容我軒雑稿』を2008年8月に私が手にした時、帙に挟まれた閲覧カードの最初に「津田芳郎」の名がはっきりと記されていたことは印象的だった。

本書の刊行を待たずに津田さんが逝ってしまわれたのは誠にもって残念な思いがする。せめて本書を北京の西郊外に眠る津田さんの墓前に奉げ、これまでの学恩と友誼に報いたいと思う次第である。

2009年12月11日

山　本　英　史

目　次

凡　例

Ⅰ　本目録は、各種の書目・研究等を通じてその存在を知り、或いは直接の閲覧・調査によって確認しえた判牘資料189種の書誌・内容等をほぼ時系列に沿って提示したものである。但し、ここでは厳密な意味での判語・判牘ばかりでなく、主に地方レヴェルの訴訟・裁判資料について広い範囲での採録を行っている。

Ⅱ　記載内容については、次のとおりである。

(1) 最初に、通し番号と共に、一般の漢籍目録に準拠して、書名・巻数・撰者・鈔刻・叢書等を提示した。ここに記載する鈔刻については、一部の例外を除いて、最も古い版本を挙げた。

(2) ［撰者］欄は、当該書所載の判牘等に直接関連する撰者の官職・在任時期を中心に記載した。

(3) ［内容］欄は、当該書所載の判牘等の巻数・件数・標題を中心に記載した。

(4) ［所蔵］欄は、当該書の収蔵機関について下記の省略記号によって記載した。

(5) ［版本］欄は、近年、中国・台湾で景印・排印によって出版され、容易に閲覧可能になったものを中心に、書名・鈔刻・叢書等を／で区切って記載した。

(6) ［備考］欄は、当該の判牘資料を紹介・解説した文献を下記の省略記号によって記載した。

Ⅲ　上記Ⅱ-(4)［所蔵］欄で使用した省略記号は次のとおりである。

［国　会］: 国立国会図書館。
［書陵部］: 宮内庁書陵部。
［人文研］: 京都大学人文科学研究所。
［静嘉堂］: 静嘉堂文庫。
［尊経閣］: 前田育徳会尊経閣文庫。
［東大法］: 東京大学法学部。
［東文研］: 東京大学東洋文化研究所。
［東　洋］: 東洋文庫。
［内　閣］: 国立公文書館内閣文庫。
［蓬　左］: 名古屋市蓬左文庫。
［安徽図］: 安徽省図書館。
［北京大］: 北京大学図書館。
［常熟図］: 江蘇省常熟市図書館。
［法学所］: 中国社会科学院法学研究所図書館。
［復旦大］: 復旦大学図書館。

［傅斯年］：台湾中央研究院歴史語言研究所傅斯年図書館。
［国家図(北)］：中国国家図書館(旧北京図書館)本館。
［国家図(分)］：中国国家図書館(旧北京図書館)分館。
［国家図(台)］：台湾国家図書館(旧台湾中央図書館)。
［科学図］：中国科学院国家科学図書館(旧中国科学院図書館)。
［遼寧図］：遼寧省図書館。
［南京図］：南京図書館。
［歴史所］：中国社会科学院歴史研究所図書館。
［上海図］：上海図書館。
［厦門大］：厦門大学図書館。
［香港大］：香港大学図書館。
［ＬＣ］：米国国会図書館。

Ⅳ　上記Ⅱ-(6)［備考］欄の記載原則および使用する省略記号は下記のとおりである。

(1) 第一に、当該書について解題を行っている書目、或いは訳注・史料紹介・解題に関連する研究文献を、次の省略記号によって提示した。

［井上　徹 05］：井上徹「明末広州の宗族――顔俊彦『盟水斎存牘』に見える実像――」井上徹・塚田孝編『東アジア近世都市における社会的結合――諸身分・諸階層の存在形態――』清文堂、2005 年、所収。

［加藤雄三 99］：加藤雄三『中国元明法制史 特に法源とその援用理論の探求――明朝嘉靖時代を中心として――』富士ゼロックス小林節太郎記念基金、1999 年。

［喜多三佳 04］：喜多三佳「『天台治略』訳注稿(九)讞語(1)」『四国大学紀要』〈人文・社会科学編〉22 号、2004 年。

［喜多三佳 05a］：喜多三佳「『天台治略』訳注稿(十)讞語(2)」『四国大学紀要』〈人文・社会科学編〉23 号、2005 年。

［喜多三佳 05b］：喜多三佳「『天台治略』訳注稿(十一)讞語(3)」『四国大学紀要』〈人文・社会科学編〉24 号、2005 年。

［小口彦太 88］：小口彦太「清代地方官の判決録を通して見たる民事的紛争の諸相」『中国――社会と文化――』3 号、1988 年。

［滋賀秀三 84］：滋賀秀三「清代判牘目録」同『清代中国の法と裁判』創文社、1984 年、所収。

［高橋芳郎 02］：高橋芳郎「明代徽州府休寧県の一争訟――『著存文巻集』の紹介――」同『宋代中国の法制と社会』汲古書院、2002 年、所収（原載『北海道大学文学部紀要』46 巻 2 号、1998 年）。

［濱島敦俊 81］：濱島敦俊「北京図書館蔵『按呉親審檄稿』簡紹」『北海道大学文

学部紀要』30 巻 1 号、1981 年。

［濱島敦俊 83］：濱島敦俊「北京図書館蔵『莆陽讞牘』簡紹――租佃関係を中心に――」『北海道大学文学部紀要』32 巻 1 号、1983 年。

［濱島敦俊 93］：濱島敦俊「明代の判牘」滋賀秀三編『中国法制史――基本資料の研究――』東京大学出版会、1993 年、所収。

［濱島敦俊 06］：濱島敦俊「明末華北の地方士人像――張肯堂『㽔辞』に見る――」大島立子編『宋 - 清代の法と地域社会』東洋文庫、2006 年、所収。

［三木　聰 05］：三木聰「清代順治・康熙年間の判牘史料四種について」『北大史学』45 号、2005 年。

［三木　聰 07］：三木聰「清代前期の福建汀州府社会と図頼事件――王廷掄『臨汀考言』の世界――」『史朋』40 号、2007 年。

［森田成満 93］：森田成満「清代の判語」滋賀秀三編『中国法制史』（前掲）所収。

［山本英史 06］：山本英史「健訟の認識と実態――清初の江西吉安府の場合――」大島立子編『宋 - 清代の法と地域社会』（前掲）所収。

［山本英史 09］：山本英史「清康熙の孤本公牘三種について」『史学』77 巻 4 号、2009 年。

［卞　利 04］：卞利『明清徽州社会研究』安徽大学出版社、合肥、2004 年。

［巫仁恕 04］：巫仁恕「就法論法？――明代地方政府的司法審査――」（口頭報告）2004 年 2 月 21 日。

［楊一凡 05］：楊一凡「十二種明代判例判牘版本述論」張伯元編『法律文献――整理与研究――』北京出版社、北京、2005 年、所収。

［張偉仁 76］：張偉仁編『中国法制史書目』全 3 冊、中央研究院歴史語言研究所、台北、1976 年。

［P.E.Will 10］：Will, P. E., *Official Handbooks and Anthologies of Imperial China : A Descriptive and Critical Bibliography*, Work of Progress, As of 1 January 2010.

(2) 第二に、(1)に所載の各文献に見えないものについては、次の 3 種の書目を省略記号によって提示した。

［法制局 57］：国務院法制局法制史研究室編『中国法制史参考書目簡介』法律出版社、北京、1957 年。

［古籍善本(史)91］：中国古籍善本書目編輯委員会編『中国古籍善本書目』〈史部〉上・下、上海古籍出版社、上海、1991 年。

［古籍善本(子)96］：中国古籍善本書目編輯委員会編『中国古籍善本書目』〈子部〉上・下、上海古籍出版社、上海、1996 年。

V　本文中の□は印刷等の都合で判読不能の文字を表している。

伝統中国判牘資料目録

I　明　代

1　御制大誥　一巻続編一巻三編一巻　明太祖撰　万暦七年刊本　皇明制書所収

［撰者］：明太祖の在位期間は洪武元年（1368）から同 31 年（1398）まで。

［内容］：大誥に 9 件、続編に 29 件、および三編に 20 件の判を収録。標題は下記のとおり。

大誥：1 軍人妄給妻室第六／2 張夢弼私遞贓私第十五／3 開州追贓第二十五／4 奸吏建言第三十三／5 沈匿巻宗第六十／6 御史汪麟等不才第六十八／7 教官妄言第七十一／8 成造馬船第七十二／9 冒解軍役第七十三。

続編：1 糧長妄告叔舅第二十／2 糧長瞿仲亮害民第二十二／3 韓鐸等造罪第二十四／4 教人受贓第二十六／5 重支賞賜第二十七／6 用囚書辦文案第二十八／7 故脱賊党第三十／8 枉禁淩漢第三十一／9 鈔庫作弊第三十二／10 東流魚課害民第三十四／11 妄奏官属第三十七／12 匿奸売引第三十八／13 董演虚誑第三十九／14 故更囚名第四十三／15 追問下蕃第四十四／16 糧長郝阿仍害民第四十七／17 逃吏更名第四十八／18 常熟県官乱政第四十九／19 朝臣蹈悪第五十／20 民拿経該不解物第五十五／21 科斂驢匹第五十六／22 吉州科斂第五十七／23 銭鈔貫文第五十八／24 剋減賑済第六十／25 不対関防勘合第六十三／26 阻擋耆民赴京第六十七／27 容留濫設第七十三／28 断指誹謗第七十九／29 秦昇等怙終第八十三。

三編：1 臣民倚法為奸第一／2 李茂実胡党第七／3 陸和仲胡党第八／4 指揮林賢胡党第九／5 蘇州人材第十三／6 妄挙有司第十四／7 馮叡累貪不悛第十五／8 遞送潘富第十八／9 巡闌害民第二十／10 著業牌第二十一／11 安慶解課第二十三／12 王子信害民第二十五／13 掲籍点吏第二十八／14 王錫等奸弊第二十九／15 庫官収金第三十五／16 朋奸匿党第三十七／17 戴刑肆貪第三十八／18 御史劉志仁等不才第

三十九／19排陥大臣第四十／20駅丞害民第四十二。

［所蔵］：［東洋］等。

［版本］：［一九六六年台北台湾学生書局用洪武十八年序刊本続編洪武十九年序刊本三編洪武十九年序刊本景印／明朝開国文献所収］・［一九六六年東京古典研究会用万暦七年刊本景印／皇明制書所収］・［楊一凡校注／一九九四年北京書目文献出版社排印本／中国珍稀法律典籍集成所収］・［明大誥所載判例／二〇〇五年北京中国社会科学出版社排印本／歴代判例判牘所収］。

［備考］：［楊一凡 05］。

2　大誥武臣　一巻　明太祖撰　明刊本　皇明制書所収

［撰者］：1、参照。

［内容］：21件の判を収録。標題は下記のとおり。

1冒支官糧第一／2耿良肆貪害民第三／3梅義交結安置人第四／4千戸彭友文等餓死軍人第五／5儲傑曠職第六／6儲欽等擅収軍役第七／7科斂害軍第九／8邀截実封第十二／9図財殺人第十三／10打死軍人第十四／11冒支官絹第十五／12剋落糧塩第十六／13因姦殺人第二十一／14姦宿軍婦第二十二／15以妾為妻第二十四／16勾軍作弊第二十五／17監工売囚第二十六／18私役軍人第二十七／19生事害民第二十八／20排陥有司第三十／21説事過銭第三十二。

［所蔵］：［内閣］。

［版本］：［一九六六年台北台湾学生書局用鈔本景印／明朝開国文献所収］・［一九六六年東京古典研究会用明刊本景印／皇明制書所収］・［楊一凡校注／一九九四年北京書目文献出版社排印本／中国珍稀法律典籍集成所収］・［明大誥所載判例／二〇〇五年北京中国社会科学出版社排印本／歴代判例判牘所収］。

［備考］：［楊一凡 05］。

3　王恭毅公駁稿　二巻　明王概撰　明高銓輯　弘治五年刊本

［撰者］：王概が天順7年(1463)から成化9年(1473)まで大理寺卿として在任した時期のもの①。

---

①『明英宗実録』巻358、天順7年10月戊戌条、および『明憲宗実録』巻119、成化9年8月戊

［内容］：駁稿上に 50 件、同下に 47 件、併せて 97 件の駁案を収録。標題は下記のとおり。

駁稿上：1 一罪先発／2 犯罪自首／3 争襲官職／4 起送官員／5 選官 夤縁作弊／6 事応奏不奏／7 増減公文／8 更換吏役／9 考退官員／10 家財 附人命 三駁／11 毀損房屋／12 山場煤窯／13 田地／14 奪占房産 附義子／15 隠瞞屯地子粒／16 婚姻家財／17 居喪嫁娶 二駁／18 盗官銭鈔 附失鈴束覚察挙首／19 錯附粮数虚出通関／20 那支官粮／21 那移支放草束 二駁／22 已出倉庫而未給散侵欺／23 私物当供官用在官未入倉庫而侵欺／24 冬衣布花 附擬断不当／25 顔役侵欺及不覚被盗／26 官銀／27 私塩拒捕／28 巡捕私塩殺人図頼／29 匿税 □査別□問結比駁／30 私債／31 盗供仏宝物／32 失誤軍機 二駁／33 盗売買補官馬／34 馬船 附妄加参語／35 偸盗官米／36 強盗／37 因強盗強奸／38 強盗傷人 自首／39 強盗辯明／40 窃盗拒捕／41 窃盗臨時傷人共盗不曾助力／42 劫囚／43 搶奪／44 搶奪問／45 闘殴搶奪／46 恐嚇／47 拐帯／48 略誘／49 夜無故入人家／50 窃盗臨時為強盗。

同下：1 謀殺／2 謀殺親夫／3 殺死奸夫／4 支解人／5 殺一家非死罪三人／6 前件 附併詳／7 人命事 闘殴殺／8 同謀共殴人／9 威逼人致死重／10 妻殴夫／11 夫殴妻／12 夫殴死妻／13 誣告／14 前件 附改擬／15 受赃有禄無禄人／16 用強求索赃／17 聴許赃 附説事過銭／18 詐偽文書／19 詐伝詔旨及詐称諫院／20 奏事不実／21 不応／22 詐称差遣浸財／23 奸姪婦／24 強奸／25 買休売休 二駁／26 提解人犯／27 不覚失囚并淹禁／28 故勘平人 附調駁／29 受財故縦強盗越獄／30 班匠／31 革前罪名／32 追究原問／33 各執一詞／34 招情不通／35 年月顛倒／36 朦朧不論功実議／37 含糊 私債一人命二／38 事執両端／39 増添情節／40 略去情節／41 再問送審／42 未経対理 附奏事不実／43 引律駁　一倒死騾頭／44 比例問擬引例査駁／45 逃吏／46 逃官事例 二駁／47 誆攬事例 二駁。

［所蔵］：［上海図］。

［版本］：［一九九五年済南斉魯書社用弘治五年刊本景印／四庫全書存目叢書所収］・［一九九五年上海上海古籍出版社用弘治五年刊本景印／続修四庫全書所収］。

［備考］：［P.E.Will 10］。

寅条、参照。

4　浚川駁稿集　二巻　明王廷相撰　嘉靖刊本　浚川全集所収

[撰者]：就任時期は未詳であるが、王廷相が正徳 8 年(1513)まで陝西巡按御史として在任した時期のもの①。

[内容]：巻 1、会審録に 36 件、巻 2、詳駁録に 52 件を収録。以下、前者の標題のみを提示する。

[1]一起強劫財物等事／[2]一起強賊劫財殺傷人口事／[3]一起嚇姦堂嬸事／[4]一起姦情事／[5]一起人命事／[6]一起強姦幼女事／[7]一起姦情事／[8]一起犯罪脱逃朋謀陥害等事／[9]一起強姦男婦事／[10]一起強盗劫財殺死人命事／[11]一起謀殺人命事／[12]一起人命事／[13]一起偸盗事／[14]一起強盗劫財傷人事／[15]一起人命事／[16]一起強劫事／[17]一起豪官玩法擅作威福乗機讐害汚陥名節希明分积等事／[18]一起賊盗事／[19]一起陳情乞恩辯明冤枉人命事／[20]一起分豁冤枉事／[21]一起連贓捉獲強賊事／[22]一起偸盗馬匹事／[23]一起人命事／[24]一起人命事／[25]一起殺人事／[26]一起謀財事／[27]一起自縊人命事／[28]一起伴当打傷管家内官事／[29]一起強劫事／[30]一起分訴人命事／[31]一起審録罪囚事／[32]一起出巡事／[33]一起図財致命事／[34]一為出巡事／[35]一起人命事／[36]一為賊情事。

[所蔵]：［傅斯年］・［南京図］・［上海図］。

[版本]：［王孝魚点校／一九八九年北京中華書局排印本／王廷相集所収］・［浚川公移集三巻駁稿二巻奏議集十巻／一九九五年済南斉魯書社用嘉靖至隆慶刊本景印／四庫全書存目叢書所収］。

[備考]：［張偉仁 76］・［巫仁恕 04］・［P.E.Will 10］。

5　浚川公移集　三巻　明王廷相撰　嘉靖刊本　浚川全集所収

[撰者]：王廷相が正徳 12 年(1517)から正徳 16 年(1521)まで四川按察司僉事として在任した時期のもの②。

[内容]：巻 1 に駁 2 件を収録。標題は下記のとおり。

[1]栄県張世恩割股食母駁／[2]嘉定州生員宋惟哲不丁継母憂駁。

---

① 『明武宗実録』巻 97、正徳 8 年 2 月癸丑条、および何出光等『蘭台法鑑録』巻 14、正徳朝、参照。

② 『明武宗実録』巻 150、正徳 12 年 6 月丙辰条、および同、巻 195、正徳 16 年 5 月壬戌条、参照。

[所蔵]：［傅斯年］・［南京図］・［上海図］。

[版本]：［王孝魚点校／一九八九年北京中華書局排印本／王廷相集所収］・［浚川公移集三巻駁稿二巻奏議集十巻／一九九五年済南斉魯書社用嘉靖至隆慶刊本景印／四庫全書存目叢書所収］・［浚川公移駁稿三巻／郭成偉・田濤点校／一九九九年北京中国政法大学出版社排印本／明清公牘秘本五種所収］。

[備考]：［張偉仁 76］・［P.E.Will 10］。

6 讞獄稿　五巻　明応檟撰　明周南校　嘉靖十年刊本

[撰者]：応檟が署刑部郎中として在任した時期のもの。

[内容]：斬・絞等の死刑囚に対する「矜」「疑」等のいわば再審に関する「会審」案件を収録したもの。巻 2、蘇松等処会審疏に「会審情可矜疑、称冤有詞、并辯問過斬絞等罪、倶合奏請定奪犯人、共伍拾陸名口」、巻 3、常鎮等処会審疏に「会審情可矜疑、辯問称冤、及例該奏請斬絞犯人、共三十五名口」、巻 4、応天・太平・広徳等処会審疏に「会審情可矜疑改擬、倶該奏請定奪斬絞犯人、共一十八名口」、そして巻 5、各処会審強盗疏に「会審過情有可疑斬罪犯人、一十五名」とある。

当該版本には、すべてではないが、例えば、巻 2 の「伍拾陸名口」の一人「壹名胡霖招、係直隷蘇州府常熟県民。……」のように、上部空格に「偽造印行」と罪状が抄写されているものがある。それらをここに提示するならば、巻 2 には「偽造印行」「闘殴」「謀殺」「軍人逃亡犯」「強盗窩主」「窩主」「偽造印」「私鋳」「威逼期親」「因盗威逼」「因姦威逼」「三犯」「強盗」「故縦」「私塩」「打奪」、巻 3 には「三犯」「謀殺」「故殺」「姦子婦」「私鋳」「故殺雇工」「罵父」「充軍逃回」「弟殴兄」「窩主」「開棺」「闘殴」「殴父母」、巻 4 には「窃盗殺人」「偽造印」「三犯」「傷而不死」「私塩拒捕」「殴妻」「闘殴」「充軍逃回」「雖不知情」「誣告」「故縦」「強奪」「誤殺傍人」「窩主」等が見られ、巻 5 はすべて「強盗」である。

[所蔵]：［国家図（北）］。

[版本]：［一九八一年天津天津古籍書店用嘉靖十年刊本景印］。

[備考]：［濱島敦俊 93］・［P.E.Will 10］。

7　四川各地勘案及其它事宜檔冊　不分巻　明闕名輯　嘉靖鈔本

[撰者]：　――

[内容]：四川の地方檔案を集成したもの。時期は嘉靖 29 年（1550）から同 30 年（1551）まで。加藤雄三氏の整理によれば、全 95 件で、地域については成都府関係が 35 件、同じく順慶府が 8 件、夔州府が 7 件、重慶府が 8 件、潼川州が 7 件、嘉定州が 10 件、等である。一件の書き出しは、ほぼ二種類からなっている。一つは「壹起、為積年里長侵収銭糧、借貸坑併監苦事」というもの、いま一つは「潼川州呈、今将本州同知何日渓問過犯人馮亨等招由、理合呈乞照詳施行、須至呈者」或いは「成都府漢州綿竹県、為被水遺失公文、坑難供役分豁事。遵将本県問完犯人招由書冊、理合□□、須至冊者」というものである。

[所蔵]：[国家図（分）]。

[版本]：[一九八七年北京書目文献出版社用嘉靖抄本景印／北京図書館古籍珍本叢刊所収]・[一九九七年北京図書館出版社用嘉靖抄本景印]・[四川地方司法檔案／二〇〇五年北京中国社会科学出版社排印本／歴代判例判牘所収]。

[備考]：[加藤雄三 99]・[楊一凡 05]。

8　甌東文録　五巻　明項喬撰　嘉靖三十一年刊後代修補本

[撰者]：項喬は、嘉靖 8 年（1529）の進士で、湖広按察司副使・福建按察司僉事・広東布政司左参政等に就任しているが、どの時期のものかは未詳①。

[内容]：巻 5、判類に 14 件の判を収録。標題は下記のとおり。

[1]術士妄言禍福／[2]同僚代判署文案／[3]私役民夫擡轎／[4]無故不朝参公座／[5]蒙古色目人婚姻／[6]棄毀器物稼穡／[7]強占良家婦女／[8]文書応給駅而不給／[9]娶部民婦女為妻妾／[10]市司評物価／[11]窃盗／[12]承差転雇寄人／[13]棄毀制書印信／[14]交結近侍官員。

但し、[国家図（台）] 所蔵本では、巻 5 の本文の「[12]承差転雇寄人」の途中から缺葉となっている。

[所蔵]：[国家図（台）]。

---

① 焦竑『国朝献徴録』巻 99、広東 1、参政、羅洪先「広東布政司左参政項公喬墓表」および『明世宗実録』巻 345、嘉靖 28 年（1549）2 月癸亥条、参照。

[版本]：——

[備考]：——

9　浮槎稿　十二巻　明潘滋撰　嘉靖三十年序刊本

[撰者]：潘滋が嘉靖年間に江西南安府推官として在任した時期のもの①。

[内容]：巻 11、公移に判牘 10 件を収録。標題は下記のとおり。

1 断趙文昌窃盗拒捕死罪／2 断王玩張瑞假公致死人命／3 断千戸喬英拿獲林魁張傑盗林宣馬魁傑因攀劉文大劉禄同盗／4 断初大経因姦迫死王氏／5 断侯滕毆妻至死律絞／6 断孫大賢悪打死二命／7 断張恕強占良人妻／8 断馬坤戳死馬禄／9 断常金相殺死劉恵／10 断田良顕打死董堂

なお、**[版本]** 所載景印本では、巻 11 の第 1 葉が缺落している。

[所蔵]：[人文研]・[国家図(北)]。

[版本]：[一九八七年北京書目文献出版社用嘉靖三十年序刊本景印／北京図書館古籍珍本叢刊所収]。

[備考]：[巫仁恕 04]。

10　備忘集　十巻　明海瑞撰　万暦三十年海邁重刊本

[撰者]：海瑞が嘉靖 37 年(1558)から同 41 年(1562)まで、浙江の厳州府淳安県知県として、その後、引き続いて同 43 年(1564)まで、江西の贛州府興国県知県として在任した時期のもの②。

[内容]：巻 2、招参に参語 8 件を収録。標題は下記のとおり。

1 陳舜興人命参語／2 徐継人命参語／3 方淙争穀参語／4 呉吉祥人命参語／5 呉万人命参語／6 胡勝栄人命参語／7 邵守愚人命参語／8 何耀宗争墳地参語。

なお、「陳舜興人命参語」のみが興国県知県時代のものであり、その他の参語はすべて淳安県知県時代のものである。

[所蔵]：[国家図(台)]。

[版本]：[海瑞集不分巻附録一巻／陳義鍾編校／一九六二年北京中華書局排印本]・

---

① 康熙『南安府志』の官職関係記事に「潘滋」を見出すことはできない。
② [版本] 所載の『海瑞集』所収、王国憲「海忠介公年譜」等、参照。

［備忘集十巻附一巻／一九七〇年台北学海出版社用万暦三十年刊康熙五年補刊本景印］・［明人文集所載判牘／二〇〇五年北京中国社会科学出版社排印本／歴代判例判牘所収］。

［備考］：［濱島敦俊 93］・［楊一凡 05］。

11　震川先生集　三十巻別集十巻坿一巻　明帰有光撰　康熙十四年序刊本

［撰者］：帰有光が嘉靖 40 年（1561）から隆慶 2 年（1568）まで浙江の湖州府長興県知県として在任した時期のもの[①]。

［内容］：別集、巻 9、公移に附載された「讞語」に「審単」3 件を収録。標題は下記のとおり。

[1]王哲審単／[2]陳大徳審単／[3]賀潮審単。

近年、野村鮎子氏によって紹介された［国家図（分）］所蔵の『帰有光先生未刻集』不分巻には、上記 3 件の他に 6 件の「審単」が収録されているという。併せて 9 件の標題を順番に即して提示すれば、次のとおりである[②]。

[1]凌遅犯人章傑審単／[2]倪経審単／[3]莫苓審単／[4]葉楠審単／[5]王哲審単／[6]陳大徳審単／[7]賀潮審単／[8]僧供鎮審単／[9]董大栄審単。

［所蔵］：［人文研］・［東文研］・［内閣］・［国家図（北）］ 等。

［版本］：［民国十一年上海商務印書館用康熙中常熟刊本景印／四部叢刊所収］・［周本淳校点／一九八一年上海上海古籍出版社排印本］・［震川集／一九八三年台北台湾商務印書館用文淵閣本景印／四庫全書所収］・［明人文集所載判牘／二〇〇五年北京中国社会科学出版社排印本／歴代判例判牘所収］。

［備考］：［濱島敦俊 93］・［楊一凡 05］。

12　支子政餘　六巻　明支大綸撰　万暦十七年序刊本

［撰者］：支大綸が万暦 4 年（1576）から同 6 年（1578）まで福建の泉州府推官として

---

① 康熙『長興県志』巻 6、官師志、歴朝令、明知県、参照。

② 野村鮎子「帰有光の時務文――もうひとつの『未刻集』が語るもの――」（口頭報告）、第 61 回日本中国学会（立教大学）、2009 年 10 月 11 日。

在任した時期のもの①。

［内容］：巻5、招議考語に8件の判牘を収録。標題は下記のとおり。

[1]黄欽表参語／[2]審安渓県知県兪／[3]田実審単／[4]審復陰陽医学／[5]審城工乾没詞／[6]杜思則参語／[7]荘君清参語／[8]熊十二断詞。

なお、『支華平先生集』巻18、公移にも、上記判牘は収録されている。

［所蔵］：［人文研］・［内閣］。

［版本］：［支華平先生集四十巻附一巻／一九九五年済南斉魯書社用万暦清旦閣刊本景印／四庫全書存目叢書所収］。

［備考］：［巫仁恕04］。

13 著存文巻集 不分巻 明闕名輯 万暦刊本

［撰者］： ——

［内容］：南直隷徽州府休寧県の著存観をめぐる万暦9年（1581）から同12年（1584）までの係争の記録。下記の標題をもつ一件文書を収録②。

[1]呂尚弘「逆道呂尚弘告江院状」／[2]〈巡按御史の批〉／[3]王尚賢等「二十六七都各図里排江院具呈」／[4]〈巡按御史の批〉／[5]金革孫「本家本県訴状」／[6]金革孫「本家本県告状」／[7]休寧県「県申江院供詞」／[8]〈巡按御史の批〉／[9]〈休寧県の詳文〉／[10]陳禄等「二十七都排年陳禄等告按院状」／[11]〈巡按御史の批〉／[12]金革孫「本家訴状」／[13]〈休寧県の詳文〉／[14]〈巡按御史の批〉／[15]〈徽州府の碑文〉／[16]金革孫等「本家本府投到状」／[17]〈徽州府の牌文〉／[18]王尚賢等「二十六七都里排本府具呈」／[19]〈徽州府の牌文〉／[20]呂尚弘「逆道呂尚弘本府告状」／[21]〈徽州府の批〉／[22]陳禄等「二十七都陳禄等本府投到状」／[23]金革孫「本家本府催訴状」／[24]金革孫「本家又催訴状」／[25]〈徽州府の牌文〉／[26]金応南等「本家斯文具稟状」／[27]〈徽州府の批〉／[28]〈徽州府の牌文〉／[29]〈休寧県の申文〉／[30]〈休寧県の申文〉／[31]〈徽州府の牌文〉／[32]金革孫「本家本府催勘状」／[33]〈徽州府の批〉／[34]〈徽州府の牌文〉／[35]金応秋等「本家生員監生手本」／[36]金革孫「本家金革孫手本」／[37]〈休寧県の申文〉／[38]〈休

---

① 乾隆『泉州府志』巻26、文職官上、明、泉州府推官、参照。
② 以下の標題は［高橋芳郎02］による。

寧県の申文〉／[39]〈金氏生員の稟帖〉／[40]〈刑南科の供稿〉／[41]〈徽州府の判〉／[42]〈徽州府の呈文〉／[43]〈巡按御史の批〉／[44]〈徽州府の牌文〉／[45]〈金革孫の稟帖〉／[46]〈徽州府の批〉／[47]〈徽州府の牌文〉／[48]〈休寧県の申文〉／[49]金革孫「告抄招状」／[50]〈徽州府の批〉／[51]金革孫「催抄招手本」／[52]〈徽州府の批〉／[53]〈給抄招帖〉／[54]金革孫「本家送隅正手本」／[55]金革孫「本県稟府未入巻手本」／[56]〈道士底籍〉／[57]〈金家生員の呈文〉／[58]金革孫「本家不平之鳴」／[59]金革孫等「本家対城隍廟誓章」／[60]〈金革孫の稟帖〉／[61]〈跋文〉。

[所蔵]：[上海図]。

[版本]：　――

[備考]：[高橋芳郎 02]。

14　存笥小草　六巻　明冒日乾撰　康熙六十年広陵冒氏刊本

[撰者]：冒日乾が湖広の徳安府安陸県知県として在任した時期のもの。万暦 14 年（1586）の当該知県就任のみ確認できる①。

[内容]：巻 5、郞中讞語 上巻 に 143 件、および巻 6、郞中讞語 下巻 に 182 件、併せて 325 件の判を収録。但し、各判に標題は附けられていない。巻 5 の第 1 判の書き出しは「高維謙之女弟之之応城也」であり、第 2 判は「汪曰容者、孝感小河司人」である。また、巻 6 の第 1 判の書き出しは「傅愛有田僅一坵、与族兄傅漢連畔」であり、第 2 判は「艾時太木賈也。鬻販杉木」となっている。

[所蔵]：[北京大]。

[版本]：[二〇〇〇年北京北京出版社用康熙六十年冒春溶刊本景印／四庫禁燬書叢刊所収]。

[備考]：[巫仁恕 04]。

15　来恩堂集　十六巻　明姚舜牧撰　明刊本

[撰者]：姚舜牧が万暦 21 年（1593）から同 35 年（1607）まで広東の肇慶府新興県知県、広西の桂林府全州署知州および江西の建昌府広昌県知県を歴任した時期の

---

① 当該書、巻首、所収「冒司理伝」参照。なお、康熙『鼎修徳安府全志』の官職関係記事に「冒日乾」の名を見出すことはできない。

ものと思われるが、どの時期のものかは未詳①。

［内容］：巻15、風簷草に5件の判を収録。標題は下記のとおり。

1公事応行稽程／2私役部民人匠／3詐教誘人犯法／4辺境申索軍需／5織造違禁段疋。

［所蔵］：［国家図(台)］。

［版本］：［二〇〇〇年北京北京出版社用明刊本景印／四庫禁燬書叢刊所収］。

［備考］：　——

16　百拙日録　十二巻　明詹孝達撰　万暦三十六年刊本

［撰者］：詹孝達は浙江の金華府金華県教諭に就いており、その時期に金華・東陽・義烏各県で署知県を務めたものと思われる②。その後、万暦20年代後半に広東の韶州府楽昌県知県に就任し、さらに南直隷の安慶府通判として在任している③。

［内容］：巻11、公牘1および巻12、公牘2に「聴断略」として全37件の判牘を収録。標題は下記のとおり。

巻11：1署東陽県一起淹溺事／2署金華県一起拐妻事／3署義烏県一起弑孤事／4楽昌県一起買和事／5一起匿拐事／6一起強牽事／7一起破葬事／8一起錯騙事／9一起盗陥事／10一起姪命事／11一起勘服事／12楽昌県審録一起劫傷事／13一起薬夫事／14一起殺夫事／15一起地方事。

巻12：1安慶府督糧庁一起誣拐事／2一起滅寡事／3一起殺兄事／4一起欺孤事／5署安慶府一起人命事／6一起強盗事／7一起劫殺事／8帯管江防庁一起夥劫事／9一起被盗事／10帯管理刑庁一起勦詐事／11署懐寧県一起人命事／12一起逐妻事／13安慶府督糧庁一起蠹害事／14両浙都転運塩使司温台分司一起厳催季掣以足課額事／15帯管寧紹分司一起申究私牙以粛塩政事／16帯管嘉興分司一起厳

---

① 当該書、巻16、自叙年譜、参照。

② 順治『金華県志』巻3、官政類、官師、明朝、教諭に「詹孝達」の名を見出すことができる。

③ 同治『楽昌県志』巻7、職官志、知県、明に「万暦朝任」として「詹孝達」の名を見出すことができるものの、就任時期は明記されていないが、『百拙日録』巻11、「一件地方事」に見える「察院顧」について、万暦『広東通志』巻10、藩省志10、秩官、国朝、巡按御史には「顧龍禎、直隷無錫県人、万暦丙戌進士、二十七年任」とあることから、詹孝達が万暦27年(1599)当時、楽昌県知県として在任していたことが確認できる。また康熙『安慶県志』巻2、職官表、府職官、明、通判には「詹孝達」の名と割註に「闕」としか書かれていない。

禁棍党救竃通煎銷引足課事／[17] 帯管松江分司一起救掣事／[18] 署都転運塩使司一起懇察私販朋奸越境事／[19] 一起救荒事／[20] 一起為遵奉憲諭稽査経紀以清宿弊事／[21] 一起指劫事／[22] 一起迷天漏税事。

[所蔵]：[人文研]・[尊経閣]。

[版本]：　——

[備考]：[巫仁恕 04]。

17　宦暦漫紀　八巻　明余寅撰　天啓元年序刊本

[撰者]：余寅が万暦 15 年(1587)に陝西提学副使に就任し、その後、陝西布政司左参政に異動して同 19 年(1591)まで在任した時期のもの①。

[内容]：巻 4、分陝案牘に、まず 16 件の判牘が収録されており、その後、「関内守道」として 9 件、「署臬司」として 12 件、さらに「署清軍道」として 2 件の判が存在している。標題は下記のとおり。

[1] 咸寧県学生員任世教等審単／[2] 紫陽県生員与業師訐告／[3] 白水県因子訐壻／[4] 岐山県生員不揖其叔／[5] 西安府王生受辱／[6] 渭南県生員被殴／[7] 鄠県生員武英訟事／[8] 咸寧県訟婚／[9] 朝邑県訟婚／[10] 蒲城県恵生聘礼／[11] 西安府学管生争田／[12] 咸寧県楊生訟田地／[13] 平涼府軍人誣告生員／[14] 涇陽県告贖房産／[15] 興平県廩生賺銀／[16] 改擬武功県五生。

関内守道：[1] 議裁両県水夫／[2] 議裁両県民壮／[3] 乾州追産立嗣／[4] 長安県義男為嗣／[5] 長安県奪伯父葬穴／[6] 涇陽県姪逼総嫡叔／[7] 駁三原県疑獄／[8] 咸寧県盗売地畝／[9] 咸寧県誣告債銀。

署臬司：[1] 寧遠県鄒知県審単／[2] 覆審寧夏塩官犯禁／[3] 覆審鳳翔左所千戸謀奪弟職／[4] 咸寧県父死用妓／[5] 商州訟婚／[6] 王応孝奪婚／[7] 興平県改婚／[8] 衛官翁壻訐告／[9] 部陽県解氏人命／[10] 免咸寧県姚氏罪名／[11] 渭南県寡婦田価／[12] 理刑庁再鞫藍田県僧割勢事。

署清軍道：[1] 富平県塩犯審単／[2] 部陽県民社糧状。

[所蔵]：[人文研]・[内閣]。

---

① 『明神宗実録』巻 185、万暦 15 年(1587)4 月丙子条、および同、巻 235、万暦 19 年(1591)4 月甲辰条、参照。また、康熙『陝西通志』巻 17、職官、明、副使に「余寅」の名を見出すことができるものの、在任時期は明記されていない。

［版本］：　――

［備考］：［P.E.Will 10］。

18　宝抵政書　十二巻　明袁黄撰　明劉邦謨・王好善輯　万暦三十三年刊本

［撰者］：袁黄が万暦 16 年（1588）から同 20 年（1592）まで北直隷の順天府通州宝抵県知県として在任した時期のもの①。

［内容］：巻 6、刑書に「奉有決単八起」および「一転詳未示五起」として、併せて 12 件の判牘を収録。標題は下記のとおり。

奉有決単八起：[1]一起為打死人命事斬罪犯人楊応奎／[2]一起為因姦逼命事斬罪犯人一名蕭大銀／[3]一起為棍悪恃毆打傷事絞罪犯人壹名張拱星／[4]一起為群兇毆死人命事絞罪犯人壹名李銀／[5]一起為打死人命事絞罪犯人壹名趙廷之／[6]一起為撞死人命事絞罪犯人壹名高友智／[7]一起為人命事絞罪犯人壹名連春／[8]一起為奸軍拒捕致命誣告懇乞電究事絞罪犯人壹名周大用。

一転詳未示五起：[1]一起為群兇打死人命事絞罪犯人壹名呉仲銭／[2]一起為路途打傷事絞罪犯人壹名趙玠／[3]一起為出巡事絞罪犯人壹名楊海／[4]一起為拿獲歇案強賊事斬罪賊犯一名魏朝。

［所蔵］：［国家図（北）］。

［版本］：［一九八七年北京書目文献出版社用万暦刊本景印／北京図書館古籍珍本叢刊所収］。

［備考］：［P.E.Will 10］。

19　三方讞断　五巻　明陳幼学撰　万暦刊本

［撰者］：陳幼学は万暦 21 年（1593）頃に河南の汝寧府確山県知県に就任した後、同 23 年（1595）に同じく開封府中牟県知県に就任、その後、万暦 32 年（1604）から同 38 年（1610）まで浙江の湖州府知府として在任したが、それらの時期のものである②。

① 乾隆『宝抵県志』巻 11、人物上、名宦、明、参照。
② 崇禎『河南通志』巻 22、名宦 1、開封府、明、乾隆『確山県志』巻 3、官師、明、乾隆『中牟

[内容]：巻 1、確山県招略に 10 件、巻 2・3、中牟県招略 上・下 に 28 件、および巻 4・5、湖州府招略 上・下 に 27 件、併せて 65 件の判牘を収録。各判に標題は附けられていないが、巻 1、確山県招略の第一の判の書き出しは「一名焦明係汝寧府遂平県人、状招、明与已問結張金、并先存今被明殴逼落水致死楊梅、俱住石寨店斗戸生理。万暦二十年三月二十日、……」となっており、末尾は「将明改擬杖罪、具招解府、転詳訖」で終わっている。1 件 1 件は概して長大なものである。

[所蔵]：［上海図］。

[版本]：　——

[備考]：［P.E.Will 10］。

20　勿所劉先生居官水鏡　四巻　明劉時俊撰　万暦刊本

[撰者]：劉時俊が万暦 27 年（1599）に南直隷の廬州府廬江県知県として、次に同 28 年（1600）から同 29 年（1601）まで同じく安慶府桐城県知県として、さらに同 29 年（1601）から同 33 年（1605）まで同じく蘇州府呉江県知県として在任した時期のものが収録されている①。

[内容]：巻 2、讞語類に「廬江県讞語」「桐城県讞語」「呉江県讞語」が併せて 38 件、同巻、批詞類に 7 件、さらに巻 4、批参類に批語 7 件・参語 4 件を収録。標題は下記のとおり。

巻 2、讞語類、廬江県讞語：[1] 絞犯姚継信改擬徒罪讞語／[2] 軍犯姚敏捷假印徒犯劉夢斗等盗印讞語／[3] 杖犯侯佃讞語／[4] 厳守成告厳守爵讞語／[5] 徒犯沈一鳳讞語。

同、桐城県讞語：[1] 蠹害事史遂讞語／[2] 斬犯李棖審疑開釈讞語／[3] 假中書高垌讞語／[4] 軍犯王養禎讞語／[5] 軍犯劉尭封胡詠讞語／[6] 徒犯劉維坤讞語／[7] 人命事孫述孫府讞語／[8] 杖犯張森讞語。

同、呉江県讞語：[1] 清査銭糧審顧爾臣等讞語／[2] 出斬犯張思徳定斬犯繆富陸乗

県志』巻 5、職官、知県、明、および同治『湖州府志』巻 5、職官表、郡守、明知府、参照。

① 康熙『廬江県志』巻 9、帙官、明、知県、同、巻 11、名宧、県令、明、道光『桐城続修県志』巻 6、職官表、明、知県、同、巻 9、名宧志、明、康熙『呉江県志』巻 25、知県表、明、および同、巻 30、人物 1、名宧、明、参照。

龍讞語／[3]辯冤囚沈才讞語／[4]軍犯周元等讞語／[5]定徒犯沈弘道絞犯沈助軍犯沈昭辯釈屠栄屠華等讞語／[6]覆審沈弘道讞語／[7]絞犯謝福審疑申解讞語 呉江県事犯／[8]絞犯呉九改擬徒罪讞語／[9]斬犯皇甫燁讞語 燁主使席倫弑母図騙黄嶽審実定斬／[10]覆審皇甫燁讞語／[11]連殺二命事辯疑讞語／[12]辯釈斬犯顧二讞語／[13]斬犯郭成等讞語／[14]絞犯馮科改擬軍罪讞語／[15]出斬犯楊秀讞語／[16]覆故盗楊勝等案讞語／[17]辯釈盗犯徐仁讞語／[18]審斬犯顧聖留等讞語／[19]占騙事顧恒台等讞語／[20]軍犯高少山等讞語／[21]改擬斬犯厳宗杰讞語／[22]辯釈徐鳳讞語／[23]辯金氏毒死縁由讞語 長洲県事犯／[24]辯絞犯朱岡讞語／[25]審軍犯陳寧等讞語。

巻2、批詞類：[1]批王思恵訟子巻／[2]批張鵬兄弟争訟巻／[3]批某兄弟争訟息詞／[4]批范銘范鎬争訟巻／[5]批施顕告荘期煥状／[6]批寡婦金氏状詞／[7]批朱栻定嗣状。

巻4、批参類：[1]上元県申解呉鶴等人命一起批語／[2]覆解批語／[3]江防庁解到潘崇礼等人命一起親審参語／[4]上江二県申解潘文学等騙害衆人一起逐款親審参語／[5]再鞫陸天瑜等被害一起参語／[6]行上江二県革黜生員潘復礼批語／[7]上元県申鄭文相等指官嚇詐一起親審参語／[8]江防庁申詳批語／[9]江防庁覆詳批語／[10]西城高兵馬詳報敖科等人命一起批語／[11]比較未完敖科一起批語。

［所蔵］：［北京大］。

［版本］：［一九九七年合肥黄山書舎用万暦刊本景印／官箴書集成所収］。

［備考］：［P.E.Will 10］。

21　三邑政編　一巻　明劉時俊撰　清抄本

［撰者］：20、参照。

［内容］：讞語として廬江関係9件・桐城関係8件・呉江関係6件を収録。標題は下記のとおり。

[1]絞犯許鎰改擬軍罪讞語 以下廬江県／[2]軍犯任廷弼改擬杖罪讞語／[3]凌遅犯呉魁斬犯呉応科呉応捷覆語 魁与蘇科同盗事発、科逃事息、科回与魁取水車、魁置酒邀科等殺之／[4]軍犯姚敏捷假印徒犯劉曼斗等盗印讞□／[5]逓解黄棋讞語 棋係江西薬客、顧盧桐馬過府夜宿、中途馬夫盧節暴卒、棋拐馬去、桐以謀命告／[6]人命事趙禎讞語／[7]厳守成告厳守爵讞語／[8]杖犯侯佃讞語／[9]絞犯姚継信改擬徒罪讞語。

[1]假中書高坰讞語 以下桐城県／[2]軍犯王養禎讞語／[3]人命事孫述孫府讞語／[4]杖

犯張森讞語／5 斬犯李根審擬開釈讞語／6 軍犯劉堯封胡詠讞語／7 徒犯劉進坤讞語／8 徒犯黄桂胡効章讞語。

1 絞犯謝福審擬申詳讞語 以下呉江県／2 絞犯呉九改擬徒罪讞語／3 定絞犯呉汝岊出徒犯張恵讞語 岊音節／4 連殺二命事辯疑讞語／5 斬犯王雷讞語／6 辯釈斬犯顧二讞語。

［所蔵］:［北京大］。

［版本］: ——

［備考］:［P.E.Will 10］。

22 雲間讞略 十巻原闕巻第五至第六 明毛一鷺撰 明刊本

［撰者］: 毛一鷺が万暦 34 年(1606)から同 39 年(1611)まで南直隷の松江府推官として在任した時期のもの①。

［内容］: 巻 1 から巻 4 まで 94 件、巻 7 から巻 9 まで 87 件の判牘を収録。標題は下記のとおり。なお、当該書の目録によれば、欠巻となっている巻 5・6 には 50 件の判が収録されていた。

巻 1 : 1 一件出巡事／2 一件禁搶奪以安地方事／3 一件強盗劫焼事／4 一件人命事／5 一件謀財殺命事／6 一件畳詐坑儒等事／7 一件枉縦事／8 一件亡命事／9 一件人命事／10 一件陥盗抄没事／11 一件殺夫事／12 一件露搶事／13 一件抄殺事／14 一件殺陥事／15 一件豪悪事／16 一件拒捕顛陥事／17 一件殺夫事／18 一件積年塩蠹事／19 一件人命事。

巻 2 : 1 一件急拯劫殺事／2 一件捉獲盗賊事／3 一件出巡事／4 一件姦殺事／5 一件捉獲大夥強盗事／6 一件為海寇殺掠一方倒県等事／7 一件抄殺事／8 一件陥殺事／9 一件塩法大蠹事／10 一件出巡事／11 一件勦害事／12 一件搶劫事／13 一件天誅三官事／14 一件侵国嚼民事／15 一件強盗事／16 一件討賊安民事／17 一件書捕枉詐事／18 一件抄搶事／19 一件活殺人命事。

巻 3 : 1 一件指命劫殺事／2 一件捉獲大夥強盗等事／3 一件出巡事／4 一件人命事／5 一件懇芟巨悪等事／6 一件民害事／7 一件出巡事／8 一件真詭真侵事／9 一件出巡事／10 一件玷勦事／11 一件白昼劫殺事／12 一件恤刑事／13 一件侮法玷憲

---

① 崇禎『松江府志』巻 26、守令題名、国朝題名記、推官、参照。

事／[14] 一件衙虎嚼詐事／[15] 一件地方人命事／[16] 一件枉盗殺命事／[17] 一件出巡事／[18] 一件借屍扛陥事／[19] 一件人命事／[20] 一件倒県事／[21] 一件粛害事／[22] 一件聚衆截糧事／[23] 一件大夥塩徒興販等事／[24] 一件兵搶事／[25] 一件玷官炙詐事／[26] 一件造訪事／[27] 一件貪官事／[28] 一件乞誅巨蠹再造主民以靖海隅事／[29] 一件陥窩紥詐事。

巻 4 : [1] 一件勦窩滅盗杜患安民等事／[2] 一件打死事／[3] 一件蠹戕民灶事／[4] 一件軍務事／[5] 一件惨籲事／[6] 一件捉獲盗賊事／[7] 一件財勝律法事／[8] 一件造訪事／[9] 一件人命事／[10] 一件緝獲賊犯事／[11] 一件滅法事／[12] 一件貪汚枉詐事／[13] 一件占殺惨変事／[14] 一件督撫地方事／[15] 一件誅蠹事／[16] 一件出巡事／[17] 一件剪盗事／[18] 一件搶殺事／[19] 一件惨殺男命事／[20] 一件飛禍事／[21] 一件出巡事／[22] 一件殺人漏斬事／[23] 一件陥盗搶妻事／[24] 一件擄姦掠財事／[25] 一件劫殺異変事／[26] 一件買和人命事／[27] 一件蠹侵殃害事。

巻 7 : [1] 一件惨変事／[2] 一件造訪屠民事／[3] 一件侵国殺命事／[4] 一件地方人命事／[5] 一件地方盗檄事／[6] 一件武勦事／[7] 一件叛勦異変事／[8] 一件塩徒倚捕興販阻撓塩政籲天勅勦事／[9] 一件誅強事／[10] 一件懇恩厳究以正法紀事／[11] 一件譖官害民事／[12] 一件懇誅大盗事／[13] 一件人命事／[14] 一件枉詐事／[15] 一件殺母勦孤事／[16] 一件巡警事／[17] 一件侵国大蠹事／[18] 一件滅親勦寡事／[19] 一件挟官陥死事／[20] 一件恤刑事／[21] 一件出巡事／[22] 一件駕盗紥詐事／[23] 一件玷官枉詐事／[24] 一件懇亟捕盗事／[25] 一件江洋劫殺事／[26] 一件枉詐事／[27] 一件抄勦大冤事／[28] 一件抄勦主家事／[29] 一件滅憲屠家事／[30] 一件勢抄事。

巻 8 : [1] 一件地方人命事／[2] 一件強盗劫焼事／[3] 一件弑劫事／[4] 一件出巡事／[5] 一件殺兄謀産事／[6] 一件捉獲強盗事／[7] 一件出巡事／[8] 一件二命事／[9] 一件欺姦弟婦事／[10] 一件出巡事／[11] 一件海寇劫殺事／[12] 一件姦殺三命事／[13] 一件出巡事／[14] 一件劫殺事／[15] 一件造訪事／[16] 一件巡警事／[17] 一件焼殺大冤等事／[18] 一件巡警事／[19] 一件惨殺三命事／[20] 一件巡警事／[21] 一件督撫地方事／[22] 一件巡緝事／[23] 一件人命事／[24] 一件大夥劫財事／[25] 一件出巡事／[26] 一件出巡事／[27] 一件指官酷詐事／[28] 一件連殺二命事。

巻 9 : [1] 一件亟拯濱灶事／[2] 一件人命事／[3] 一件出巡事／[4] 一件塩蠹事／[5] 一件図命抄家事／[6] 一件督撫地方事／[7] 一件夥党扛詐事／[8] 一件恤刑事／[9] 一件地方事／[10] 一件督撫地方事／[11] 一件出巡事／[12] 一件恤刑事／[13] 一件緝獲強盗事／[14] 一

件人命事／[15]一件劫焼事／[16]一件姦占殺命事／[17]一件巡警事／[18]一件出巡事／[19]一件侮憲殃民籲天除害粛法事／[20]一件地方事／[21]一件出巡事／[22]一件劫殺大変事／[23]一件殺命事／[24]一件懇天厳提正犯等事。

同、華亭県：[1]一件出巡事／[2]一件黒夜劫殺事／[3]一件地方事。

同、青浦県：[1]一件昼殺事／[2]一件姦殺事。

[所蔵]：[国家図(北)]。

[版本]：[二〇〇五年北京中国社会科学出版社排印本／歴代判例判牘所収]。

[備考]：[濱島敦俊 93]・[楊一凡 05]・[P.E.Will 10]。

23　止止斎集　七十巻　明沈寅撰　崇禎刊本

[撰者]:沈寅が万暦年間の後半に江西分巡東湖道(按察司左参政)として在任した時期のもの[①]。

[内容]：巻 27、江西、平讞には「黄良十三」「丁宣一」等と題する 20 件、巻 28、江西、平讞には同じく「劉糾三七」「楊撫捌」等と題する 50 件、併せて 70 件の判を収録。各判の標題はすべて人名のみで構成されており、ここに提示することはしない。

また、巻 29、平讞、北刑部には刑部在任時のものとして、「情真累有疑竇、情罪終不可開者、四十八名」および「矜疑有詞篤疾、一百三十三名」について収録されている。

[所蔵]：[人文研]・[尊経閣]。

[版本]：　——

[備考]：[濱島敦俊 93]。

24　止園集　二十八巻　明呉亮撰　天啓元年序刊本

[撰者]：呉亮は万暦 35 年(1607)に監察御史に就いた後、万暦 39 年(1611)まで在任しているが、その間に宣大巡按御史・北直隷巡按御史を歴任しており、その

---

① 康熙『江西通志』巻 13、職官上、明、左参政に「沈寅」の名を見出すことができるものの、在任期間は明記されていない。

時期のものと思われる①。

[内容]：巻 25-26、朔巡讞書に、万全都司断事司等関係の判 152 件、山西行都司断事司等関係の判 144 件を収録。標題は下記のとおり。

巻 25、朔巡讞書、万全都司断事司：1 一起賊夷窃犯辺口官軍擒斬首級事、梟示唖都気／2 一起出巡事、斬罪管承勳・張氏／3 一起山林縹死人命事、斬罪李伯陽／4 一起徒犯打死台軍事、斬罪陳彦挙／5 一起刀傷人命事、斬罪魏洪／6 一起勒死人命事、斬罪白鳳麒／7 一起地方打死人命事、絞罪白天禄／8 一起打死人命事、絞罪陳英／9 一起出巡事、絞罪趙用斌／10 一起極悪兇覇懐讐打死人命事、絞罪李聡／11 一起人命事、絞罪呉大仁／12 一起打死人命事、絞罪張勳／13 一起打死人命事、絞罪楊継雲／14 一起喫酒打死人命事、絞罪穆仲官／15 一起打死人命事、絞罪楊仲庫／16 一起辨理冤枉事、絞罪邢光裕／17 一起人命事、絞罪張州／18 一起人命事、絞罪陳世魁／19 一起騙畜苦死人命事、絞罪賈国虎／20 一起苦死二命事、絞罪屈尚志／21 一起人命事、絞罪李奈／22 一起打死人命事、絞罪李錦／23 一起人命事、絞罪何天賜／24 一起誣執人命事、絞罪黄天礼／25 一起人命事、絞罪張守義／26 一起地方殺死人命事、張承恵／27 一起人命事、絞罪原輔周／28 一起地方人命事、絞罪呉尚仁／29 一起打死人命事、絞罪任洪義／30 一起兇悪即時打死人命事、絞罪田世官／31 一起打死人命事、絞罪劉天伏／32 一起地方人命事、絞罪張見／33 一起打死人命事、絞罪趙体乾／34 一起人命事、絞罪霍志儒／35 一起人命不明事、絞罪張天爵／36 一起箚死人命事、絞罪李時崑／37 一起申飭審録転詳囚犯以杜弊端事、絞罪程廷官／38 一起出巡事、絞罪宋淮／39 一起苦死人命事、絞罪張大良／40 一起兇徒同謀苦死人命事、絞罪劉雲／41 一起兇虎打死人命事、絞罪賈天福／42 一起打死人命事、絞罪王天伏／43 一起人命事、絞罪馬応挙／44 一起即時打死人命事、絞罪陳文貴／45 一起豪徒悪打人命事、絞罪王進文／46 一起出巡事、絞罪李応羊／47 一起賊盗騾頭事、絞罪李黄／48 一起出巡事、絞罪桑枝／49 一起出巡事、絞罪劉天祥／50 一起出巡事、絞罪馮良／51 一起出巡事、絞罪姜廷槐／52 一起出巡事、先問絞罪今攻斬罪郭承勳／53 一起打死人命事、斬罪郝甫臣／54 一起人命重情事、絞罪羅進秀／55 一起勢官誣命事、絞罪

① 『明神宗実録』巻 437、万暦 35 年(1607)8 月癸亥条、同、巻 456、万暦 37 年(1609)3 月乙酉条、同、巻 460、万暦 37 年(1609)7 月辛卯条、および同、巻 483、万暦 39 年(1611)5 月癸卯条、参照。

段仲文／[56] 一起誣傷人命事、絞罪任尚智／[57] 一起兇枉人命事、絞罪康梅／[58] 一起打死人命事、絞罪陳世福／[59] 一起打死人命事、絞罪張夏／[60] 一起勢悪急時打死人命事、絞罪王自立／[61] 一起苦死人命事、絞罪王梅／[62] 一起打死人命事、絞罪王伏典／[63] 一起窩虎打死人命事、絞罪兪守亨／[64] 一起揹命勦殺事、絞罪田茱／[65] 一起苦死人命事、絞罪李如松／[66] 一起打死人命事、絞罪高相／[67] 一起打死人命事、絞罪李国甫／[68] 一起打死人命事、絞罪蒋三／[69] 一起乞究人命事、絞罪王世伏／[70] 一起出巡事、先問絞罪今改杖罪続奉決単張応国／[71] 一起鍘傷父母事、凌遅焼朝兎／[72] 一起鉄斧砍死肆命事、凌遅任官／[73] 一起申飭審録転詳囚犯以杜弊端事、斬罪陳効忠／[74] 一起地方人命事、斬罪唐三／[75] 一起図姦害命事、斬罪任応麟／[76] 一起殺死人命事、斬罪馮天臣／[77] 一起境外地方人命事、斬罪梟示王天伏／[78] 一起人命重情事、斬罪楊志畢／[79] 一起鳴天除害事、斬罪閻章／[80] 一起申飭審録転詳囚犯以杜弊端事、絞罪范九重／[81] 一起打死人命事、絞罪張天孫／[82] 一起打死人命事、絞罪古尚義／[83] 一起打死人命事、絞罪呉宦／[84] 一起乞究打死人命事、絞罪陳尚文／[85] 一起打死人命事、絞罪李金／[86] 一起打死人命事、絞罪范聚登／[87] 一起打死人命事、絞罪陸華／[88] 一起急時打死人命事、絞罪李定／[89] 一起地方人命事、絞罪王朝官／[90] 一起打死人命事、絞罪龐尚良／[91] 一起極冤枉命事、先問絞罪今辨改不応杖罪白進禄／[92] 一起打死人命事、先問斬罪今恤刑改絞未示王崇国／[93] 一起出巡事、斬罪張禄／[94] 一起出巡事、絞罪李良／[95] 一起出巡事、絞罪穆天祖／[96] 一起出巡事、絞罪李朝臣／[97] 一起出巡事、絞罪董尚仁／[98] 一起打死人命事、絞罪李義／[99] 一起打死人命事、絞罪張万宝／[100] 一起打死人命事、絞罪申甫／[101] 一起路塗白昼奪去真正強盜事、絞罪李茂才／[102] 一起地方人命事、絞罪余彦奉／[103] 一起出巡事、絞罪曹廷愚／[104] 一起打死人命事、絞罪王衎／[105] 一起誣属抵死事、絞罪王世雷／[106] 一起捕盜事、斬梟李玉、斬罪方扯巴／[107] 一起出首強賊乞拏分豁役命事、斬梟孫仲金・郭従寿／[108] 一起強賊黄夜劫奪財物事、斬梟孫尚雲／[109] 一起賊情事、斬罪王順賢／[110] 一起打死人命事、斬罪蕭天祐／[111] 一起辨冤起命事、斬罪范国礼／[112] 一起逼姦幼女事、斬罪楊登亮／[113] 一起拏獲強賊事、斬罪龐四・盧真・侯一科／[114] 一起緝獲賊犯事、斬罪賈永、絞罪李金林／[115] 一起打死人命事、絞罪馬国／[116] 一起発問事、絞罪張伏／[117] 一起打死人命事、絞罪郭登雲／[118] 一起地方人命事、絞罪殷周／[119] 一起打死人命事、絞罪邢明相／[120] 一起党棍蠹害事、左月／[121] 一起地方人命事、絞罪徐文挙／[122] 一起殺死人命事、絞罪高安／[123] 一起争酒打死人命事、絞罪金国良／[124] 一起打死人命事、絞罪江志／[125] 一起兇哨砍死本台墩軍事、絞罪閻進才／[126] 一起出巡事、絞罪盧東栢／[127] 一起即時打死人命事、絞罪王寧／[128] 一起謀殺人命事、斬罪楊国賢／[129] 一起伸受人命事、絞罪陳臈／[130] 一起捐命勦殺事、絞罪王尚志／[131] 一起刀傷人命事、絞罪張進朝／[132] 一起人命事、絞罪孫鵬麟／[133] 一起打死人命事、絞罪胡維垣／[134] 一起打死人命事、絞罪曹春／[135] 一起打死人命事、絞罪王仲満／[136] 一起打死人命事、絞罪劉邦英／[137] 一起急救人命事、絞罪張万言。

同、万全右衛：[1] 一起人命事、絞罪趙光先／[2] 一起申飭転詳囚犯以杜弊端事、絞罪許還／[3] 一起出巡事、絞罪劉廷訓／[4] 一起賭博屈命事、絞罪陶国璉／[5] 一起打死人命事、絞罪唐廷科／[6] 一起分豁屈苦人命事、絞罪高龍／[7] 一起捉獲賊徒事、絞罪劉大泉／[8] 一起路塗打死人命事、斬罪閻二・馬国元・楊世科。

同、延慶州：[1] 一起苦死不明人命事、斬罪康挙／[2] 一起苦死人命事、絞罪孟朝恩／[3] 一起不明人命事、絞罪李宦／[4] 一起人命事、絞罪柳朝／[5] 一起拏獲盜賊事、絞罪李景厚／[6] 一起出巡事、絞罪杜大金。

同、永寧県：[1] 一起人命事、絞罪張季。

巻 26、朔巡讞書、大同府：[1] 一起宗藩貪暴異常声跡已著懇乞聖明究処以粛宗政以固辺圉事、斬罪盧天爵／[2] 一起出巡事、絞罪李勲／[3] 一起母子打死人命事、絞罪田璲／[4] 一起神奸擅作威福打死人命侵盗承解官銀玩法欺公懇乞聖明乾断懲究剔蠹蟄奸以粛法紀事、斬罪毛鳳騰、永軍梁文秀。

同、大同県：[1] 一起積識虎牢撞死宗命事、斬罪張承志／[2] 一起申飭審録転詳囚犯以杜弊端事、斬罪張大友／[3] 一起打死人命事、斬罪楊国鎮／[4] 一起捉獲打死人命事、斬罪楊漢聡／[5] 一起乞查人命事、斬罪張氏／[6] 一起地方人命事、絞罪劉誥／[7] 一起人命事、絞罪麻景思／[8] 一起打死人命事、絞罪于継義／[9] 一起打死人命事、絞罪劉尚恵／[10] 一起捉獲賊犯事、絞罪武天禄／[11] 一起出巡事、絞罪樊氏／[12] 一起毆傷人命事、絞罪張福／[13] 一起乞究人命事、絞罪郭継／[14] 一起出巡事、絞罪趙文紀／[15] 一起群虎聚衆劫奪犯人即時打死公差事、絞罪王宦／[16] 一起地方人命事、絞罪王尚徳／[17] 一起出巡事、絞罪李思貴／[18] 一起捉獲賊犯事、絞罪武天才・李廷宝／[19] 一起捉獲賊犯事、絞罪張国相／[20] 一起出巡事、絞罪郭登科／[21] 一起查究人命事、絞罪袁鋭／[22] 一起拏獲賊盜事、絞罪王登挙／[23] 一起人命事、絞罪庶宗竹池／[24]一起図財殺命事、斬罪秦養富／[25]一起仗砿詐害事、充軍楊維賢／[26]一起武弁姦貪営軍怨讟懇乞聖明厳究以正法紀以飭戎行事、軍犯高承恩、徒罪蘇鳴恩、杖罪呂哲／[27]一起出巡事、絞罪王成／[28]一起発審人命事、絞罪郎鐸／[29]一起人命事、絞罪馮周／[30]一起乞究人命事、絞罪岳威／[31]一起査報奸弊事、斬罪追贓王敬止。

同、懐仁県：[1]一起苦死人命事、絞罪陳景愛／[2]一起申明稽査以杜侵漁事、追贓永遠充軍王時興。

同、応州：[1]一起乞究人命事、絞罪袁世興／[2]一起人命事、絞罪李名／[3]一起苦死人命事、絞罪張登山／[4]一起兇徒打死人命事、絞罪董大河／[5]一起即時打死人命事、絞罪談雲／[6]一起即時打死人命事、絞罪張朝／[7]一起服毒人命事、斬罪沈聚珍／[8]一起戳死人命事、斬罪魏国政／[9]一起姦逼二命事、斬罪丁万金／[10]一起乞究人命事、絞罪朱朝／[11]一起打死人命事、斬罪丁江／[12]一起打死人命事、斬罪劉継勲／[13]一起打死人命事、絞罪陳友禄。

同、山陰県：[1]一起侵盗官銭事、斬罪王岑／[2]一起辨命事、絞罪劉国卿／[3]一起出巡事、絞罪施尚仁／[4]一起監盗倉糧事、追贓永遠充軍李合・韓希順。

同、朔州：[1]一起因姦戳死人命事、斬罪張登林／[2]一起虧屈人命事、絞罪孫自序／[3]一起打死人命事、絞罪張進福／[4]一起打死人命事、絞罪劉登玉／[5]一起人命事、絞罪喬国道／[6]一起因姦殺死二命事、絞罪閻氏／[7]一起打死人命事、絞罪馬志明／[8]一起殴死人命事、斬罪賀応挙／[9]一起群虎謀殺人命事、絞罪王廷玉／[10]一起持刀傷祖事、凌遅王化徳／[11]一起打死人命事、絞罪孫周／[12]一起打死人命事、絞罪傅登雲／[13]一起兇殴人命事、斬罪白以成。

同、馬邑県：[1]一起兇徒致死人命事、絞罪趙汝万／[2]一起人命不明事、絞罪王応秋／[3]一起群虎打死人命事、絞罪張大成／[4]一起弟殺兄命事、斬罪李孟秋／[5]一起研究人命事、絞罪張彦庫／[6]一起申禁隠匿人命強盗重情等事、絞罪鄭堂。

同、渾源州：[1]一起強姦事、斬罪楊強／[2]一起流徒強姦逼死幼女事、斬罪張大倉／[3]一起姦逼人命事、斬罪寧国明／[4]一起人命事、絞罪尚登一／[5]一起人命事、絞罪翟崑／[6]一起行兇打死人命事、絞罪白尚璧／[7]一起乞明人命事、絞罪王年西／[8]一起持刀即時戳死人命事、絞罪郝登明／[9]一起打死人命事、絞罪薄守安／[10]一起異常蠹悪持仗拒捕箭傷公差事、絞罪翟応時／[11]一起賭博致命事、絞罪米登／[12]一起兇犯打死人命事、絞罪楊剛／[13]一起翅虎打詐逼死人命事、絞罪姚従順／[14]一起強賊劫財殺命事、斬罪張雨／[15]一起逃犯打死人命乞行懲治以立国法事、絞罪張全／[16]一起抗糧拒捕打死人命事、絞罪王世良／[17]一起懇究人命事、絞罪張夏芳／[18]一起乞究人命事、絞罪姚尚珂。

同、蔚州：[1]一起苦死人命事、斬罪何官／[2]一起乞伸人命事、絞罪張元／[3]一起打死人命事、絞罪劉威／[4]一起恨財打死人命事、絞罪門訓／[5]一起打死人命事、絞罪王天科／[6]一起乞天豁命事、絞罪武讘／[7]一起打死人命事、絞罪韓養志／[8]一起打重人命事、絞罪王群／[9]一起人命事、斬罪王氏／[10]一起苦死人命事、斬罪董自法／[11]一起苦死人命事、斬罪門宣／[12]一起打死人命事、絞罪高英／[13]一起緝獲賊犯事、絞罪賈大礼／[14]一起不明人命事、絞罪張廷周／[15]一起誣枉人命事、絞罪何東雲／[16]一起打死人命事、絞罪高奉先／[17]一起打死人命事、絞罪孫棟／[18]一起打傷重命事、斬罪賈本元／[19]一起戳死人命事、斬罪喬言／[20]一起投首人命事、絞罪常福／[21]一起兇苦人命事、絞罪宋捲／[22]一起打死人命事、絞罪柳応和／[23]一起立酔人命事、絞罪李福祥。

同、広霊県：[1]一起勢隠軍糧事、絞罪宋傑／[2]一起苦死人命事、斬罪馮思来／[3]一起強賊劫路縹死人命事、斬罪李世臣／[4]一起横天軍犯蠹詐害命事、絞罪張思忠／[5]一起不明人命事、絞罪王朝臣／[6]一起辨傷討命事、絞罪焦思笙／[7]一起打死人命事、絞罪韓世金／[8]一起打死人命事、絞罪藺純。

同、広昌県：[1]一起強賊攔路劫奪銀両事、斬罪劉守松・李汝詔。

同、断事司：[1]一起服毒人命事、斬罪白安／[2]一起人命事、斬罪王国斌／[3]一起富豪主謀行兇打死人命事、絞罪姚世平／[4]一起人命事、絞罪馬緒／[5]一起倚村野異姓朋謀打死人命事、絞罪王綱／[6]一起出巡事、絞罪王仲科／[7]一起出巡事、絞罪李棟／[8]一起出巡事、絞罪任寛／[9]一起打死人命事、絞罪田国卿／[10]一起出首逆子屡行兇悪打死人命事、絞罪斉尚恭／[11]一起地方人命事、絞罪張進功／[12]一起出巡事、絞罪梁拱只／[13]一起人命事、絞罪張相／[14]一起出巡事、絞罪王国住／[15]一起逃軍違法事、絞罪王学思／[16]一起地方人命事、斬罪寧天瑚／[17]一起不明人命事、斬罪梁汝貴／[18]一起失火事、斬罪呂志仁／[19]一起申飭審録転詳囚犯以杜弊端事、絞罪王玉／[20]一起即時打死人命事、絞罪楊天爵／[21]一起出巡事、絞罪張表。

[所蔵]：[内閣]・[人文研]・[国家図(北)]。

[版本]：　——

[備考]：[濱島敦俊 93]。

25　湖湘讞略　二巻詳略二巻　明銭春撰　万暦四十二年刊本

[撰者]：銭春が万暦 40 年(1612)から同 42 年(1614)まで湖広巡按御史として在任した時期のもの。

[内容]：巻 1、審録武昌道属、武昌府に「一起依勢豪奪良家女姦占律絞犯壹名易継先」等 3 件、同、江夏県に「一起依威力制縛因而致死律絞犯壹名魯自謙」等 5 件、同、武昌県に「一起依強盗得財律斬犯弐名陳東陽等」等 2 件、以下、同様に、嘉魚県 3 件、咸寧県 2 件、通城県 2 件、漢陽府 2 件、漢陽県 2 件、漢川県 2 件、黄州府 3 件、蘄州 4 件、黄岡県 9 件、麻城県 9 件、蘄水県 2 件、黄陂県 1 件、黄安県 1 件、広済県 1 件、承天府鍾祥県 7 件、京山県 1 件、潜江県 1 件、沔陽州 1 件、景陵県 2 件、荊門州 1 件、徳安府安陸県 5 件、応城県 2 件、雲夢県 2 件、孝感県 5 件、随州 8 件、応山県 5 件、荊州府 4 件、江陵県 10 件、公安県 3 件、監利県 2 件、松滋県 5 件、夷陵州 3 件、宜都県 1 件、長陽県 2 件、帰州 1 件、岳州府 1 件、巴陵県 7 件、臨湘県 1 件、平江県 1 件、澧州 4 件、石門県 1 件、慈利県 2 件を収録。巻 2、審録下荊南道属、鄖陽府に「一起依故殺律斬犯壹名崔貴」1 件、同、鄖県に「一起依同謀共毆人律絞犯壹名屠世舟」等 3 件、以下、同様に、房県 5 件、竹山県 4 件、竹谿県 1 件、上津県 1 件、鄖西県 2 件、襄陽府 2 件、均州 2 件、襄陽県 17 件、棗陽県 7 件、宜城県 6 件、南漳県 1 件、穀城県 2 件、長沙府茶陵州 1 件、長沙県 1 件、瀏陽県 2 件、醴陵県 2 件、湘潭県 5 件、寧郷県 1 件、益陽県 1 件、湘郷県 4 件、宝慶府 2 件、武岡州 6 件、邵陽県 7 件、新化県 4 件、衡州府 4 件、衡陽県 5 件、衡山県 3 件、耒陽県 1 件、安仁県 1 件、常寧県 1 件、臨武県 1 件、藍山県 2 件、永州府零陵県 3 件、祁陽県 6 件、東安県 1 件、永明県 1 件、郴州 2 件、永興県 1 件、宜章県 1 件、桂陽県 1 件、辰州府 4 件、沅州 3 件、沅陵県 1 件、辰渓県 1 件、漵浦県 1 件、黔陽県 1 件、麻陽県 4 件、常徳府 1 件、武陵県 3 件、桃源県 7 件、龍陽県 1 件、黎平県 1 件、靖州 4 件を収録。併せて全 297 件のすべてが会審案である。

[所蔵]：[遼寧図]。

[版本]：[一九九五年済南斉魯書社用万暦四十二年刊本景印／四庫全書存目叢書所

収]。

[備考]：[濱島敦俊 93]・[P.E.Will 10]。

26　四然斎蔵稿　十巻　明黄体仁撰　万暦刊本

[撰者]：黄体仁が万暦 41 年(1613)に山東按察司副使・分巡東兗道として就任した時期のもの①。

[内容]：巻 7 に 4 件の判を収録。標題は下記のとおり。

[1]参科場割巻招語／[2]新建請究沙氏疏参語／[3]寧陵請詳窩盗疏参語／[4]衛書侵糧疏参語。

[所蔵]：[国家図(台)]。

[版本]：[一九九五年済南斉魯書社用万暦三十六年序刊本景印／四庫全書存目叢書所収]。

[備考]：[巫仁恕 04]。

27　范文忠公初集　十二巻　明范景文撰　康熙十三年興善堂刊本

[撰者]：范景文が万暦 41 年(1613)から同 47 年(1618)まで山東の東昌府推官として在任した時期のもの②。

[内容]：巻 4、讞牘に 11 件の判を収録。標題は下記のようにすべて人名である。

[1]濮州周士元／[2]王玉／[3]王民／[4]王家瑞／[5]焦文卿／[6]韓大学／[7]韓大学／[8]李燦然／[9]孔之升／[10]呉氏／[11]丁毓華。

[所蔵]：[東洋]。

[版本]：[文忠集十二巻／一九八三年台北台湾商務印書館用文淵閣本景印／四庫全書所収]・[明人文集所載判牘／二〇〇五年北京中国社会科学出版社排印本／歴代判例判牘所収]。

[備考]：[巫仁恕 04]・[楊一凡 05]。

---

① 『明神宗実録』巻 506、万暦 41 年(1613)3 月甲戌条、参照。

② 嘉慶『東昌府志』巻 15、職官 1、題名、明、推官、および同、巻 20、名宦 1、明、参照。

28　四六雕蟲　三十一巻　明馬朴撰　万暦三十六年刊本

[撰者]：馬朴が万暦42年(1614)に雲南按察司副使として就任した時期のもの①。

[内容]：巻31、招参に59件の判牘を収録。標題は下記のとおり。

[1]徒犯孫一武等／[2]礫犯張氏／[3]□□□広潤／[4]配軍劉応春／[5]訪犯劉柱／[6]犯生楊玥等／[7]道批逆姪讐殺服叔事／[8]申両院究汚吏以粛衙宇事／[9]訪犯孫継善／[10]杖犯張撰等／[11]賊犯董守分／[12]犯吏臧守己／[13]朋謀人命事／[14]盗犯趙大倫／[15]賊姦逼命事／[16]絞犯劉北清／[17]犯官王梯／[18]首盗免罪事／[19]盗犯劉自金／[20]道批人命事／[21]盗犯斉嘉賓／[22]軍犯安尚賓減徒／[23]盗犯葛邦奇／[24]毆殺人命事／[25]府批覇産事／[26]府批勢豪事／[27]盗財傷命事／[28]絞犯陳資／[29]杖犯宋営等／[30]絞犯張銀維／[31]賊悪焼害事／[32]盗犯牟応科／[33]打死人命事／[34]逆天殺命事／[35]訪犯慕時興／[36]訪犯寧一忠／[37]院道駁批刁悪詐陥事／[38]急救十命事／[39]杖犯師道行／[40]盗犯王国用／[41]犯僧心英／[42]讐殺三命事／[43]絞犯常道明／[44]打死人命事／[45]犯吏任惟重／[46]斬犯李奎／[47]犯官王裸等／[48]訪拏毛吏目／[49]犯生薛応蘭／[50]徒犯王許等／[51]徒犯劉応現／[52]強盗呉登鶴等／[53]訪犯張一龍／[54]訪犯万龍試／[55]絞犯施良猷／[56]徒犯滕朝佐等／[57]犯生龔和／[58]徒犯蘇起鸞等／[59]徒犯顧養孝等

[所蔵]：[国家図(台)]。

[版本]：　――

[備考]：[巫仁恕04]

29　南宮署牘　四巻　明沈潅撰　泰昌刊本

[撰者]：沈潅が万暦42年(1614)から泰昌元年(1620)まで南京礼部侍郎として在任した時期のもの②。

[内容]：巻3、咨箚批詳類に、3件の「会審」案件を収録。標題は下記のとおり。

[1]会審鍾鳴礼等犯一案 万暦四十五年二月／[2]会審王豊粛謝務禄二犯一案 万暦四十五年三月／[3]会審鍾鳴仁張宷等犯一案。

---

① 『明神宗実録』巻517、万暦42年(1614)2月癸未朔条、参照。また、康熙『雲南通志』巻15、秩官、明、雲南等処提刑按察使司、副使に馬朴の名を見出すことができるものの、在任時期は明記されていない。

② 『明神宗実録』巻523、万暦42年(1614)8月丙午条、および『明光宗実録』巻3、泰昌元年(1620)8月己酉条、参照。

［所蔵］：［人文研］・［尊経閣］。

［版本］：　——

［備考］：［巫仁恕 04］。

30　皇極篇　二十七巻　明文翔鳳撰　万暦四十七年序刊本

［撰者］：文翔鳳は万暦 41 年（1613）に河南の汝州伊陽県知県として在任した後、万暦 43 年（1615）から同 45 年（1617）まで同じく河南府洛陽県知県として在任しており、両時期のものと思われる①。

［内容］：孔邇録、巻 4、刑 1、法、癸丑・乙卯、巻 5、刑 2、訟、癸丑・甲寅・乙卯、および同、刑 3、獄、癸丑・乙卯に、併せて 119 件の判を、また吾猶録、巻 1、乙卯、巻 2、丙辰、巻 3、丙辰、および巻 4、丙辰に、併せて 263 件の判を収録。ここに見える干支は、癸丑が万暦 41 年（1613）、甲寅が同 42 年（1614）、乙卯が同 43 年（1615）、丙辰が同 44 年（1616）である。標題は下記のとおり。

孔邇録、巻 4、刑 1、法、癸丑：[1]催徴判語／[2]査櫃判語／[3]出巡判語／[4]出巡判語／[5]比較判語／[6]比較判語／[7]塩法判語／[8]査比判語／[9]催徴判語／[10]出巡判語／[11]赴銷判語／[12]起解判語。

同、甲寅：[1]清刷衙役判語／[2]申厳報盗判語／[3]清査盗庫判語／[4]出巡判語／[5]出巡判語／[6]比較判語／[7]起解判語／[8]繳銷判語／[9]清査盗庫判語 同魯山県会審／[10]清査盗庫判語／[11]清査盗庫判語／[12]議補兌米節剰判語／[13]劫傷判語／[14]劫傷判語／[15]督撫地方判語／[16]比較判語／[17]仰遵令甲判語／[18]清査盗庫判語／[19]侵没判語／[20]出巡判語／[21]出巡判語／[22]催徴判語。

同、乙卯：[1]出巡判語／[2]出巡判語／[3]出巡判語／[4]出巡判語／[5]詰獲假票判語／[6]究玩判語／[7]歳報判語／[8]出巡判語／[9]督撫地方判語／[10]稽査循環判語／[11]赴考違例判語／[12]逃役判語／[13]年例磚料判語。

孔邇録、巻 5、刑 2、訟、癸丑：[1]剪盗判語 伊陽県人張古沢告／[2]訪詐判語 伊陽県人張逢聘告／[3]辨産判語 伊陽県学劉朝豸呈／[4]詐産判語 伊陽県学程巳呈／[5]賄殺判語 伊陽県人葉巍然告／[6]人命判語 伊陽県人閻閭告／[7]弊殺判語 伊陽県人張所聞告。

同、甲寅：[1]捕姦判語 伊陽県人侯節告／[2]捕姦判語 道査／[3]獘殺判語 宝豊県人郭之貴

① 乾隆『伊陽県志』巻 2、職官、知県、明、および乾隆『洛陽県志』巻 9、職官、参照。

告／4 嘱官判語 郟県学李濬呈／5 打詐判語 郟県人段廷甫告／6 報盗判語 魯山県学周応龍告同魯山県会審／7 侵嫡判語 伊陽県学張九思告／8 人命判語 汝州人張才告／9 憤毆判語 伊陽県人楊克勲告／10 姦媳判語 伊陽県人王山告／11 追女判語 伊陽県人胡応明告／12 人命判語／13 究盗判語 汝州人張国柱告／14 詐貲判語 陝西富平県人張顕告／15 究負判語 陝西富平県人趙完璧告／16 姦良判語 汝州人胡向化告／17 寵孌判語 伊陽県人張氏告。

同、乙卯：1 殺貧判語 伊陽県人祁宗好告／2 戮商判語 汝州人鄭万国告／3 刁拐判語 洛陽県人秦進享告／4 盗嫁判語 伊陽県人王垕告／5 劫掠判語 嵩県人魏思義告／6 推地判語 登封県人石允光告／7 坑命判語 伊陽県人馬一騆告／8 豪殺判語 伊陽県人王九佐告／9 辯婦判語 伊陽県人李継元告／10 局騙判語 伊陽県人王加禄告／11 讐殺判語 伊陽県人顧天才告／12 損傷判語 伊陽県人李学顔告／13 畳騙判語汝州人馬如光告／14 盗誣判語 伊陽県人陳加慶告／15 辱士判語 伊陽県学劉爾綬呈／16 剪横判語 伊陽県学李諫呈／17 捏誣判語 伊陽県学段可強呈。

同、刑 3、獄、癸丑：1 審録判語(6 件)。

同、甲寅：1 宣武衛審録判語(3 件)／2 鄢陵県審録判語(22 件)。

吾猶録、巻 1、乙卯：1 詐抄淩侮判語 孟津県学趙子章呈／2 申厳報盗判語 洛陽県人孫守志告／3 恩憐生命判語 洛陽県人徐九疇告／4 豪覇殺軍判語 河南衛人蒋友泰告／5 慘殺人命判語 河南衛人邢氏告／6 更夜抄搶判語 洛陽県人陳世科告／7 挙刀人犯判語 洛陽県人李孝廉呈／8 申厳報盗判語 直隷徽州府人周洪之告／9 変乱保甲判語 洛陽県人王好問呈／10 停徴会穀判語 洛陽県人陶賓告／11 強収毆傷判語 洛陽県人黄九成告／12 投充詐殺判語 洛陽県人許憲国告／13 除害安民判語 洛陽県人楊守芳告／14 違禁殃民判語 洛陽県人張問仁告／15 更夜劫財判語 洛陽県人周済民告／16 狂疾衝突判語道発／17 稽査冤命判語洛陽県人馬国治告／18 假票飛糧判語洛陽県学労尽職呈／19 逆殺母舅判語 洛陽県人任官告／20 恃兇打詐判語 盧氏県人馬化蛟告／21 逆姪殺孀判語 洛陽県人許氏告／22 科詐殃民判語 洛陽県人楊化時告／23 威逼人命判語 洛陽県人王守和告／24 呑産人命判語 郟県人李士挙告／25 学蠹覇抄判語 河南衛人兪鐃告／26 誣賊殺命判語 洛陽県人張永受告／27 撥宗殺民判語 洛陽県人苗氏告／28 擁擄良婦判語 洛陽県人葉廷楊告／29 衙虎嚼民判語 登封県人趙三奇呈／30 勒買興販判語 洛陽県人温渶呈／31 指官誆殺判語 浙江餘姚県人杭思饒告／32 詐謀局賺判語 洛陽県人李一躍告／33 乞究不節判語 洛陽県人馬化龍告／34 売法淩轢判語 万安王府翔慶郡君呈／35 強盗劫殺判語 河南衛人劉士挙告／36 殺孀奪産判語 洛陽県人鄧維垣告／37 刺殺人命判語 洛陽県人張思顕告／38 讐殺人命判語 鞏県人李子明告／39 巡緝失役判語 道発／40 勢姦抄嫁判語 洛陽県人李氏告／41 欺隠婚約判語 洛陽県人張氏告／42 学蠹隳殺判語洛陽県人林鳴鳳告／43 出巡訪犯判語 汝州衛人劉古希告／44 甥毆舅命判語 洛陽県人閻守節告／45 委査巡夜判語 洛陽県人葉廷楊呈／46 白昼劫奪判語 巡路操兵緝報／47 姦盗抄殺判語 洛陽県人侯定国告／48 乱倫姦殺判語 洛陽県人房恵民告／49 強盗劫殺判語 霊宝県人楊起鳳告／50 謀殺孤孀判語 洛陽県人張氏告／51 収恤孤貧判語 洛陽県人石連告／52 巡兵曠役判語 洛陽県人鄧謙告／53 覇産凌虐判語 洛陽県人段国政告／54 把持鯨呑判語 洛陽県人馬氏告／55 抗官横毆判語 洛陽県人張現告／56 逆天殺命判語 偃師県人孫永封告／57 乞宥紙価判語 洛陽県学李如蓬呈／58 苦殺兄命判語 洛陽県人孫平告／59 苦殺人命判語 洛陽県人劉氏告／60 毆殺人命判語 洛陽県人武氏告／61 申厳保甲判語 山西蒲州人李嘉会告／62 白昼劫奪判語／63 仗勢擄奪判語 山西泌水県人左登告／64 指官盗売判語 方城王府奉国中尉釆銃呈／65 挙火夜劫判語 偃師県人任尚書告／66 市虎横行判語 洛陽県学于済雲呈／67 輪姦殺弱判語 洛陽県人賀氏告／68 盗発失報判語 道発／69 苦殺人命判語 洛陽県人王有餘告／70 詐財毆傷判語 洛陽県人何一漢告／71 虐殺人命判語 洛陽県人趙三住告／72 姦殺抄絶判語 洛陽県人劉氏告／73 土豪呑殺判語 洛陽県人白雲喜告／74 局騙盗殺判語 山西聞喜県人韓永敖告／75 盗買呑閃判語 洛陽県人呉世美告／76 緝獲賊犯判語 洛陽県人呉良告／77 捕獲賊犯判語 洛陽県人牛孟騰告／78 覇水殺禾判語 洛陽県人李春告／79 群虎劫搶判語 洛陽県人王之佑告／80 群礦抄殺判語 洛陽県人董天池告／81 結党毆孀判語 洛陽県人王廷策告／82 隳天殃殺判語 洛陽県人魏養沂告／83 加侵科害判語 洛陽県人申全告／84 究検二命判語 汝州人劉蓁告／85 欺官毆叔判語 洛陽県人高廷挙告／86 讐誣賊情判語 洛陽県人馬帰漢告／87 究査窃盗判語 洛陽県人潘震龍告／88 帰正賠糧判語 洛陽県人詹箕告／89 究検人命判語 洛陽県人高善言告／90 指官拷詐判語 嵩県人王国泰告／91 誆官殃民判語 霊宝県人王応元告／92 架勢強呑判語 洛陽県人劉光普告／93 結交夥賊判語 方城王府宗室珂璲告／94 打詐殺命判語 直隷真定府人僧道会告／95 剪悪安民判語 偃師県人張光輝告／96 覇屯殺軍判語 河南衛人李談告／97 捕獲賊犯判語 洛陽県人王大壮告／98 衙積打詐判語 洛陽県人丁子聚告／99 督撫地方判語 洛陽県人崔光禄等／100 讐悪打搶判語 巡路操兵緝報／101 昼截劫傷判語 洛陽県人王茂告／102 継残孤命判語 伊陽県人周完告／103 朋謀打詐判語 □陽県人張九成告／104 豪殺孤孀判語 洛陽県人李氏告／105 苦殺人命判語 洛陽県人董氏告。

吾猶録、巻 2、丙辰：1 撥官害民判語 洛陽県人張永昌告／2 糾衆侮主判語 河南府学穆如衡呈／3 侮隣盗買判語 洛陽県学王族召呈／4 姦殺人命判語 孟津県人康湛告／5 翼虎打詐判語 伊陽県人柴済民告／6 私増虐民判語 洛陽県人張献策告／7 局賭殺命判語 洛陽県人郝応挙告／8 究査人命判語 伊陽県人胡進賢告／9 盤獲賊犯判語 巡路操兵緝報／10 抄家殺

孀判語 洛陽県人郭氏告／11 夜犯登城判語 守城操兵緝報／12 加侵殃民判語 魯山県人張万宝告／13 誆価坑儒判語 洛陽県人詹箕呈／14 飛禍誣命判語 洛陽県人高氏告／15 架命抄搶判語 洛陽県人任以洛告／16 指官殃詐判語 方城王府儀賓鄭万民呈／17 重婚殺軍判語 河南衛人汪尚知告／18 抗官覇地判語 河南府学史洛呈／19 大患科派判語 周南駅人郭有明告／20 盤獲賊犯判語 巡路操兵緝報／21 撥官殺軍判語 河南衛人李守才告／22 強賊殺人判語 洛陽県人劉元禎告／23 假勢呑殺判語 河南府学王路清呈／24 価失地空判語 洛陽県人段織告／25 抄家滅寡判語 河南衛人馬一棟告／26 結党屠宗判語 方城王府宗室珂琦呈／27 大弊殃殺判語 洛陽県人程仁美告／28 群虎傷重判語 洛陽県学王座呈／29 党殴儒命判語 洛陽県学馮羽鎮呈／30 覇産殺儒判語 河南府学王如絲呈／31 隳法呑殺判語 洛陽県人朱化龍告／32 搶財殺命判語 陝州人兀国臣同盧氏霊宝二県会審／33 窩訪虐軍判語 河南衛人楊光遠告／34 逆天殺命判語 伊陽県人張応乾告／35 悍奴欺老判語 洛陽県学劉玉鉉呈／36 智騙坑命判語 福府儀衛司人陳遜告／37 撥官詐殺判語 偃師県人李化春告／38 衿貧改杖判語 洛陽県人閻君寵告／39 逆媳殺姑判語 洛陽県人王氏告／40 乞究二命判語 登封県人王志明告／41 更夜打搶判語 洛陽県人李大才告／42 偽造欺罔判語 河南衛百戸呈／43 悪弟殺兄判語 洛陽県人張有倉告／44 呑殺孀命判語 洛陽県人沈氏告／45 兇豪姦覇判語 洛陽県人蕭進道告／46 捕獲奸細判語 河南衛巡捕千戸報／47 糾奴騙坑判語 方城王府宗室釆□(=金+序) 呈／48 衙蠹逆天判語 洛陽県学白蘭芳呈／49 殴殺父命判語 孟津県学李劾愉呈／50 賺本坑殺判語 洛陽県人劉之滄告／51 暴横股騙判語 河南府学郭金城呈／52 架勢誣盗判語 洛陽県人董綸告／53 盗売盗買判語 河南府学李正春呈／54 申厳報盗判語 洛陽県人朱尚義告／55 苦殺人命判語 伊陽県人王国正告／56 違断抗納判語 洛陽県学呉世禎呈／57 姦殺人命判語 延津県人張有志告。

吾猶録、巻 3、丙辰：1 殴殺人命判語 孟津県人任中礼告／2 除害安民判語 孟津県人張梓告／3 捕獲強盗判語 洛陽県人趙復体告／4 股奸抄殺判語 河南府学王佐斌呈／5 伐劫古塚判語 洛陽県人張明玉告／6 土悪覇産判語 洛陽県学温渶呈／7 土豪戕生判語 河南府学姫策呈／8 抄劫傷人判語 洛陽県人蘇氏告／9 架命詐殺判語 嵩県人僧海霞告／10 辱騙無辜判語 河南府学黄重英呈／11 覇呑坑殴判語 洛陽県学于之龍呈／12 讐殴人命判語 洛陽県人斉応魁告／13 強賊滾案判語 洛陽県学張元名呈／14 冤殺人命判語 洛陽県人李本直告／15 架官詐殺判語 伊陽県人岳川告／16 究査人命判語 嵩県人高逢年告／17 抄搶殺命判語 洛陽県人周氏告／18 指官詐殺判語 伊陽県人閻翼盛告／19 攔路劫奪判語 洛陽県学李一躍呈／20 嘱官殃民判語 伊陽県人孫大通告／21 苦殺孀劫判語 洛陽県人戴氏告／22 乞恩活命判語 洛陽県人李士挙告／23 強覇仇劫判語 河南府学王夔卿呈／24 苦死三命判語 洛陽県人宋化龍告／25 勝

盗殺民判語 登封県人高光裕告／26 逆子坑父判語 洛陽県人王柱金告／27 姦擄盗売判語 宝豊県人吉嘉貢告／28 強擄抄殺判語 永寧県人花自栄告／29 天剪強盗判語 洛陽県人申一方告／30 辱折士気判語 洛陽県学蘇昌業呈／31 局賭威命判語 洛陽県人王守知告／32 夥坑殺命判語 猗氏県人許良正告／33 超贓結伴判語 洛陽県人封光遠告／34 隳法匿婚判語 偃師県人劉尚賢告／35 究査人命判語 洛陽県人張氏告／36 土豪覇産判語 洛陽県人于孝廉呈／37 盗売凌儒判語 河南府学孫昴呈／38 指官侵詐判語 洛陽県人翟礼告／39 攔路劫奪判語 洛陽県学李一躍呈／40 詬辱青衿判語 汝州学毛正学呈／41 逼嫁殺孀判語 新安県学趙案呈／42 苦殺二命判語 宜陽県人楊守信告／43 騙財殴傷判語 福府儀衛司人郝常言告／44 査究冒濫判語 道査／45 究核夙弊判語 洛陽県人鄧挙告／46 殴殺人命判語 洛陽県人王立仁告／47 呑産殺命判語 河南府学葉庭試呈／48 査稽憲票判語 洛陽県人杜永成告／49 詐賊騙殴判語 洛陽県学王儆呈／50 剪賊安民判語 洛陽県人盧希禹告。

吾猶録、巻 4、丙辰：1 天邑受牘判語(51 件)。

［**所蔵**］：［人文研］・［尊経閣］・［東文研］・［内閣］・［蓬左］・［国家図(北)］・［国家図(台)］・［科学図］等。

［**版本**］：［二〇〇〇年北京北京出版社用万暦四十七年序刊本景印／四庫禁燬書叢刊所収］。

［**備考**］：［巫仁恕 04］。

31　定香楼全集　四巻　明区慶雲撰　民国四年重刊本

［**撰者**］：区慶雲は万暦 34 年(1606)の挙人。その後、万暦後半に南直隷の常州府宜興県教諭を経て、雲南の臨安・永昌・順寧・大理等の各府の署知府を歴任①。

［**内容**］：巻 3、呉中稿、批語に批 7 件、巻 4、滇中稿、讞獄に判 36 件を収録。標題は下記のとおり。

巻 3、呉中稿、批語：1 批勘岳廟地基事／2 批勘杭烈女旌表事／3 批儲炳先項名事／4 批周中睿徐日新屋事／5 批許際暘許八龍田事／6 批楊文貴欧開泰告訐事／7 批廩生周応麒等回呈。

巻 4、滇中稿、讞獄：1 一起懇天誅逆事／2 一起軍務事／3 一起活奪大変事／

① 当該書、序、朱燮元「定香楼全集序」および雍正『広東通志』巻 45、人物志、広州府、明、参照。

4 一起謀財呑産事／5 一起擅殺人命事／6 一起乞除民患事／7 一起出巡事／8 一起出巡事／9 一起出巡事／10 一起出巡事／11 一起国蠹事／12 一起平空抄奪事／13 一起悖旨事／14 一起出巡事／15 一起鳴冤事／16 一起清査恩賞指納例銀等事／17 一起抄奪事／18 一起指抄事／19 一起大害事／20 一起人命事／21 一起登時打死人命事／22 一起請官交代事／23 一起蒸透事／24 一起伸冤事／25 一起姦殺事／26 一起清田欺隠事／27 一起地方事／28 一起滅倫逆殺事／29 一起滅倫逆殺事／30 一起群虎阱騙事／31 一起飛空神棍畳害生霊等事／32 一起州官受賄等事／33 一起還籍以雪父冤事／34 一起極悪欺官虐民事／35 一起出巡事／36 一起出巡事。

[所蔵]：[国家図(分)]・[香港大]。

[版本]：　——

[備考]：[巫仁恕 04]。

32　衆妙斎集　不分巻　明呉玄撰　天啓刊本

[撰者]：呉玄が万暦30年代から天啓7年(1627)頃まで刑部主事、江西の分守饒南九江道、および浙江の分守金衢厳道等を歴任した時期のもの①。

[内容]：「讞恤」として「朝審」2件、「夏津一案審録」4件、「聊城一案審録」4件、「饒州一案審録」3件、「厳衢両案審録」4件の併せて16件を、「讞駁」として「河南一案恤案」5件、「東昌両案審駁」8件、「饒州一案審駁」8件、「厳衢両案審駁」12件の併せて33件、合計50件を収録。標題は下記のとおり。

讞恤、朝審：1 一矜斬犯章復初 刑部浙江司／2 一矜絞犯張経 刑部広西司。

同、夏津一案審録：1 一矜絞犯左通 夏津県／2 一疑斬犯李思学 恩県／3 一俟審絞犯董文科 臨清州／4 一矜徒犯杜応詔 丘県。

同、聊城一案審録：1 一矜絞犯籍彦凌 堂邑県／2 一俟審絞犯馮守成 博平県／3 一矜絞犯孫氏 冠県／4 一疑斬犯于進忠 博平県。

同、饒州一案審録：1 一疑斬犯朱雲洲 鄱陽県／2 一矜絞犯鄒程妹 楽平県／3 一矜絞犯凌大黒 浮梁県。

同、厳衢両案審録：1 一疑斬犯葉安 寿昌県／2 一矜斬犯潘小寿 建徳県／3 一疑斬犯鄭子彬 西安県／4 一矜絞犯張鳳 常山県。

---

① 当該書、綸言、参照。

讞駁、河南一案恤録：[1] 一毆妻至死律張宗訓／[2] 一闘毆殺人律洪文冲／[3] 一毆親属律劉岩／[4] 一闘毆殺人律郭尚賢／[5] 一妾殺正妻律朱氏。

同、東昌両案審駁：[1] 一謀殺加功律李守分／[2] 一闘毆殺人律王三友／[3] 一主使殺人律張鎮 聊城県／[4] 一闘毆殺人律楊氏 范県／[5] 一闘毆殺人律郭随 臨清州／[6] 一毆妻至死律李春茂 博平県／[7] 一闘毆殺人律張汝義 臨清州／[8] 一因姦謀殺本夫律周惟勤 濮州。

同、饒州一案審駁：[1] 一姦殺律孫礼七 鄱陽県下同／[2] 一庶孽謀逆律山之崙／[3] 一劫擄律張宗法／[4] 一闘毆殺人律桑維喬／[5] 一明火盗劫律李如賢李法 楽平県／[6] 一謀殺誣命律李夢陽 浮梁県下同／[7] 一闘毆殺人律李周／[8] 一監守自盗律劉之東黄育才気 万年県。

同、厳衢両案審駁：[1] 一人命律章伯全 建徳県／[2] 一殺詐律楊救孫 淳安県下同／[3] 一姦殺律邵宗旦方氏／[4] 一人命律周応乾 遂安県下同／[5] 一緝獲強盗律方敬懐徐卸位／[6] 一劫財律陳二戴時 桐廬県／[7] 一闘毆殺人律李法貴 西安県下同／[8] 一冤命律徐日亮／[9] 一劫殺律魯徳魯良忠 常山県下同／[10] 一活殺嫡兄律王用旨／[11] 一故殺律程九登 開化県下同／[12] 一毒殺全家律挨詹一涓。

［**所蔵**］：［人文研］・［内閣］。

［**版本**］：　——

［**備考**］：［巫仁恕 04］。

33　檀雪斎集　四十巻　明胡敬辰撰　崇禎元年序刊本

［**撰者**］：胡敬辰は万暦 45 年（1617）から天啓 2 年（1622）まで南直隷の揚州府江都県知県として在任し、その後、江西駅伝道を務めているが、両時期のものと思われる①。

［**内容**］：巻 15、讞牘に 29 件の判を収録。各々の判の標題は、すべて「程欽仔」「李世敬」「熊缺子・楊大等」等の人名のみで表記されている。従って、以下に標題を提示することはしない。なお「蕭思進等」の判に「袁州府革職通判」「該府之所詳」と見え、同じく「金鼎等」には「恭俟両院会題、請旨定奪」とあり、

① 乾隆『江都県志』巻 7、秩官、明知県、および『四庫全書総目提要』巻 180、集部 33、別集類存目 7、「檀雪斎集四十巻」参照。

撰者の道台時代のものであることを裏付けているといえよう。

[所蔵]：[書陵部]・[人文研]・[国家図(北)]・[上海図]。

[版本]：[一九九五年済南斉魯書社用崇禎刊本景印／四庫全書存目叢書所収]・[明人文集所載判牘／二〇〇五年北京中国社会科学出版社排印本／歴代判例判牘所収]。

[備考]：[巫仁恕 04]・[楊一凡 05]。

34　宝泉新牘　二巻　明陳于廷輯　天啓四年刊本

[撰者]：天啓年間の督理京省銭法戸部右侍郎陳于廷・戸部協佐銭法山東清吏司員外郎鄒潘によるもの。

[内容]：巻 2、呈に訴訟関係の「堂批」3 件を収録。

[所蔵]：[国家図(北)]。

[版本]：[一九八七年北京書目文献出版社用天啓四年刊本景印／北京図書館古籍珍本叢刊所収]。

[備考]：[P.E.Will 10]。

35　閩讞　不分巻　明汪康謡撰　崇禎五年序刊本

[撰者]：汪康謡は天啓年間に福建の漳州府知府として在任し、その後、崇禎元年(1628)に分巡福寧道(福寧兵備道)に就任している①。当該判牘は両時期のものである。

[内容]：収録されている判は併せて 56 件。標題は下記のとおり。

1一起査究假官事／2一起急救盗慘事／3一起擒獲劫賊劫贓事／4一起分守地方事／5一起哨獲海洋異船事／6一起捕獲慣盗事／7一起賊兵劫騙事／8一起明火劫殺事／9一起緝獲賊犯要属事／10一起稟報事／11一起稟報事／12一起父命事／13一起強劫事／14一起抬屍焚劫事／15一起督撫地方事／16一起超獲海洋強盗事／17一起乞首包和検償事／18一起緝獲久擄訊確真情事／19一起残屍事／20一起攻擒強盗事／21一起飛報擒獲巨賊事／22一起緝獲賊犯事／23一起打死人命事／

---

① 康熙『漳州府志』巻 9、帙官上、歴官、知府、および康熙『休寧県志』巻 6、人物、儒碩、明、参照。

24 一起擒獲海賊事／25 一起奸徒結党倡乱幸蚤敗露擒獲反側乃安謹将其情形上聞併行勘実以彰国法事／26 一起劫殺三命事／27 一起申厳通倭海禁事／28 一起殺占事／29 一起打死女命事／30 一起出巡事／31 一起出巡事／32 一起勢悪統兇横奪国課焚劫殺命残生暴死激竄生霊異変異冤懇乞天恩亟行勦除以正国法以靖地方事／33 一起地方事／34 一起擒獲海洋真賊事／35 一起為飛報擒獲海洋賊船事／36 一起為人命事／37 一起為擒獲強賊事／38 一起急救強劫事／39 一起為明火劫殺事／40 一起出巡事／41 一起為勢殺事／42 一起為強盗劫殺事／43 一起為海洋強劫事／44 一起窃盗事／45 一起明火劫殺事／46 一起為劫殺大変事／47 一起為緝獲海洋強劫事／48 一起軍務事／49 一起軍務事／50 一起申明交盤銭糧事／51 一起飛報官兵用命等事／52 一起攻屋殺掠事／53 一起故殺事／54 一起清査起鮮銭糧事／55 一起出巡事／56 一起急救人命事。

[所蔵]：[人文研]・[内閣]。

[版本]：　——

[備考]：[巫仁恕 04]。

36　河東文告　四巻　明李日宣撰　天啓刊本

[撰者]：李日宣は天啓 2 年(1622)に河東巡塩御史として就任し、その後、山西巡按御史となって天啓 5 年(1625)まで在任しており、その時期のものと思われる①。

[内容]：巻 4、文告、讞に山西関係の批 46 件、同じく「運司」関係の批 10 件、同じく陝西関係の批 37 件、および河南関係の批 10 件を収録。各々の標題は下記のとおり。

　巻 4、文告、讞、山西：1 一件指賊嚇殺事 行守寧道 批／2 一件出巡事 行守寧道 批／3 一件賊情事 天啓二年十月行守南道 批／4 一件逆天勦殺事 行守南道 批／5 一件怙悪勦殺三世啣冤乞天剪究以正大憲事 行守東道 批／6 一件謀業殺殺父撓法滅憲不服関解等事 行守東道 批／7 一件強横図劫事 行守東道 批／8 一件図財人命事 行守東道 批／9 一件横殺人命事 行守東道 批／10 一件強寇劫殺事 行守東道 批／11 一件欺君蔽

① 『明熹宗実録』巻 29、天啓 2 年(1622) 2 月丁丑条、『明熹宗七年都察院実録』巻 8、天啓 4 年(1624) 5 月 11 日条、および『明熹宗実録』巻 61、天啓 5 年(1625) 7 月壬戌条、参照。

憲事 行巡南道 批／[12] 一件查核偽引事 行巡南道 批／[13] 一件查核偽引事 行巡南道 批／[14] 一件拒捕人命事 行巡南道 批／[15] 一件出巡事 行巡南道 批／[16] 一件出巡事 行巡南道 批／[17] 一件打死人命事 行巡南道 批／[18] 一件查核偽引事 行巡東道 批／[19] 一件飛報賊情事 行巡東道 批／[20] 一件謀殺人命事 行巡東道 批／[21] 一件截殺人命事 行巡東道 批／[22] 一件劫財殺人事 行巡東道 批／[23] 一件劫財殺人事 行巡東道 批／[24] 一件盤獲賊犯事 行巡東道 批／[25] 一件出巡事 行塩法道 批／[26] 一件訟官屈罪事 行平陽府 批／[27] 一件改批救命事 行平陽府 批／[28] 一件出巡事 行平陽府 批／[29] 一件出巡事 行平陽府清軍官 批／[30] 一件拴賊掠殺事 行平陽府杜推官 批／[31] 一件盜領陥命事 行平陽府杜推官 批／[32] 一件糾党劫殺事 行平陽府杜推官 批／[33] 一件賊反擄殺事 行太平県 批／[34] 一件搶擄大変事 行翼城県 批／[35] 一件抗法逼命事 行万泉県 批／[36] 一件呑賄滅憲事 行安邑県 批／[37] 一件蠹虎殺民事 行安邑県 批／[38] 一件盜売官塩事 行安邑県 批／[39] 一件強姦服幼事 行安邑県 批／[40] 一件土豪横悪事 行夏県 批／[41] 一件出巡事 行太原府 批／[42] 一件出巡事 行太原府理刑官 批／[43] 一件出巡事 行汾州府理刑官 批／[44] 一件出巡事 行汾州府理刑官 批／[45] 一件乞憐貧宗推恩賑済等事 行沢州 批／[46] 一件謀殺人命事 行祁県 批。

同、運司、讞:[1] 一件疏通塩法以実辺儲事 行運司 批／[2] 一件圏殺商命事 行運司 批／[3] 一件抜掣大弊事 行運司 批／[4] 一件剪鱷除害以静塩場事 行運司 批／[5] 一件捜奸正法事 行運司 批／[6] 一件抄殺孀命事 行中分司 批／[7] 一件賺財勒婚事 行西分司 批／[8] 一件衙蠹故殺事 行西分司 批／[9] 一件稽査籤号事 行運司 批／[10] 一件籤号可異稽核当厳事 行運司 批。

同、陝西、讞：[1] 一件出巡事 行守内道 批／[2] 一件出巡事 行守内道 批／[3] 一件盤獲私塩事 行守西道 批／[4] 一件申報蕩平流賊事 行按察司 批／[5] 一件人命事 行巡西道 批／[6] 一件拏獲私塩事 行巡西道 批／[7] 一件出巡事 行巡西道 批／[8] 一件申報拏獲砿犯事 行巡西道 批／[9] 一件大夥塩徒活死官兵事 行巡南道 批／[10] 一件出巡事 行巡南道 批／[11] 一件出巡事 行潼関道 批／[12] 一件出巡事 行潼関道 批／[13] 一件指官詐嚇事 行潼関道 批／[14] 一件叛謀滅殺事 行潼関道 批／[15] 一件飛報賊情事 行潼関道 批／[16] 一件出巡事 行塩法道 批／[17] 一件出巡事 行商雒道 批／[18] 一件弁明劫鞘非兵事 行楡林道 批／[19] 一件申報拏獲大夥強賊劫奪京運銀両事 行神木道 批／[20] 一件申報大夥強賊劫奪京運銀両事 行神木道 批／[21] 一件申報拏獲大夥強賊劫奪京運銀両事 行神木道 批／[22] 一件出巡事 行西安府 批／[23] 一件查究仮引事 行西安府管塩官 批／[24] 一件興販殺

命事 行西安府理刑官 批／[25] 一件興販殺人事 行西安府理刑官 批／[26] 一件詐訪嚇殺事 行西安府理刑官 批／[27] 一件出巡事 行西安府理刑官 批／[28] 一件謀覇滅門事 行咸寧県 批／[29] 一件明弁宗派以正世絲事 行華陰県 批／[30] 一件蠹国人命事 行富平県 批／[31] 一件出巡事 行延安府 批／[32] 一件捉獲私塩事 行鳳翔府 批／[33] 一件捉獲私塩事 行鳳翔府 批／[34] 一件笵死官兵事 行鳳翔府 批／[35] 一件出巡事 行鳳翔府理刑官 批／[36] 一件出巡事 行漢中府理刑官 批／[37] 一件強賊劫獄事 行巡西道 批。

同、河南、讞：[1] 一件冤上加冤事 行守南道 批／[2] 一件出巡事 行守北道 批／[3] 一件出巡事 行河南府管塩官 批／[4] 一件出巡事 行巡南道 批／[5] 一件乞恩退産事 行河南府 批／[6] 一件仗勢呑殺事 行河南府 批／[7] 一件白蓮姦殺事 行河南府理刑官 批／[8] 一件剪擄安民事 行閿郷県 批／[9] 一件呑課殺商事 行南陽府 批／[10] 一件査核偽引事 行懐慶府 批。

[所蔵]：[国家図(北)]。

[版本]：——

[備考]：——

37 讞豫勿喜録 十六巻 明李日宣撰 崇禎五年刊本

[撰者]：李日宣が崇禎3年(1630)から崇禎5年(1632)頃まで河南巡按御史として在任した時期のもの①。

[内容]：巻1-2、開祥一案に267件、巻3-4、禹州一案に272件、巻5、陳州一案に188件、巻6-7、帰徳一案に213件、巻8、彰徳一案に165件、巻9、衛輝一案に80件、巻10、懐徳一案に157件、巻11、河南一案に113件、巻12-13、南陽一案に201件、巻14-15、汝寧一案に259件、および巻16、汝州一案に74件を収録。

[所蔵]：[国家図(北)]。

[版本]：——

[備考]：[濱島敦俊93]。

---

① 『崇禎長編』巻39、崇禎3年(1630)10月壬申条、同、巻64、崇禎5年(1632)10月丙子条、崇禎『河南通志』巻14、職官、明、巡按監察御史、および同、巻22、名宦1、明、参照。

38　莆陽讞牘　不分巻勘語不分巻　明祁彪佳撰　鈔本

［**撰者**］: 祁彪佳が天啓 4 年（1624）から崇禎元年（1628）まで福建の興化府推官として在任した時期のもの①。

［**内容**］: 本書は、全 14 冊本であるが、参考のために各冊の書簽および各冊第一判の標題を呈示することにしたい。

第 1 冊 : 莆陽讞牘 興化府／本府一件畳婚事免罪傅天爵。

第 2 冊 : 莆陽讞牘 興化府／察院一件救命事杖罪陸重六等。

第 3 冊 : 莆陽讞牘 興化府／分守道一件夫命事杖罪張崇熙等。

第 4 冊 : 莆陽讞牘 興化府／軍門朱一件勦害事杖罪游元等。

第 5 冊 : 莆陽讞牘 興化府／本府一件不法奪婚事笞罪陳朝栄。

第 6 冊 : 莆陽讞牘 興化府／一起徒犯毆命事依同謀共毆人因而致死以致命傷為重下手者律絞秋後処決已奏決単重犯壹名許天生。

第 7 冊 : 莆陽勘語 興化府／本館翟把総一件海洋接済事。

第 8 冊 : 莆陽讞牘 興化府／一起盗売滅煙事劉寿哥告劉愛霖等。

第 9 冊 : 莆陽讞牘 興化府／両院一件謀害事杖罪洪元度。

第 10 冊 : 莆陽讞牘 泉州府／泉州府一起生擒海洋潜号劇賊奪回被擄獲収全功事斬罪林明。

第 11 冊 : 莆陽讞牘 福州府／閩県一起劫殺事依強盗得財律斬已奉決単犯人壹名陳復瑞。

第 12 冊 : 莆陽讞牘 福州府／運塩司一起清査庫蔵以厘奸弊事依監守自盗庫銭律斬照例作真犯死罪監候奏。

第 13 冊 : 莆陽讞牘 漳州府／一起海洋劫殺事斬犯人陳弟等。

第 14 冊 : 莆陽讞牘 延平府／延平府監一起謀命事依謀殺人者律斬罪転詳未示犯人壹名姜威。

なお、**［版本］**所載の［歴代判例判牘］は、全 2 巻としている。当該排印本によれば、巻 1 には「本府一件畳婚事」等 410 件、また「莆田県監」として「一起打死人命事 依卑幼毆本宗小功兄死者律斬決不時已奉決単重犯一名郭光璧」等 69 件、巻 2 には「本監」として「本館翟把総一件海洋接済事」等 88 件、「本府」として 383

---

① 祁彪佳『祁忠敏公日記』所収、王思任「祁忠敏公年譜」、参照。

件、「泉州府」として26件、「南安県」として21件、「晋江県」として35件、「閩県」として43件、「長楽県」として16件、「福州府」として53件、「侯官県」として29件、「古田県」として8件、「連江県」として10件、「羅源県」として2件、「閩清県」として2件、「永福県」として8件、「福清県」として95件、「寧洋県」として3件、「詔安県」として17件、「漳浦県」として23件、「南靖県」として14件、「長泰県」として18件、「海澄県」として29件、「延平府監」として12件、「南平県監」として6件、「順昌県監」として9件、「将楽県監」として9件、「沙県監」として3件、「尤渓県監」として5件、「永安県監」として4件、「大田県監」として5件、「邵武府監」として3件、「邵武県監」として10件、「光沢県監」として2件、「泰寧県監」として1件、「建寧県監」として3件、「福寧州」として18件、「北路海防館続送本州造報審録」として2件、「福安県」として4件、「寧徳県」として16件、併せて全1514件の判を収録している。あまりにも膨大であるため、ここでは巻1についてのみ標題を以下に提示する。

巻1、[1]本府一件畳婚事／[2]本府一件抄殺異変事／[3]本府一件人命滅検事／[4]本府転奉一件打死父命事／[5]本府一件謀奪生妻事／[6]本府一件圏謀殺騙事／[7]本府一件狗彘乱倫事／[8]本府一件盗献捲墳事／[9]本府一件掘墳殺命事／[10]本府一件篡惨傷事／[11]本府一件毀巣殺命事／[12]本府一件劫業異変事／[13]本府一件詐嚇勢騙事／[14]本府一件姦拐窩搶事／[15]本府一件貪獣滅倫事／[16]本府一件男命惨冤事／[17]本府一件畳婚事／[18]本府一件乞除人獣事／[19]本府一件姦拐事／[20]本府一件殺命異変事／[21]本府一件異変事／[22]本府批詞一件劫殺／[23]本府一件勢佔事／[24]本府一件哀憐孤寡事／[25]本府一件乱逆拐殺事／[26]本府一件大変事／[27]本府一件衙蠹嚼髓事／[28]本府一件姦拐異変事／[29]本府一件横倖惨殺事／[30]本府一件昼劫事／[31]本府一件横罩事／[32]本府一件逆父攻掠事／[33]本府一件惨献斬祀事／[34]本府一件違父滅祀事／[35]本府一件拐業頼命事／[36]本府一件奸謀局騙事／[37]本府一件坑業凌殺事／[38]本府一件土豪誣騙事／[39]本府一件霸逆劫変事／[40]本府一件急救男命事／[41]本府一件吏害事／[42]本府一起人倭事／[43]本府一件駭異事／[44]本府一件欺孤呑業事／[45]本府一件踞巣殺命事／[46]本府一件民害事／[47]本府一件佔屯大惨事／[48]本府一件呑軍事／[49]本府一件佔殺異変事／[50]本府一件土豪逆奪事／[51]本府一件貪巣踞騙事／[52]本府一件奪惨騙事／[53]本府一件頼騙殺命事／[54]本府一件殺佔事／55本府一件佔殺傷命事／56本府一件攻殺大慘事／57本府一件慘騙事／58本府一件人命事／59本府一件詐官剥民事／60本府一件不法慘嚇事／61本府一件盜献事／62本府一件滅倫佔殺事／63本府一件滅祖盜売事／64本府一件誣殺事／65本府一件逼姦乱常事／66本府一件殺命事／67本府一件制騙勢害事／68本府一件欺誣事／69本府一件逆佔傷命事／70本府一件滅祖毆叔事／71本府一件掘塚攻掠事／72本府一件妖毒殺命事／73本府一件佔業命事／74本府一件急救民命事／75本府一件不法嚇害事／76察院一件殺命事／77本府一件急救劫殺事／78按察司提学道一件献殺事／79本府一件究業全禋事／80本府一件朋抄殺命事／81一件毀巣傷命事／82一件亟劓酷害事／83一件娼蠹事／84一件移屍頼掠事／85一件劈佔事／86一件抗断事／87一件慘滅禋祀事／88一件藉勢抄殺事／89一件移屍頼劫事／90一件詐嚇勢騙事／91一件屠寡事／92一件姦拐事／93一件劫殺事／94一件勢豪佔害事／95一件図頼抄家事／96一件烈慘事／97一件劫辱臣民事／98一件捲業滅禋事／99一件土豪強佔事／100一件伸冤夫命事／101一件人命事／102一件唆嚇万慘事／103一件毒殺妻命事／104一件倚屍搬搶事／105一件佔殺事／106一件佔殺事／107一件姦殺女命事／108一件頼掠事／109一件呑孤刹掠事／110一件異変事／111一件不法奪婚事／112一件仇劫事／113一件不法冒佔事／114一件究命屍事／115一件打死妻命事／116一件父命事／117一件機密国変事／118一件乞除民害事／119一件誣孤殺命事／120一件呑業滅禋事／121一件霸佔事／122一件混佔盜除事／123一件滅騙事／124一件姦妻殺命事／125一件無天事／126一件朋奸罩業事／127一件殺命事／128一件勢制殺命事／129一件滅契冤罩事／130一件急究兄命事／131一件劫殺事／132一件欺君佔殺事／133一件誆財害命事／134一件僥殺事／135一件滅祖殃宗事／136一件急救男命事／137一件頼劫事／138一件滅騙事／139一件呑騙事／140一件牙蠹詐騙事／141一件武弁誣民事／142一件斬祀滅親事／143一件乞除人猷事／144一起打死父命事／145一件奸謀詐騙事／146一件呑殺事／147一件劫殺事／148一件急救孤軍事／149一件奪巣滅禋事／150一件乱逆拐殺事／151一件急救勢騙事／152一件捲滅廃祀事／153一件勢豪捲佔事／154一件地方賭博事／155一件強佔事／156一件掘塚滅骸事／157一件横罩事／158一件掘壟殺命事／159件捲業淩毆事／160一件詐騙事／161一件誆騙事／162一件蠹国盜業事／163一件劫塚抽棺事／164一件踞佔事／165一件誘賭抄殺事／166一件黒滅事／167一件違禁搶毆事／168一件捲殺事／169一件横逆事／170軍門一起囚害事／171本府一起群

奸逆簒事／172 按察司一起極冤事／173 分守道一起欺君事／174 分守道一起屠商事／175 本府一起抗断頼剠事／176 本府一起打死男命事／177 糧餉道一起欺孤勢佔事／178 本府一起悍婦滅倫事／179 本府一起慘冤妻命事／180 本府一起滅祖殺命事／181 本府一件強虜生妻事／182 本府一起欺滅木主毆傷二命事／183 本府一起滅寡事／184 本府一起急救民命事／185 分守道一起擒獲海洋強賊事／186 本府一起拐姦抄頼事／187 本府一起劫殺事／188 本府一起死人命事／189 本府一起佔毆事／190 察院一起抄嚇事／191 軍門一起頼嚇事／192 軍門一起救命事／193 分守道一起剿嚇事／194 分守道一件夫命事／195 分守道一件蠹嚇事／196 分守道一件殺命事／197 分守道一件人鬼号天事／198 分守道一件簒殺事／199 分守道一件勢害事／200 分守道一件勢害事／201 分守道一件懇保飛辜事／202 分守道一件懇恩扶倫事／203 巡守道謀判事／204 分守道一件急救女命事／205 分守道一件軍務事／206 分守道一件督撫地方事／207 分守道一件緝獲顔通事奸細哨探賊船事／208 分守道一件乞勅府廉昼案事／209 分守道一件出巡事／210 分守道一件出巡事／211 分守道一件擒獲海洋強賊事／212 分守道一件請討劫姦事／213 分守道一件攻獲海洋強賊事／214 分守道一件攻獲海洋強寇事／215 分守道一件出巡事／216 分守道一件窩寇劫殺事／217 分守道一件打死父命事／218 分守道一件出巡事／219 分守道一件人命事／220 分守道一件抄戮事／221 分守道一件劫殺事／222 分守道一件勢害事／223 分巡道一件懇恩厳追贓／224 分巡道一件勢慘事／225 分巡道一件急救孤孀事／226 分巡道一件土王殺命事／227 分巡道一件横殺人命事／228 分巡道一件土夷乱閫事／229 分巡道一件謀害事／230 守巡道一件監守自盗事／231 分巡道一件勢劫事／232 巡海道一件劫殺大変事／233 巡海道一件厳緝逃亡以粛部伍事／234 巡海道一件捷報官兵外洋設奇攻獲假倭劇寇事／235 提学道一起起滅事／236 提学道一件滅倫屠命事／237 屯道一件殃軍事／238 屯道一件贓蠹事／239 屯道一件滅屯異変事／240 屯道一件勢佔事／241 屯塩道一件欺隠国課事／242 軍門一件巣害事／243 按察司一起簒殺事／244 按察司一起討乱事／245 按察司一起詐偽誆殺事／246 按察司一件男命事／247 分守道一起淩搶事／248 察院一起豪変事／249 察院一件万冤事／250 布政司一起神奸呑誣事／251 帯管分守道桂一起匿嚇事／252 分守道一件科軍事／253 帯管分守道一起叛冤事／254 分守道一起滅律事／255 按察司一起私牙殺命事／256 按察司一件叛殺事／257 分巡道一件殺佔事／258 察院一起屠劫事／259 提学道一件覆営事／260 屯塩道一起欺君害民事／261 按察司一起十悪事／262 按察司一起図頼事／263 按察司一起吏嚇事

／264 帯管分守道一起詐官惨害事／265 帯管分守道一起殺叔抄掠事／266 分守道一起死母命事／267 本府一起急救異嚇事／268 本府一起人命事／269 本府一起覆滅事／270 本府一起欺死誣業事／271 本府一起盗砍殺命事／272 本府一起打死人命事／273 本府一起盗殺大変事／274 本府一起除害救民事／275 本府一起投匿父命事／276 本府一起掠殺事／277 本府一起殺命事／278 本府一起人命事／279 本府一起兇刃抄殺事／280 本府一起奸謀滅禋事／281 本府一起劫殺危命事／282 本府一起偽印盗糧事／283 本府一起妖毒殺命事／284 本府一件献嚇事／285 本府一起急救事／286 本府一起詐官嚇騙事／287 本府一起人命事／288 本府一起海変事／289 本府一起打死男命事／290 本府一起仇蠹謀害事／291 察院一起抄劫殺命事／292 本府一起奸毒弟命事／293 本府一起逼姦乱常事／294 本府一起急救頼掠事／295 本府一起逆嚇事／296 本府一起無天事／297 本府一起劫殺異変事／298 本府一起劉鹿呂美事／299 本府一起乞究男命事／300 本府一起誣殺謀陥事／301 本府一起謀財滅嗣事／302 本府一起弑奪事／303 本府一起攫巣事／304 本府一起奪妻事／305 本府一起滅婚異変事／306 本府一起抗案傷殺事／307 本府一件佔殺事／308 本府一起埋没媳命事／309 分守道一起劫殺事／310 本府一起貪獣滅倫事／311 本府一起横奪惨害事／312 本府一起倚公抄殺事／313 本府一起横釁惨殺事／314 本府一起姦拐異変事／315 本府一起滅婚異変事／316 本府一起詐嚇事／317 本府一起串党謀騙事／318 本府一起姦拐窩搶事／319 兵備道一起抄家冤嚇事／320 本府一起坑業凌殺事／321 本府一起違断事／322 本府一起誣盗惨害事／323 本府一起惨献斬祀事／324 本府一起違禁搶殴事／325 本府一起弑父攻掠事／326 本府一起急救寡命事／327 本府一起群奸詐騙事／328 本府一件神奸籠騙事／329 本府一起群奸逆簒事／330 本府一起滅寡事／331 本府一件拐妻殺命事／332 本府一起欺主事／333 本府一件不法奪婚事／334 本府一件横奪惨害事／335 本府一件詐嚇事／336 本府一件捲騙事／337 本府一件逆献事／338 本府一件倚公抄殺事／339 本府一件急救孤単事／340 本府一起急救勢騙事／341 本府一起謀滅人命事／342 本府一件捲業殺命事／343 本府一件劫殺事／344 本府一起強佔事／345 本府一起民害事／346 本府一起亟剿酷害事／347 本府一件謀劫事／348 本府一件抗断事／349 本府一件剪害救民事／350 本府一件惨奪事／351 本府一件詐嚇騙殺事／352 本府一件佔騙惨害事／353 本府一件急究嚇害事／354 本府一件嚇財枉命事／355 本府一件横佔殴命事／356 本府一件劫殺事／357 本府一件姦拐事／358 本府一件欺孤騙業事／359 本府一件猾法蠹餉事／360 本府一件劫殺二命事／361 本府一件

獮殺事／362本府一件盗殺万惨事／363本府一件踞巣頼掠事／364本府一件号天救命事／365本府一件誆財害命事／366本府一件惨害二命事／367本府一件不法誣民事／368本府一件僥殺事／369本府一件兇盗掠殺事／370本府一件屠佔惨害事／371本府一件冒侵庫銀事／372本府一件劫殺事／373本府一件匿税殃民事／374本府一件劫殺事／375本府一件機密国変事／376本府一起拐略事／377本府一件局罩事／378本府一件豪奪水利事／379本府一件盗害異惨事／380本府一件勢制殺命事／381本府一件弄法騙害事／382本府一件騙害事／383本府一件献佔事／384本府一件機呑大変事／385本府一件勢罩抗命事／386本府一件頼掠事／387本府一件僥殺事／388本府一件芟蠹救良事／389本府一件滅騙事／390本府一件滅制欺公假官假印等事／391本府一件呑孤剎掠事／392按察司一件惨嚇事／393本府一件海劫惨害事／394本府一件剿盗安民事／395本府一件獲送真盗事／396本府一件盗殺大変事／397本府一件黒冤惨害事／398本府一件詐嚇掠騙事／399本府一件陰謀横佔事／400本府一件欺君滅聖事／401本府一件伐塚惨殺事／402本府一件異惨事／403本府一件盗葬傷命事／404本県一件盗砍惨傷事／405本県一件抗官逆騙事／406本県一件獲盗事／407本県一件抗官逆騙事／408一起徒犯毆命事／409一起哨獲海賊事／410一起急救父命事。

同、莆田県監：1一起打死人命事／2一起強劫事／3一起謀殺事／4一起出巡事／5一起墩軍持刀殺死人命事／6一起人命事／7一起打死人命事／8一起移屍劫殺事／9一起劫奪官銀事／10一起打死弟命事／11一起姦殺事／12一起刁軍倚籍人命異常制誣事／13一起解審賊犯事／14一起惨殺三命事／15一起打死父命事／16一起連殺二命事／17一起打死人命事／18一起厳緝逃亡以粛部伍事／19一起人命事／20一起強劫事／21一起惨仇劫殺事／22一起打死人命事／23一起殺命事／24一起打死人命事／25一起急救庠命事／26一起打死人命事／27一起盗劫傷命事／28一起殺命事／29一起擒斬日国大夥顔党強寇事／30一起劫殺大変事／31一起劫殺事／32一起出巡事／33一起抄劫大変事／34一起詐官枉嚇事／35一起厳緝逃亡以粛部伍事／36一起惨仇劫殺事／37一起打死人命事／38一起解審賊犯事／39一起強劫事／40一起巡獲船隻事／41一起攻獲海洋強寇事／42一起殺父事／43一起擒獲海洋強寇事／44一起攻獲海洋強寇事／45一起地方賊情事／46一起人命事／47本府一件攻騙事／48提学道一起殃民命事／49県詞一起欺孤献劫事／50本府一件打死夫命事／51本館一起泣白冤命事／52本府一件移屍攻房頼掠事／53本府一件呑業滅禋事／54 提学道一件勢捲事／55 一件殺叔献騙事／56 一件清査久年餉銀事／57 邵武府査盤招／58 邵武衛査盤招／59 光沢県査盤招／60 泰寧県査盤招／61 建寧県査盤招／62 邵武県査盤招／63 延平衛査盤招／64 将楽県査盤招／65 将楽所査盤招／66 又将楽所審語／67 沙県査盤招／68 大田県査盤招。

［所蔵］：［国家図（北）］。

［版本］：［二〇〇五年北京中国社会科学出版社排印本／歴代判例判牘所収］。

［備考］：［濱島敦俊 83］・［濱島敦俊 93］・［楊一凡 05］・［P.E.Will 10］。

39　按呉親審檄稿　不分巻　明祁彪佳撰　鈔本

［撰者］：祁彪佳が崇禎 6 年（1633）から同 7 年（1634）まで南直隷の蘇松巡按御史として在任した時期のもの①。

［内容］：収録されている判牘は 全 148 件。標題は下記のとおり。

1 一件正真人命事／2 一件黒冤事／3 一件憲斬事／4 一件偽抄事／5 一件票仰蘇州府／6 一件天討事／7 一件世変事／8 一件屠抄事／9 一件枉詐事／10 一件勢没事／11 一件票仰蘇州府／12 一件殺陥事／13 一件連殺人命事／14 一件重冤事／15 一件風紀事／16 一件勢占事／17 一件究解事／18 一件勢抄事／19 一件触憲事／20 一件勢掃事／21 一件坑儒事／22 一件勢抄事／23 一件屍抄事／24 一件出巡事／25 一件出巡事／26 一件衙蠹殺人等事／27 一件出巡事／28 一件狩極事／29 一件詐殺事／30 一件号救事／31 一件会寇窮兇作耗等事／32 一件立殺人命事／33 一件斬悪事／34 一件漏斬神奸等事／35 一件殺劫事／36 一件扛紮事／37 一件勦寡事／38 一件勢屠事／39 一件敗訪事／40 一件造訪事／41 一件神誆事／42 一件真正人命事／43 一件真正人命事／44 一件誅貪事／45 一件倫変事／46 一件不白事／47 一件抄没事／48 一件天斬事／49 一件号天斬逆事／50 一件地方公挙事／51 一件親勦事／52 一件屍抄事／53 一件神奸藐視事／54 一件貪害事／55 一件剪蠹滌弊等事／56 一件憲斬事／57 一件枉法事／58 一件闔族公挙等事／59 一件出巡事／60 一件出巡事／61 一件出巡事／62 一件出巡事／63 一件出巡事／64 一件出巡事／65 一件勢搶事／66 一件勢勦事／67 一件討叛事／68 一件親斬事／69 一件劫殺漏斬事／70 一件出巡事／71 一件叩天誅逆等事／72 一件屍抄事／73 一件貪掃事／74 一件勢抄事／

① 祁彪佳『祁忠敏公日記』所収、王思任「祁忠敏公年譜」、参照。

75 一件出巡事／76 一件出巡事／77 一件出巡事／78 一件勢没事／79 一件逆天捺解等事／80 一件出巡事／81 一件出巡事／82 一件出巡事／83 一件出巡事／84 一件出巡事／85 一件勢黒事／86 一件出巡事／87 一件地方世反事／88 一件勢屠事／89 一件欺族搆盗事／90 一件違禁殃民等事／91 一件江南首悪事／92 一件拆搶事／93 一件出巡事／94 一件出巡事／95 一件出巡事／96 一件出巡事／97 一件出巡事／98 一件出巡事／99 一件飛殃勢炙等事／100 一件陥奴殺父等事／101 一件出巡事／102 一件出巡事／103 一件出巡事／104 一件出巡事／105 一件陥抄事／106 一件仮勢抄屠等事／107 一件出巡事／108 一件出巡事／109 一件急勦強盗事／110 一件勅簡事／111 一件定継剔奸等事／112 一件票仰長洲県／113 一件票仰常熟県／114 一件票仰蘇松道／115 一件窃盗械証事／116 一件出巡事／117 一件出巡事／118 一件出巡事／119 一件出巡事／120 一件出巡事／121 一件出巡事／122 一件出巡事／123 一件出巡事／124 一件出巡事／125 一件出巡事／126 一件出巡事／127 一件出巡事／128 一件出巡事／129 一件出巡事／130 一件出巡事／131 一件龍図難見事／132 一件出巡事／133 一件出巡事／134 一件出巡事／135 一件出巡事／136 一件出巡事／137 一件票仰江陰県／138 一件出巡事／139 一件出巡事／140 一件出巡事／141 一件出巡事／142 一件為出巡事／143 一件為出巡事／144 一件為出巡事／145 一件為造訪刺官等事／146 一件為陥窩抄殺事／147 一件為出巡事／148 一件為出巡事。

［所蔵］：［国家図（北）］。

［版本］：［二〇〇五年北京中国社会科学出版社排印本／歴代判例判牘所収］。

［備考］：［濱島敦俊 81］・［濱島敦俊 93］・［楊一凡 05］・［P.E.Will 10］。

40　按呉審録詞語　不分巻　明祁彪佳撰　鈔本

［撰者］：39、参照。

［内容］：収録されている詞語は、常州府・同無錫県・同宜興県・同靖江県関係が106件、同武進県関係が109件、鎮江府・同丹徒県・同丹陽県・同金壇県関係が107件、同江陰県関係が88件である。詞語の後に「批」「批語」「前批」等を記すものがある。

全4冊の第4冊、江陰県の一例を、以下に提示したい。

一起、天誅詐偽事。斬犯一名、劉芳。

会審得、劉芳以黒臂偸児、三犯肆胆、偽篆假票假籤、詐財詐銀、伎倆畳出而不窮。孰知事敗之行成、越数年而後発。豈非天網之不漏哉。論斬允当、監候詳決。

批語、劉芳以偽批挟詐、張仁等偽批、与甘責筆跡既同、則批中之假命、非芳之所造而誰哉。審非描摹、便是雕刻、不得以熬刑未覆、為奸人開一辯竇也。依擬監候、会審詳決。金玉等姑杖懲之。取庫収領、状繳。

［所蔵］:［南京図］。

［版本］: ——

［備考］:［古籍善本(史)91］。

41　祁忠恵公遺集　十巻坿一巻　明祁彪佳撰　道光二十二年続増刊本

［撰者］:祁彪佳については、38・39、参照。

［内容］:巻3、判語に、3件の判牘を収録。標題は下記のとおり。但し、判が出された地域は明記されていない。

1殺弟抛屍事／2憲勦勢佔事／3地方事。

［所蔵］:［人文研］・［東洋］・［北京大］・［国家図(分)］・［上海図］。

［版本］:［祁彪佳集十巻坿一巻／一九六〇年北京中華書局排印本］。

［備考］:［濱島敦俊93］。

42　新刻官板律例臨民宝鏡　十巻首三巻末三巻　明蘇茂相輯　明郭万春註　崇禎五年序刊本

［撰者］:蘇茂相は天啓7年(1627)から崇禎元年(1628)まで刑部尚書として在任。

［内容］:本文(下段)では、首巻下、名例律から巻10、工律まで、明律の各条に対応した記載がなされており、例えば、巻1、吏律、職制、「選用軍職」では、律文の後に「審語」「参語」「断語」「議語」「判語」「告示」「条例」の例文が列記されている。他の律文に対しても同様の記述となっている。

但し、当該書で注目すべきは本文ではなく、上段の記載である。ここに「審語」が収録されているからである。巻5-6、人命類審語に44件、巻6-7、婚姻類審語に17件、巻7、姦類審語に22件、同、盗賊類審語に9件、同、搶奪類審語に 4 件、同、誣告類審語に 8 件、同、嚇詐類審語に 2 件、同、凶殴類審語に 9 件、同、匿名類審語に 5 件、巻 7-8、略買略売審語に 9 件、巻 8、産業類審語に 17 件、同、墳山類審語に 10 件、同、把持類審語に 5 件、同、銭債類審語に 14 件、同、賭博類審語に 8 件、巻 8-9、衙蠹類審語に 2 件、巻 9 に戸役類審語 10 件、同、僧道類審語に 8 件、同、彝倫類審語に 8 件、同、雑犯類審語に 33 件、併せて 234 件の判・批等を収録。標題は下記のとおり。

人命類審語：1死後屍傷／2服毒致死／3誤被溺死／4溺姑免死／5根究客死／6殴死親兄／7捐躯頼人／8縊死／9誣告二命／10誣殺二命／11男死無他審語／12嚇逼夫命／13矜究母命／14誣告父命／15誣告究験／16冤害女命／17稍公害命／18水手謀命／19牙儈謀殺／20却客／21辨非人命／22報仇殺命／23人命図頼／24乞救人命／25乞救夫命／26虐殴人命／27逼命／28盗賊人命／29楊院人命駁語／30林尹覆詳／31楊院批允／32胡院批駁／33王院駁語／34乞救人命／35打死人命／36逼死人命／37人命／38倚命詐騙／39謀殺／40謀殺／41仇殺／42劫殺／43自殺／44謀害。

婚姻類審語：1貪慕頼婚／2逆勒重婚／3退婚復争／4幼女抵婚／5背婚／6親属為婚／7重嫁／8逼嫁／9退親／10強奪人妻／11停妻娶妾／12生離／13贅婢妾婢／14殺妻／15誤妻／16逼節／17疑妒。

姦類審語：1誣姦張氏／2幇誣強姦／3垂財軽姦／4姦局／5私奔断離／6流姦傷化／7背夫騙害／8姦情／9誘姦／10縦姦／11姦娶／12強姦／13強姦／14姦淫／15誣姦／16姦孀／17和姦／18因姦致死／19調姦／20強姦堕胎／21強姦幼女／22淫姦奔婦。

盗賊類審語：1首盗／2夥盗／3白昼盗畜／4乞救盗害／5盗牛／6盗情可原／7盗情無干／8追究全賍／9剪盗安民。

搶奪類審語：1誣搶／2假風抄家／3船破誣搶／4誣告搶掠。

誣告類審語：1両辞相誣／2誣害良善／3誆騙／4誣殺／5慣誣／6人命誣人／7僉訐無干／8師婆誣人。

嚇詐類審語：1栽賍扛陥／2威禁勒詐。

凶殴打類審語：1闘殴／2殴搶／3凌幼主／4殴傷／5撻孝廉／6殴師／7殴叔／8踢婦堕胎／9屠戸殴騙。

匿名類審語：1匿名／2誣人匿名／3匿告／4匿状／5私和詐称投匿。

略買略売審語：1略売／2略買／3拐売／4販売／5誣拐／6誣拐／7見獲拐誘／8姦拐孀婦／9賭騙略売。

産業類審語：1贖回故業／2欺孤制騙／3田土／4欺隠田地／5找田価／6找価／7誣頼找価／8唆謀占騙／9管田認糧／10欺孤占業／11争産／12照産充役／13呑産／14争業／15占業／16争産／17影占田地。

墳山類審語：1掘墳／2抛棺滅骸／3盗葬／4争葬／5私債執契葬墳／6争墳山／7県批／8誣佔滅骸／9搬喪／10埋葬。

把持類審語：1虎牙把持／2閉糴／3脱騙客本／4攔接貨物／5截税。

銭債類審語：1剥民肥己／2畳利磊算／3利又転本／4付本千金／5借債負債／6欠負銭債／7呑孤異惨／8借銀応給／9違禁殴劫／10呑騙殴害／11僥頼本銀／12居房抵債／13僥負本銀／14唆父僥債。

賭博類審語：1賭博／2欺弟賭騙／3窩賭／4招賭／5局賭／6誘賭／7騙梨園／8淫嫖。

衙蠹類審語：1倚官科派／2酷吏。

戸役類審語：1虎捕／2積蠹／3籍関勒騙／4総書／5輪戸／6脱糧長／7侵尅花費／8売富差貧／9兜収丁銀／10妄扳平民。

僧道類審語：1僧争施利／2拐殺／3拐婦／4姦殺／5和尚龍陽／6姦僧／7妖僧／8僧道攙越。

彝倫類審語：1不孝可原／2真不孝／3犯倫／4滅祖殴尊／5誑君滅母／6壊俗／7究脈続祀／8奪祀。

雑犯類審語：1私塩／2盗塩／3偽印／4銅銀／5假銀／6科索／7売訪／8違禁樹蔗／9争埭／10争樹木／11異冤誣銀／12夜禁／13給引／14送災／15争漁／16兇害謀逐／17沈匿信銀／18保夫脱監／19保子脱軍／20妓女従良／21妓女従良／22改醮／23杜患執照／24孝婦割肝／25失守／26棄城／27失事／28贓穢／29佐領擅受参語／30負恩／31求和／32攔息／33告息。

[所蔵]：［人文研］・［尊経閣］・［東文研］・［内閣］・［国家図(北)］・［法学所］。

[版本]：［新鐫官板律例臨民宝鏡所載審語／二〇〇五年北京中国社会科学出版社排印本／歴代判例判牘所収］。

[備考]：［P.E.Will 10］

43 盟水斎存牘　一刻十二巻二刻九巻　明顔俊彦撰　崇禎刊本

[撰者]：顔俊彦が崇禎元年(1628)から同3年(1630)まで広東の広州府推官として在任した時期のもの。

[内容]：一刻、勘合に「提問知県杜復光 徒」等15件、同、讞略、巻1に「強寇関国英 斬」等101件、同、巻2に「通夷関聖重・関国隆等 一軍一徒」等56件、同、巻3に「詐騙奸徒梁元棟等 一徒一杖」等109件、同、巻4に「訟債梁光斗 杖」等73件、同、巻5に「争継謝克充等 杖」等74件、同、翻案に「強盗霍岳騰等 斬改徒」等61件、同、署府翻案に「盗情梁紹惟等 斬改遣」等15件、同、矜審に「強盗朱茂舜 斬改杖」等76件、同、署府讞略に「山寇尹義等 四梟二緩死二釈」等128件、同、署番禺県讞略に「盗情鄧弘徳等 三名杖釈」等30件、同、署香山県讞略に「盗情陳業興等 斬改杖」等50件、二刻、勘合に「人命何太衡・簡楧之等 繇詳 署府」等17件、同、讞略、巻1に「大盗馮二林等」等70件、同、巻2に「誣告鄧才閏等 一絞七杖」等118件、同、巻3に「強盗梁茂太等 一梟一戍」等102件、同、翻案に「盗情呉茂沾 斬改杖」等15件、同、矜審に「強盗伍逢許 斬改遣」等19件、同、矜疑に「盗情陳亜郭等 斬議改徒」等17件、同、讞略 署府、巻1に「蹻賊杜貞元 斬」等60件、同、巻2に「誣告張釁等 一徒三杖」等109件、全体で併せて判牘1315件を収録。きわめて膨大な量であり、ここでは一刻、讞略の巻1-4について、標題を以下に提示することにしたい。

一刻、讞略、巻1：1強寇関国英 斬／2強寇蔡裔明 斬／3強盗余亜悌 三斬三遣／4強盗黄承軒 二斬二遣／5強盗梁荊玉 斬／6強盗梁亜四・陳亜小・窩主謝扶綱 三斬／7強盗陳旋可 梟斬／8強盗譚起元等 二斬一徒／9強盗衛聖明 斬／10強盗楊維翰等 四斬／11強盗徐新進 一斬／12強盗曹壮威等 三斬一徒一杖批覆／13強盗何迴然等 斬／14強盗石三仔 斬／15強盗鍾林養等 倶斬／16強盗李宗耀 斬／17強盗屈方明等 一斬一徒二杖／18強盗趙茂顔等 二斬二徒／19強盗余覚斯 斬／20強盗孔亜壬等 斬／21強盗何文華 斬／22強盗劉兆基等 三斬／23強盗黄志恩等 四斬／24強盗黎亜潮等 六斬一杖／25強盗李亮伯等 四斬／26強盗陳亜九等 三斬三徒／27強盗梁応従 斬／28強盗邵亜傑等 二斬／29強盗黄維芳等 二斬／30強盗周永秀 斬／31強盗李起耀等 斬／32強盗張亜三等 二斬二戍一徒／33強盗郭兆祥等 二斬／34強盗招恒一 一斬三徒七杖／35強盗陳漢 斬／36強盗彭亜穡／37強盗陳拱瓊 杖一斬一／38強盗李妙穏等 二斬一軍

／39 強盗易文珍等 擬緩死二／40 強盗陳光賢等 二徒／41 強盗羅鬼得等 一徒二杖／42 強盗鄭烏・鄭新等 繇詳／43 逆賊渠魁鍾国相等 梟示／44 殺官劫印葉日明 斬／45 巨寇廖九寶 斬／46 窩盗毛鸞等 四斬／47 窩盗陳応秋 斬／48 蹻賊丁積新 議釈／49 海寇李禄等 繇詳／50 窃盗拒捕傷人梁明国 斬／51 窃盗周子昌等 六徒／52 窃盗丘学義等 繇詳／53 窃盗蘇従吾等 一徒二杖／54 賊哨林威等 一絞三徒／55 賊哨陳熊英等 一徒四杖／56 擄米狼哨陳国英等 徒／57 謀殺蔡長成等 斬／58 人命何公進 斬批覆／59 人命馮汝時等 一絞六徒／60 人命江良普等 一絞一戍三杖／61 人命区子馴 絞批覆／62 人命容伝俸 絞／63 人命彭紹揚 絞／64 人命盧日龍 絞／65 人命梁子冲等 一斬三杖／66 人命梁子冲等 一斬三杖／67 人命許日昌等 一斬一徒／68 人命黄敬賢 一絞三杖／69 人命袁貴宣等 一絞二杖／70 人命陳惟積等 一絞四杖／71 人命龔少聡等 一斬一杖／72 人命譚啓脩 斬／73 人命徐龍輝 絞／74 人命謝文選等 絞／75 人命石耐賓 戍／76 人命李応賓 一徒／77 人命李観華等 杖／78 人命繆恒遷等 一徒二杖／79 人命麦益昭 議罰穀／80 人命倪子貴等 戍／81 人命王勝用 徒／82 人命馮崇聚等 徒／83 人命李信等 杖／84 人命許嘉進等 杖／85 人命何賢 杖／86 人命黄公萃 杖追埋署府准理／87 人命欧陽炳燦等 二杖／88 人命黎用勤 杖／89 人命湯挺新等 一徒一杖／90 人命温亜六等 一徒一杖／91 人命羅応奇 繇詳／92 人命姚明章 繇詳／93 誤殺岑元富等 二絞六杖／94 藉死掠詐張瑞 杖／95 藉死誑詐鍾賛廷 杖／96 假命誣詐梁大倫等 二杖／97 假命被誣呉東壁 繇詳／98 強姦李先等 三絞／99 盗庫葉永昌 四戍一徒／100 誣盗梁慶 二戍／101 詐財姚昇等 三杖。

同、巻 2：1 通夷関聖重・関国隆等 一軍一徒／2 接済奸徒陳勝宇等 一徒二杖／3 冒宦接済梁徳 徒／4 奸攬謝玉宇等 二徒／5 走澳奸徒王懐東等 四徒二杖／6 走澳棍徒孟如積・許一広 徒／7 閩商闌入郭玉興等 九徒／8 土豪梁台華等 三徒／9 土豪袁正紳 徒／10 透獄詐良陳奮翮 徒／11 土豪沈化源 徒／12 土豪沈化源 徒／13 衙蠹莫揚 徒／14 衙蠹尹遷 徒／15 衙蠹鍾貴等 一徒一杖／16 衙蠹余明道等 二徒／17 衙蠹李完五 徒／18 衙蠹馮釗等 三徒／19 衙蠹何卓廷等 四徒二杖／20 衙蠹葉栄等 二徒二杖／21 衙蠹劉事平 徒／22 衙蠹許明 徒／23 衙蠹譚初心 徒／24 衙蠹姚燦壁 徒／25 衙蠹周心国等 一徒一杖／26 訪犯游泰 徒／27 訪犯祁静夫 徒／28 土豪劉茂所 徒／29 衙蠹徐奇等 二徒／30 衙蠹黄侶等 二徒／31 衙蠹梁悦吾等 三徒六杖／32 衙棍朱旭日 徒／33 衙棍頼方 徒／34 衙役黄朝棟等 一徒七杖／35 訪悪譚期高 徒／36 訪犯譚観文 議釈／37 造訪羅恩・羅敬蒼 二徒／38 指詐楊大奇等 徒／39 場吏劉策等 一徒二杖／40 假官袁応試 徒／

41偽印馬忠 徒／42偽造印信為従王振揚 徒／43偽印何肖竹 一斬一杖／44偽印張黄授 杖一／45冒宦搶禾何基伯等 一徒五杖／46搶禾梁仲采・蕭誠志 徒／47搶奪釣蟹三等 三徒／48違禁私採金汝亨等 軍／49違禁奸棍区恬所・陳鳳詔 二徒／50私塩盧裔成等 二徒八杖／51私錫奸徒文大成 二杖／52盗珠奸徒趙起南等 杖／53奸棍黄紫霞等 繇詳／54棍徒霍賛廷等 杖／55解銃違誤高応登 杖／56覈追軽戦原領餉銀 詳文。

同、巻3：1詐騙奸徒梁元棟等 一徒一杖／2争妓誑誣孟性翼等 二徒五杖／3指詐廖耀芳等一徒一杖／4誣陥良民哨官王縄武等 一徒二杖／5誣詐梁海雲等 二徒一杖／6誣詐棍徒葉茂容 杖／7誣詐刁徒李敬 徒／8誣詐黜生張鎮 二杖／9誑詐曾効賢 杖／10誣詐朱崇貴 杖／11跳詐棍徒辛祥宇等 二徒一杖／12跳詐刁徒何省吾等 三杖／13跳詐陸心海 杖／14串詐張福等 杖／15局詐棍徒陸廷相 杖／16嚇詐梁紹宗 三徒／17詐商奸棍梁敬鸞等 二杖／18営徴挪移経歴黄民俊 徒／19串局黄履順等 二杖／20匿名捏告刁徒馬摩天 徒／21誣告盧兆祥 徒／22誣告楊炳球等 一徒一杖／23誣盗何成等 二徒／24誣盗陳献吉等 杖／25誣盗羅石保・羅徳恩 一徒一杖／26逞詞捏告黄金省 杖／27訕上馮之遇 杖／28誣訟生員張司南 杖／29刁誣朱陳亜長 杖／30刁誣陳宗文 杖／31刁誣邵参吾 杖／32刁誣余謄搶 杖／33刁誣陳応璣 繇詳／34刁誣郭卓宇等 杖／35刁誣覃儲英 二杖／36刁訟呉亜三等 杖／37刁訟衛徴文 杖／38刁訟張応祖等 二杖／39刁訟陳広麟等 杖／40刁訟張儀韓 杖／41刁訟何誠元 杖／42刁訟僧実朗・生員馬中 三杖／43刁訟羅裔卓・譚士偉 二杖／44刁訟李勝・李良佐 二杖／45刁訟陳仲垣・陳傑 二杖／46刁訟羅子昌 杖／47刁訟棍徒李耀 二杖／48刁訟胡廷憲・呂裔伝 二杖／49刁訟梁志 杖／50刁訟崔奕卿等 二杖／51刁訟顔容 杖／52刁訟生員何与球 繇詳／53刁訟曾業可等 杖／54刁訴林全聚等 杖／55刁訟羅元英等 杖／56刁訟蘇学弘 杖／57刁訟姚孔真 杖／58刁唆区朝鞏等 杖／59訐訟労紹元等 杖／60刁訟邵燦明 二杖／61刁訟陳旺 二杖／62撥訟譚広馨 杖／63妄訟羅承宗等 免擬／64刁訟何惟孚 繇詳／65刁訟蔡思卿等 二杖／66刁訟生員馮汝京等 二杖／67刁訟黄維晃 杖／68刁訟梁清等 杖／69守備徐祖綬 議釈／70営官呉日瓊 杖／71奸吏羅万有 杖革／72違玩吏書劉輔等 十五杖／73刁軍何遂福 杖／74凶悍劉龍璋 杖／75棍徒何恩梧等 繇詳／76奸徒陳振 杖／77奸徒王心原等 議釈／78假冒袁世鳳台 杖／79奸騙麦巽南 杖／80負騙馮敬涯等 杖／81負騙程氏 杖／82和姦陳崇忠等 杖／83失火黄端浩等 杖／84争幫軍匠陳燦明等 杖／85匿税林碧所 杖／86増減文書黄応璋 杖／87寺僧僧実朗 杖／88殴師馬亜五等 杖／89閩商劉合興 一杖／90孤商銭応龍等 繇詳／91塩商郭汝游等 杖／

92船戸呉春等 杖／93牙行韓振海等 杖／94逆僕葉友文 杖／95逆僕区亜三 杖／96殴叔蒋自厳 杖／97罵主江光謙等 一徒二杖／98不孝区日科 杖／99疏縦族長韓文伯 杖／100塩商梁聚翔等 繇詳／101塩商袁于碩等 二杖／102煎塩溢額陸陽等 杖／103塩司吏書高榴・王蘇桂等 杖／104解銀批失掛号郭鄭朋 杖／105賭犯湛醒真等 杖／106庸医劉期興 杖／107姦情戚通儲等 杖／108聚娼為妾何其元 杖／109告承駅地梁韜等 繇詳。

同、巻4：1訟債梁光斗 杖／2訟債丘維華等 杖／3訟債葉台襄 杖／4訟債霍洪練 杖／5訟債鄭輝宇 杖／6訟債蘇茂業等 杖／7訟債李茂登 杖／8訟債劉抱真等 杖／9訟債陳巳等 杖／10訟債鍾瑞芝等 杖／11争産李氏 杖／12争産周于壁 杖／13佔産霍彦雍等 一徒二杖／14争産黄成龍等 杖／15争産葉子辰等 杖／16争産張其柱 杖／17争産蘇伯玄等 杖／18争産梁大奇・梁大倫 杖／19争産黄維屏 杖／20争産関約修等 杖／21争産欧兆謨 杖／22争地梁起鸞・陳如璧 二杖／23争産岑希貽 杖／24争産馮九玄等 二杖／25争産欧陽帝建 二杖／26踞佔房屋鄭茂華 杖／27盗按産業趙文侶等 三杖／28争山趙汝立等 二杖／29争山呂龍陽 杖／30争山鄧一定等 杖／31争山林伯繁等 杖／32争山馮士登等 杖／33争山劉光庭 杖／34争墳温富禎・兪元貞 一徒一杖／35争屋鍾継志・継祖 二杖／36争屋蘇朝光等 杖／37設計佔屋周李明 杖／38争屋鄺太一等 杖／39争田陳卓璧等 二杖／40争田姚文熠等 三杖／41争田陳誥 杖／42争田鄭国光 杖／43争田陳公佑等 一杖／44争田趙雲龍等 繇詳／45争田陳道洪等 二杖／46争田呉徽式等 杖／47争田葉孟鳴等 杖／48争田羅載仲 繇詳／49争田産劉原墨 杖／50争田何忠 杖／51争田余朝重等 杖／52争田何嘗 杖／53争田羅応期 杖／54争田文明芳等 杖／55訟田馮君誠 杖／56假冒佔田梁儲廷等 一徒一杖／57争祖祠業倫道溥 一杖／58訟嘗租陳雲陽 杖／59争佃鄭寧一等 杖／60争埠鄧忠・李陳呉 杖／61争塘胡文緒等 杖／62争界徐昭和泰等 杖／63訐争財産黄璟等 杖／64投献湛臨宇 杖／65絶産張興祥 杖／66涎産蒲伯齢 杖／67涎産黄明峰 杖／68背断沈賢思等 杖／69欺隠田地馮公毅等 杖／70串奪温可勝等 杖／71重売周日章 徒／72重復典売麦啓鰲 杖／73重売産業趙友華 杖。

[所蔵]：[北京大]・[厦門大]。

[版本]：[中国政法大学法律古籍整理研究所整理評点／二〇〇二年北京中国政法大学出版社排印本]。

[備考]：[濱島敦俊 93]・[井上徹 05]・[P.E.Will 10]。

44　甞辞　十二巻　明張肯堂撰　崇禎七年序刊本

[撰者]：張肯堂が崇禎2年(1629)から崇禎8年(1635)まで北直隷の大名府濬県知県として在任した時期のもの①。

[内容]：巻1に「王三錫」等23件、巻2に「法伝」等24件、巻3に「李漢儒」等28件、巻4に「鄭加成等」24件、巻5に「郭翟環」等22件、巻6に「辺加言」等30件、巻7に「毛計秋」等28件、巻8に「胡来順」等29件、巻9に「張孔徳」等30件、巻10に「孫守節」等23件、巻11に「尹自訓」等27件、および巻12に「賈士俊」等44件、併せて245件の判を収録。標題は上記の如く、すべて人名のみで構成されている。なお目録によれば、巻10の末尾24件については「附審録要囚参語」とされている。

[所蔵]：[国家図(台)]・[上海図]。

[版本]：[一九七〇年台北台湾学生書局用崇禎七年序刊本景印／明代史籍叢刊所収]・[二〇〇五年北京中国社会科学出版社排印本／歴代判例判牘所収]。

[備考]：[張偉仁 76]・[滋賀秀三 84]・[濱島敦俊 93]・[楊一凡 05]・[濱島敦俊 06]・[P.E.Will 10]。

45　増城集　二十二巻　明李蛟禎撰　崇禎刊本

[撰者]：李蛟禎の官職は未詳。南直隷の鳳陽府関係の官だと思われる。

[内容]：巻21-22、中都讞語に併せて54件の判を収録。標題は下記のとおり。

巻21、讞語：[1]失盗事犯人蘇三等／[2]大盗劫財事犯人李天助／[3]強劫事犯人黄三仕等／[4]改駁抜冤事犯人王六等／[5]為擒獲土賊申請正法事犯人王承業等／[6]一起会擒土寇等事犯人王本性等／[7]出巡事犯人張姜等／[8]一起出巡事犯人徐尚楼等／[9]捉獲流寇奸細事犯人秦一鳳等／[10]大盗劫財事犯人李観萱等／[11]出巡事犯人潘剛等／[12]一起失盗事犯人郭承信／[13]乗機搶擄事犯人蒯文元／[14]呈解爬搶賊犯事犯人侯登渠／[15]発審事犯人顧三策／[16]出巡事犯人李応科／[17]人命事犯人王仲試／[18]捉獲叛犯事犯人呉順子／[19]迎接違限事犯人季応輝／[20]出巡事犯人楊世節／[21]白昼焚劫事犯人孟子富／[22]人命事犯人楊三／[23]弊捺倉糧等事犯人蒋元／[24]捉獲賊犯事犯人所文徳。

---

① 嘉慶『濬県志』巻3、職官表、明、知県、および乾隆『衛輝府志』巻29、名宦下、明、参照。

卷 22、讞語：1 彌盜安民事犯人安従義／2 打死父命事犯人蒋一卿／3 殺父抛屍事犯人顧従敬／4 蠲緩已奉明綸等事犯人沈加忠／5 回報事犯人王之譲／6 違玩船戸事犯人郭大富／7 捉獲奸細事犯人桑鳴鳳／8 出巡事犯人任希明／9 劫殺事犯人葛蝎子／10 駅棍把持等事犯人張二／11 詩判事犯人朱従栄等／12 申飭属官擅置書郵事／13 昼劫事犯人石弘道等／14 地方事犯人霍元等／15 劫殺事審完泗州賊犯王百党等／16 天誅極悪事審完犯人武可化等／17 呈報事審完犯人懐維禎等／18 乗機焚殺事審完賊犯賈鳳台等／19 勅勦事審完犯人王三顧等／20 申報事審完犯人普如等／21 呈解事審完犯人韋七等／22 劫殺二命事審完犯人馬育乾等／23 清査銭糧事犯人趙象徳等／24 出巡事犯人満廷美等／25 一起確査詳奏事犯官駱挙等／26 確査流寇焚劫情形等事官犯田光宇等／27 叛蠹事審完犯人潘雲衢等／28 打死兵命事審完犯人丁春富等／29 簡抵事審完犯人張栢等／30 獲単事審完犯人談思茂等。

[所蔵]：[人文研]・[尊経閣]・[北京大]。

[版本]：　——

[備考]：[巫仁恕 04]。

46　折獄新語　十巻坿一巻　明李清撰　崇禎刊本

[撰者]：李清が崇禎 5 年(1632)から同 11 年(1638)まで浙江の寧波府推官として在任した時期のもの①。

[内容]：巻 1、婚姻に 26 件、巻 2、承襲に 16 件、巻 3、産業に 24 件、巻 4、詐偽に 57 件、巻 5、淫姦に 33 件、巻 6、賊情に 14 件、巻 7 銭糧に 7 件、巻 8、失誤に 4 件、巻 9、重犯に 10 件、巻 10、冤犯 附疑犯 に 19 件、および附、疑獄審語に 3 件、併せて 213 件の判を収録。標題は下記のとおり。

巻 1、婚姻：1 一件逼嫁事／2 一件劫妻事／3 一件冤命事／4 一件擘破事／5 一件斬佔事／6 一件法斬事／7 一件謪拆事／8 一件活拆事／9 一件拆妻事／10 一件姻変事／11 一件飛攫事／12 一件環烹事／13 一件枉法事／14 一件砍門事／15 一件誑詐事／16 一件謀劫事／17 一件黒冤事／18 一件欺寡事／19 一件抄虜事／20 一件滅親事／21 一件硬姦事／22 一件硬配事／23 一件強佔事／24 一件拐妻事／25 一件忤殺事／26 一件首盜事。

---

① 雍正『寧波府志』巻 16、秩官上、明、推官、参照。

I　明　　代

巻 2、承襲：1一件謀爵事／2一件醢嚼事／3一件究抄事／4一件勢抄事／5一件冒襲事／6一件屠戮事／7一件赤冤事／8一件抄寡事／9一件抄詐事／10一件抄滅事／11一件活滅事／12一件鰔叛事／13一件叛父事／14一件佔産事／15一件忤弑事／16一件虐節事。

巻 3、産業：1一件抄滅事／2一件叛抄事／3一件聚抄事／4一件逆抄事／5一件惨傷事／6一件冒勛事／7一件叩清事／8一件芟冢事／9一件勢抄事／10一件人命事／11一件勢抄事／12一件黒冤事／13一件屠劫事／14一件惨斬事／15一件斬祧事／16一件煢冤事／17一件大冤事／18一件叛抄事／19一件憲鰔事／20一件勢抄事／21一件冒抄事／22一件天斬事／23一件憲斬事／24一件佔産事。

巻 4、詐偽：1一件滅門事／2一件詐抄事／3一件枉法事／4一件真命事／5一件叛詐事／6一件假官事／7一件黒抄事／8一件倡乱事／9一件酷抄事／10一件強劫事／11一件枉法事／12一件斬乱事／13一件憲典事／14一件冤抄事／15一件冒濫事／16一件奸抄事／17一件畳屠詐事／18一件叛屠事／19一件枉詐事／20一件学政事／21一件謀命事／22一件逼寡事／23一件指官事／24一件仇抄事／25一件姦殺事／26一件強擄事／27一件凌辱事／28一件拿究事／29一件畳焼事／30一件勅併事／31一件訪拿事／32一件乱鹺事／33一件人命事／34一件強劫事／35一件漏斬事／36一件衛蠹事／37一件簡典事／38一件攢呑事／39一件殺捕事／40一件叛詐事／41一件叛詐事／42一件人命事／43一件妖術事／44一件亟剪事／45一件姦殺事／46一件憲斬事／47一件人命事／48一件抄産事／49一件救行事／50一件扛抄事／51一件虎噛事／52一件扮詐事／53一件校横事／54一件通姦事／55一件殺妻事／56一件剿叛事／57一件挙劾事。

巻 5、淫姦：1一件大乱事／2一件活佔事／3一件姦佔事／4一件姦佔事／5一件姦殺事／6一件劫姦事／7一件庠姦事／8一件斬姦事／9一件不法事／10一件串焼事／11一件黒劫事／12一件通姦事／13一件異変事／14一件姦殺事／15一件逼命事／16一件親勦事／17一件佔婦事／18一件拐媳事／19一件謀殺事／20一件朋姦事／21一件斬逆事／22一件姦殺事／23一件急剪事／24一件姦殺事／25一件拐妻事／26一件淫叛事／27一件劫妻事／28一件盗嫂事／29一件姦酷事／30一件佔姦事／31一件抄殺事／32一件姦阱事／33一件首姦事。

巻 6、賊情：1一件斬劫事／2一件窩盗事／3一件捕詐事／4一件飭法事／5一件殲害事／6一件緝賊事／7一件憲誅事／8一件賊情事／9一件憲斬事／10一件虎唊事／[11]一件飛詐事／[12]一件人命事／[13]一件急救事／[14]一件斬贓事。

巻 7、銭糧：[1]一件倉庫事／[2]一件婪弁事／[3]一件蠹飽事／[4]一件考選事／[5]一件懇請事／[6]一件蠹侵事／[7]一件権斂事。

巻 8、失誤：[1]一件大夥事／[2]一件無援事／[3]一件提究事／[4]一件天仇事。

巻 9、重犯：[1]一件出巡事／[2]一件二命事／[3]一件人命事／[4]一件海盗事／[5]一件盗殺事／[6]一件人命事／[7]一件火劫事／[8]一件殺父事／[9]一件謀命事／[10]一件劫漏事。

巻 10、冤犯 附疑犯：[1]一件辯冤事／[2]一件緝拿事／[3]一件査獲事／[4]一件捉獲事／[5]一件拿獲事／[6]一件泣救事／[7]一件哨獲事／[8]一件出巡事／[9]一件殺命事／[10]一件擒獲事／[11]一件劫殺事／[12]一件罩冤事／[13]一件出巡事／[14]一件出巡事／[15]一件劫殺事／[16]一件甦蟻事／[17]一件強劫事／[18]一件天仇事／[19]一件出巡事。

附、疑獄審語：[1]一件出巡事／[2]一件人命事／[3]一件殺妻事。

［所蔵］：［国家図（北）］。

［版本］：［民国二十六年上海中央書店排印本／国学珍本文庫所収］・［陸有珣辛子牛蘇経逸孟国鈞注／一九八九年長春吉林人民出版社排印本］・［二〇〇五年北京中国社会科学出版社排印本／歴代判例判牘所収］。

［備考］：［濱島敦俊 93］・［楊一凡 05］・［P.E.Will 10］。

47　退思堂集　十三巻　明李陳玉撰　崇禎九年序刊本

［撰者］：李陳玉が崇禎 7 年（1634）から同 14 年（1641）まで浙江の嘉興府嘉善県知県として在任した時期のもの①。

［内容］：批語として 28 件を、および讞語、巻 1-3 に併せて 387 件の判を収録。後者の標題は下記のとおり。

讞語、巻 1：[1]一件吸髓事／[2]一件勦估事／[3]本府一件法斬勢抄事／[4]一件拆妻事／[5]兵道一件強劫殺命事／[6]一件均役銷批事／[7]兵道一件誣詐事／[8]一件懇恩照例以均労逸等事／[9]一件頼媳事／[10]一件／[11]一件天討事／[12]一件詈殺事／[13]一件財命事／[14]一件違悞事／[15]一件獲解私塩事／[16]兵道一件討変事／[17]一件人命事／[18]兵道一件三命事／[19]兵道一件誆騙事／[20]一件見獲賭博事／[21]一件逆斬事／

① 康熙『嘉興府志』巻 14、官師上、嘉善県知県、明、参照。

22 一件倫変事／23 塩院林批仁和県督申／24 一件藐誌抗賢発侵古墓事／25 本府一件会議已経宸断事／26 学道一件違憲約受抄滅等事／27 一件誆窩事／28 兵道一件勢抄事／29 一件斬宗事／30 一件姦殺事／31 按院一件違旨屠民等事／32 一件人命事／33 一件劫殺事／34 一件回報事／35 一件三空事／36 一件勦詐事／37 一件搶佔事／38 兵道一件謀命事／39 一件弑主事／40 一件版冊清姦事／41 一件劫殺事／42 一件弑兄事／43 院道一件搶劫事／44 按院一件出巡事／45 院道一件活殺人命事／46 本府一件靖変極良事／47 一件懇天厳究枉法事／48 一件遵断遺糧事／49 本府並按察司一件含冤不雨等事／50 一件冤命事／51 一件／52 一件逼婚殺命事／53 按院一件勢豪衙蠹等事／54 兵道一件指盗事／55 一件盗売事／56 一件劚殺事／57 一件大変事／58 一件嚼寡事／59 一件懇誅甲総事／60 一件偽造假銀事／61 一件懇究発掘事／62 一件天劈冤招事／63 一件抄殺事／64 兵道一件献殺事／65 一件抄献事／66 兵道一件神奸等事／67 一件／68 一件白役事／69 一件累殺事／70 一件姦盗人妻事／71 一件違悞事／72 一件撃鼓事／73 一件人命事／74 一件指官科詐事／75 一件地方事／76 一件枉詐事／77 一件人命事／78 一件人命事／79 一件仰遵明旨事／80 一件盗窩事／81 一件盗劫事／82 一件佔殺事／83 一件天討事／84 一件斬宗事／85 一件侵糧事／86 本府一件陥抄殺母事／87 一件剿寇事／88 一件惨抄事／89 一件急救事／90 兵道一件滅憲事／91 一件乖倫事／92 一件究救事／93 一件扛佔事／94 一件急救事／95 一件抄殺事／96 一件貶良事／97 一件逆殴人命事／98 一件抄殺事／99 一件劫命事／100 一件活拆事／101 一件天敗事／102 一件滅制事／103 一件惨弑事／104 一件恵鮮事／105 一件衙書舞弊等事／106 一件鴆擡事／107 一件民害事／108 刑館一件屍図詐害事／109 一件糧務事／110 一件弑母事／111 一件弑劫事／112 一件稽査銭糧事／113 一件陥盗事／114 一件献抄事／115 一件異盗事／116 一件昼劫事／117 守巡二道一件人命等事／118 覆審／119 一件人命事／120 一件塩収作弊事／121 一件嘱陥事／122 一件人命事／123 一件強姦事／124 一件二命事／125 帰安県関提一件劫殺事／126 一件稟報賭博事／127 一件懇究兄命事／128 一件違旨冒勢事／129 按院兵道一件枉法事／130 一件／131 一件／132 一件抄殺事／133 一件避役頼糧等事／134 一件懇恩吊巻事／135 一件弑逆大変事／136 一件怯冗事／137 一件親討事／138 一件惨陥事／139 一件搆詐事／140 一件漏税事／141 一件懇恩勦盗追贓等事／142 一件正名分値儒紳事／143 一件逼抄事／144 一件剪蠹事／145 一件劫殺事／146 一件奇冤事。

讞語、卷 2：[1]一件枉盗事／[2]一件恃強霸種事／[3]一件急救事／[4]一件扛窩事／[5]一件劫殺事／[6]一件顱捄事／[7]一件盗売事／[8]一件叛典事／[9]一件懇賜牌拘等事／[10]一件斬孤抄戮事／[11]一件捕詐事／[12]一件討害事／[13]一件枉詐事／[14]兵道一件誅盗事／[15]一件欺官藐法事／[16]一件懇天吊巻事／[17]一件惨発事／[18]一件群搶事／[19]一件殺詐事／[20]一件喇悪横行等事／[21]一件強劫事／[22]守巡二道一件聚寇等事／[23]一件朋陥惨殺事／[24]一件灸詐事／[25]一件勦変事／[26]一件勦逆事／[27]一件佔殺事／[28]一件討害事／[29]一件殺詐事／[30]一件人命事／[31]一件劫殺事／[32]守道一件勦盗安民事／[33]一件遵法已完等事／[34]一件謀命事／[35]一件指詐事／[36]一件斬宗事／[37]一件假牌事／[38]一件局媳事／[39]一件違悞事／[40]一件大冤事／[41]一件窩搶事／[42]一件毀骨事／[43]一件蠹殺事／[44]一件姦拆事／[45]一件法勦事／[46]一件懇究拒奪贓盗等事／[47]一件究盗事／[48]一件亟勦事／[49]一件陥斬母命事／[50]一件巡警事／[51]本府一件除蠹剔奸等事／[52]一件異抄勦横事／[53]一件搶殺事／[54]一件匿殺冤劇事／[55]一件違律事／[56]一件盗売事／[57]一件掠売賺搶事／[58]一件勢抄事／[59]一件冤変事／[60]一件真命事／[61]一件誣糧事／[62]一件劫殺事／[63]一件究佔人官事／[64]一件姦佔事／[65]一件江洋大盗事／[66]一件監収作弊事／[67]一件監収作弊事／[68]一件懇究飛隠事／[69]一件劫殺事／[70]一件横侵戕害事／[71]一件救倫事／[72]一件誣盗事／[73]一件懇吊親審事／[74]本府一件勒措巻価事／[75]都院一件駕抄屠門事／[76]一件勢佔事／[77]一件懇恩督算等事／[78]兵道一件縦殺事／[79]一件盗売事／[80]一件冒抄事／[81]一件奇冤事／[82]一件惨殺事／[83]一件詈献事／[84]一件局殺事／[85]一件誣抄事／[86]一件親勦事／[87]一件勦逆事／[88]一件発佔事／[89]一件亟究儲苦事／[90]一件帰宗事／[91]一件殺搶事／[92]一件抄戮事／[93]按察司一件扛屍等事／[94]一件焼詐事／[95]一件懇恩換役事／[96]一件地方事／[97]一件甲有豪横等事／[98]一件劫殺事／[99]一件霸搶事／[100]一件惨冤事／[101]本府一件天誅横悪事／[102]一件人命事／[103]一件窩佔事／[104]一件指抄事／[105]一件殺佔事／[106]一件殺劫事／[107]一件謀劫事／[108]一件追価延生事／[109]一件惨抄事／[110]一件殺命事／[111]一起究侵事／[112]一件違禁台戯等事／[113]一件殺命事／[114]一件滅法事／[115]一件粛法事／[116]一件死不瞑目事／[117]本府一件惨抄戮命事／[118]一件搶劫事／[119]一件戡乱事／[120]一件欺隠飛糧等事／[121]一件譎佔事／[122]一件姦拐事／[123]一件佔殺事／[124]一件陥劫事／[125]一件奸豪花詭等事／[126]一件誣命事。

讞語、卷 3：[1]一件報獲強犯事／[2]一件獲解逃徒事／[3]一件同盗匿贓等事／[4]一件違断事／5 一件姦殺事／6 一件重運切身等事／7 一件弑佔事／8 一件法勦事／9 一件惨逐事／10 本府一件勢横全抄事／11 一件搶殺事／12 一件叛主劫殺事／13 一件蠹国事／14 一件女命事／15 一件惨変事／16 一件搶殺事／17 一件侵殺事／18 一件法討事／19 一件懇恩究盜事／20 一件号天親究事／21 一件献姦事／22 一件殺命事／23 一起賠糧追補事／24 一件糾党滅法等事／25 一件冒献事／26 一件天討事／27 一件抄戮事／28 一件扛詐事／29 一件勦乱事／30 一件陥抄事／31 一件真命事／32 一件局詐事／33 一件殺嫡事／34 一件均派着役事／35 一件漏税強収等事／36 一件簒奪事／37 一件朋抄事／38 一件掘墳事／39 一件霾弊事／40 一件大夥拒捕事／41 一件誅変事／42 一件姦拐事／43 一件侵弊事／44 一件白昼強抄事／45 一件女命事／46 一件枉詐事／47 一件懇換的名等事／48 一件侵累事／49 一件白佔事／50 一件法勦事／51 一件枉詐事／52 一件越詐事／53 一件十悪事／54 一件玷殺事／55 一件稟報事／56 一件滅典事／57 一件坑殺事／58 一件搶殺事／59 一件反詐事／60 一件抄殺事／61 一件発塚事／62 一件誆劫事／63 一件験悪事／64 一件大逆事／65 一件勦悪恵民事／66 兵道本府一件虎総嚼民事／67 一件献卸事／68 一件屍抄事／69 一件違悞運期事／70 一件惨抄事／71 一件四控事／72 一件強佔殺命事／73 一件枉詐事／74 一件扛劫事／75 一件差捕緝獲事／76 一件截詐事／77 一件寵妾殺妻事／78 兵道一件抄戮事／79 一件勦逆事／80 一件勦逆事／81 一件勢横姦盜事／82 一件漏税不収等事／83 一件急救女命事／84 一件搶殺事／85 一件佃価充餉等事／86 一件活拆事／87 一件毀塋事／88 一件発塚事／89 一件訪黜事／90 一件劫殺事／91 一件加冤事／92 一件邪術蠱民事／93 一件指詐事／94 兵道一件憲討事／95 一件懇恩照産事／96 一件殛害事／97 一件基房事／98 按院一件典刑事／99 一件熾殺事／100 一件扛抄事／101 一件惨拆事／102 一件虚糧遺累事／103 一件神誆事／104 一件献抄事／105 一件枉殺事／106 一件勢抄事／107 一件殺搶事／108 一件男命事／109 本府一件十悪不宥事／110 一件賭博事／111 按院一件／112 一件飛隠銭糧事／113 一件大変事／114 一件殺妻事／115 一件陥詐事。

［所蔵］：［人文研］・［尊経閣］・［国家図(北)］・［上海図］。

［版本］：　——

［備考］：［濱島敦俊 93］。

48　歙紀　十巻原闕巻第三　明傅巖撰　陳春秀校点　二〇〇七年合肥黄山書社排印本

［撰者］：傅巖が崇禎 7 年(1634)から同 12 年(1639)まで南直隷の徽州府歙県知県として在任した時期のもの①。

［内容］：巻 9、紀讞語に 155 件の判を収録。各判に標題は附けられておらず、ほぼすべての判が「審得」で始まっており、第一判の書き出しを例示すれば、「審得、呉社老之妻弟邵天老、昔為傭於方良貞家、……」である。

［所蔵］：原刊本は［安徽図］所蔵。

［版本］：　——

［備考］：［卞利 04］。

49　用老迂略　二巻　明趙維寰撰　崇禎刊本

［撰者］：趙維寰が南京刑部福建主事として在任した時期のものか。

［内容］：巻 2 に 15 案件を収録。標題は下記のとおり。

1 蕭之龍一案 仮契盗献事／2 官裕民一案 占屯殺軍事／3 黄文燦一案 構蠹詐殺事／4 張承祖一案 弑父殺夫事／5 余大成一案 姦占事／6 王家臣一案 思祈招結事／7 王正一一案 惨殺嚎冤事／8 畢応登一案 呑産殺孤事／9 吉天春一案 惨殺人命事／10 鄭明哲一案 中華異変事／11 又／12 鄧言一案 誅詐事／13 張起栄一案 乗携槍殺事／14 金盛一案 陰謀弑主事／15□□□②。

［所蔵］：［上海図］。

［版本］：　——

［備考］：［古籍善本(史)91］。

50　翠筠亭集　十巻外集一巻　明石文器撰　乾隆二年跋刊本

［撰者］：石文器は崇禎初年に大理寺右寺正として在任③。

---

① 康熙『徽州府志』巻 4、秩官志中、県職官、歙県、明知県では、傅巖について「崇禎十年任」と記されているが、当該書、巻 6、紀詳議には、「乙亥六月」から「己卯二月」までの詳文が収録されており、上記期間に該当する。

② 「14 金盛一案」の後一条は、一葉缺のため標題は不明。

③『翠筠亭外集』誌銘、所収、黎元寛「中憲大夫直隷河間府知府石公玉完先生墓誌銘」参照。

[内容]：巻 4、公移、「棘寺讞語」に 13 件の判を収録。標題は下記のとおり。

[1]一件大奸雖除等事／[2]一件直揭逆璫等事／[3]一件直揭逆璫等事／[4]一件查獲巡司等事／[5]一件足餉幾無上策等事／[6]一件逆奴殺主事／[7]一件抄殺人命事／[8]一件打死人命事／[9]一件慘詐殺命事／[10]一件弑主劫弑事／[11]一件訪拠事／[12]一件指詐殺命事／[13]一件地方失火事／[14]一件捉獲逃将事。

[所蔵]：[傅斯年]。

[版本]：　——

[備考]：[巫仁恕 04]。

51　西巡政略　十巻　明周燦撰　崇禎十七年刊本

[撰者]：周燦が崇禎末年に江西巡按御史として在任した時期のもの①。

[内容]：巻 9、文移、刑類に「矜疑」として 79 件を収録。その内訳は、南昌府 18 件、瑞州府 5 件、袁州府 3 件、臨江府 3 件、吉安府 4 件、撫州府 5 件、建昌府 5 件、広信府 12 件、饒州府 9 件、南康府 4 件、九江府 3 件、南安府 2 件および贛州府 6 件である。

[所蔵]：[上海図]。

[版本]：　——

[備考]：[P.E.Will 10]。

52　江北䘏疏　不分巻　明沈象先撰　崇禎八年序刊本

[撰者]：沈象先が崇禎年間に刑部雲南清吏司郎中として在任した時期のもの②。

[内容]：「矜疑」とされた「斬絞罪犯」11 名についての「会審」録。人名・地域・年代は以下のとおり。

[1]壹名王五・桐城県・天啓柒年捌月内／[2]壹名周宅盛・望江県・崇禎二年四月初三日／[3]壹名王文宣・六安州・万暦肆拾陸年間／[4]壹名鄭明豆・六安州・天啓六年十一月初七日／[5]壹名王喜・太湖県・崇禎玖年正月貳拾伍日／[6]壹名金聾子・太湖県・崇禎貳年／[7]壹名汪世挙・蒙城県・崇禎貳年七月初五日／[8]壹名王大文・

---

① 雍正『江西通志』巻 47、秩官、明、巡按監察御史、参照。
② 当該書、本文に「欽差刑部雲南清吏部司郎中臣沈象先謹題、為恤刑事」と見える。

山陽県・万暦肆拾柒年内／[9]壹名張成・山陽県・崇禎貳年柒月貳拾日／[10]繆加正・合肥県・天啓元年肆月内／[11]王振官・徐州・崇禎肆年玖月内。

［所蔵］：［国家図（北）］。

［版本］：　——

［備考］：［古籍善本（子）96］

53　浠川政譜　二巻　清龔鼎孳撰　光緒七年合肥龔氏重刊本

［撰者］：龔鼎孳が崇禎 8 年（1635）から同 15 年（1642）まで湖広の黄州府蘄水県知県として在任した時期のもの①。

［内容］：讞牘偶存、審語に 43 件の判牘を収録。第一の判は「銭与趙同居有日矣」という書き出しで始まっているが、第二の判以下はすべて「又」で繋がっている。

同じく、讞牘偶存、批詞には 10 件の批が収録されており、各々の批は同様に「又」で繋がっているが、3 件の批のみ、次のような標題が附けられている。

[1]批蔡氏析産案／[2]批王氏争産案／[3]批王氏祠堂争祭田案。

［所蔵］：［人文研］・［東文研］・［東洋］・［科学図］。

［版本］：　——

［備考］：［森田成満 93］

54　陳忠裕全集　三十巻首一巻末一巻　明陳子龍撰　嘉慶八年刊本

［撰者］：陳子龍が崇禎 13 年（1640）から同 16 年（1643）まで浙江の紹興府推官として在任した時期のもの②。

［内容］：巻 24、判に 12 件の判牘を収録。標題は下記のとおり。

[1]殺死二命事／[2]打死男命事／[3]人命事／[4]父命事／[5]人命事／[6]活殺事／[7]蔽冤抄殺事／[8]丐殺人命事／[9]地方奇変事／[10]微臣巡歴所至事／[11]微臣巡歴所至等事／[12]捉獲假印事。

---

① 乾隆『黄州府志』巻 7、職官志、文帙官、蘄水県帙官表、明、知県、および同、巻 8、職官志、名宦、明、蘄水には当該知県としての就任年のみ記されたいるが、龔鼎孳『龔端毅公奏疏』伝、所収の厳正矩「大宗伯龔鼎孳公伝」には「莅蘄七載」と見える。

② 乾隆『紹興府志』巻 26、職官志、郡佐、明、推官、参照。

[所蔵]：[国会]・[人文研]・[尊経閣]・[東洋]・[内閣] 等。

[版本]：[陳子龍文集／一九八八年上海華東師範大学出版社用嘉慶八年刊本景印]。

[備考]：[巫仁恕 04]。

55　新纂四六讞語　一巻　明孔恒撰　崇禎金陵書坊刊本

[撰者]：未詳。

[内容]：「審得」に始まる 10 件の判を収録。標題は下記のとおり。

1 絞犯姚継信改擬徒罪讞語／2 軍犯姚敏捷假印徒犯劉夢斗等盗印讞語／3 杖犯侯佃讞語／4 徒犯沈一鳳讞語／5 蠹害事史遂讞語／6 斬犯李根審疑開釈讞語／7 出斬犯張思徳定斬犯繆富陸乗龍讞語／8 絞犯謝福審疑讞語／9 徒犯劉維坤讞語／10 出斬犯楊秀讞語。

[所蔵]：[北京大]・[法学所]・[科学図]。

[版本]：[二〇〇五年北京中国社会科学出版社排印本／歴代判例判牘所収]。

[備考]：[楊一凡 05]。

Ⅱ 清　代

56 資治新書　十四巻首一巻二集二十巻　清李漁輯　康熙四十一年刊本

［**撰者**］：李漁の生没年は万暦 39 年（1611）と康熙 19 年（1680）。初集は康熙 2 年（1663）に完成①。

［**内容**］：明末清初期の判牘を集成したもの。巻 8-9、判語部、人命に 144 件、巻 10、判語部、盗情・賊情に 91 件、巻 11、判語部、奸情に 55 件、巻 12、判語部、欽案・訪犯・通海・匿逃・左道・詐偽・忤逆に 62 件、巻 13、判語部、婚姻・承継・墳墓に 43 件、巻 14、判語部、産業・租債・争殴・抄搶・匿名に 40 件、また二集、巻 15-16、判語部、人命に 79 件、巻 17、判語部、盗情に 43 件、巻 18、判語部、叛情・奸情に 59 件、巻 19、判語部、吏議・衙蠹・舞文・誤公・科場・逃人・左道・勢宦・劣衿・豪民・塩法・学政・税務・勒詐に 80 件、巻 20、判語部、犯上・婚姻・継嗣・撫孤・墳墓・田産・租債・争殴小忿に 92 件、併せて 788 件の判を収録。撰者・標題は下記のとおり。

巻 8、判語部、人命 1 弑逆類：[1]王士稹 揚州司理「打死母命事」／[2]王士稹「地方事」／[3]趙進美湖西守憲「劫殺兄命事」／[4]倪長玕 蘇州司理「戮主惨変事」／[5]佚名「殺父灰屍事」／人命 2 謀故殴殺類：[6] 秦世禎 江南巡按「交獲凶犯事」／[7] 秦世禎「人命事」／[8]秦世禎「勅究屍棺事」／[9]秦世禎「活殺抵命事」／[10]秦世禎「惨殺獲屍事」／[11] 秦世禎「打死人命事」／[12] 秦世禎「瓣弟沈屍等事」／[13] 秦世禎「打死人命事」／[14] 秦世禎「勢殺人命事」／[15] 秦世禎「奇冤無伸等事」／[16] 秦世禎「打死人命事」／[17]秦世禎「奇叛事」／[18] 秦世禎「殺死夫命事」／[19]秦世禎「斬抵事」／[20]秦世禎「真命事」／[21]秦世禎「二命事」／[22]蒋鳴玉 台州司李「急典父命事」／[23]李嗣京 南昌節推「凶殺案命事」／[24]李嗣京「占殺惨乱事」／[25]李

① 『李漁全集』12 巻、所収の単錦珩「李漁年譜」参照。

嗣京「急勦凶殺事」／[26] 李嗣京「破屋殺命事」／[27] 李嗣京「法究二命事」／[28] 李嗣京「打死人命事」／[29] 李嗣京「殄叛杜患事」／[30] 李嗣京「典命事」／[31] 李嗣京　「打死男命事」／[32] 李嗣京「殺死人命事」／[33] 李嗣京「活殺男命事」／[34] 李嗣京「殺死官兵事」／[35] 李嗣京「凶殺事」／[36] 李嗣京「奇冤惨殺事」／[37] 李嗣京「覆審前事」／[38] 李嗣京「打死兄命事」／[39] 李嗣京「人命関天事」／[40] 解学龍 金華司李「打死三命事」／[41] 解学龍「立斃男命事」／[42] 解学龍「打死男命事」／[43] 解学龍「急典人命事」／[44] 解学龍　「蔽簡事」／[45] 陳子龍 紹興司李「殺死二命事」／[46] 陳子龍「打死男命事」／[47] 陳子龍「人命事」／[48] 陳子龍「真正人命事」／[49] 陳子龍「父命事」／[50] 陳子龍「人命事」／[51] 陳子龍「活殺事」／[52] 陳子龍「万金蔽冤事」／[53] 陳子龍「蔽冤抄殺事」／[54] 陳子龍「丐殺人命事」／[55] 陳子龍「地方奇変事」／[56] 盛玉賛 溧水県令「簡殮夫命事」／[57] 盛玉賛「惨変事」／[58] 盛玉賛「打死男命事」／[59] 盛玉賛「奇惨人命事」／[60] 盛玉賛「急典男命事」／[61] 盛玉賛「簡填弟命事」／[62] 盛玉賛「打死弟命事」／[63] 陶元祐 蘭渓大尹「打死男命事」／[64] 陶元祐「殺死父命事」／[65] 陶元祐「活殺兄命事」／[66] 袁一相 陝西臬憲「法究男命事」／[67] 袁一相「嘱蔽簡填事」／[68] 沈正春「誘拐謀殺事」／[69] 宋爾祁 安陸県令「殺夫事」／[70] 趙開雍 兗州司理「恤刑事」／[71] 趙開雍「群謀打死等事」／[72] 趙開雍「二命大冤事」／[73] 趙開雍「打死夫命事」／[74] 佚名「地方人命事」／[75] 佚名「斬男絶後事」／[76] 趙最 汀州司李「冤枉事」／[77] 王仕雲 泉州司李「立斃父命事」／[78] 王仕雲「屠門惨変事」／[79] 王仕雲「打死弟命事」／[80] 侯維翰「悍兵殺人事」／[81] 陳国珍 太倉刺史「活殺二命事」／[82] 陳開虞 江寧太守「急典人命事」／[83] 嵇永福 厳州司李「活殺人命事」／[84] 文翔鳳「惨殺孤命事」／[85] 毛賡南 達州刺史「惨逼殺命事」／[86] 汪汝祺 蘇州郡丞「三害事」。

巻 9、判語部、人命 3 威逼類：[1] 顔堯揆 邵陽邑宰「打死人命事」／[2] 李嗣京「打死男命事」／[3] 李嗣京「奸殺二命事」／[4] 李清「人命事」／[5] 張一魁 淳安邑宰「急究人命事」／[6] 張一魁「活殺父命事」／[7] 張一魁「滅倫惨殺妻命事」／[8] 張一魁「囲擒逼殺事」／人命 4 誤殺誤傷類：[9] 趙開雍「打死人命事」／[10] 秦世禎「荘民棄廉等事」／[11] 秦世禎「懐仇殺兄事」／[12] 秦世禎　「黒夜活殺事」／[13] 秦世禎「呈報地方等事」／[14] 張一魁 淳安県令「人命事」／[15] 張一魁「公報奇変事」／[16] 胡升猷 興泉巡憲「仇奸殺命事」／人命 5 矜疑類：[17] 王度 江南恤部「投見正法事」／[18] 李嗣京「殺死人命事」／[19] 秦世禎「真命事」／[20] 秦世禎「磔逆事」／[21] 秦世禎「糧運事竣等事」／[22] 侯良翰「黒冤事」／[23] 王士稹「必控正斬事」／[24] 秦世禎「悪衿糾殺等事」／[25] 邵廷琦 岳州司馬「夥截劫殺事」／[26] 施閏章 湖西守憲「殺捕事」

／[27]施閏章「人命劇冤事」／[28]李嗣京「清査冤獄等事」／[29]李嗣京「法変天沈事」／[30]李嗣京「覆審前事」／[31]李嗣京「打死人命事」／[32]李嗣京「人命事」／[33]李嗣京「盗乱事」／[34]李嗣京「殺死男命事」／[35]李嗣京「活殺男命事」／[36]李嗣京「頒法簡抵事」／[37]李嗣京「大逆不殄等事」／[38]趙開雍 兗州司理「二命事」／[39]趙開雍「前事」／[40]趙開雍「急救二命事」／[41]顔堯揆 邵陽邑宰「惨殺夫命事」／[42]顔堯揆「假兵鎖兄等事」／[43]顔堯揆「活殺男命事」／[44]祁彪佳 南直巡按「殺弟抛屍事」／人命 6 假命誣詐類：[45]李清「冤抄事」／[46]李清「憲典事」／[47]李清「酷詐事」／[48]張一魁 淳安県令「惨屠篡奪事」／[49]張一魁「人命事」／[50]張一魁「急救冤獄事」／[51]張一魁「惨殺人命事」／[52]趙最「匿命鎖詐事」／[53]趙滾 蘭渓太尹「弑兄立命事」／[54]侯良翰「急救夫命事」／[55]侯良翰「人命事」／[56]李嗣京「立殺事」／[57]蒋鳴玉「懇勅従先并結事」／[58]李清「叛詐事」。

巻 10、判語部、盗情 1 劫殺類：[1]王永吉 饒州司李「急勦巨寇事」／[2]王永吉「盗殺三命事」／[3]李清「火劫事」／[4]趙最「強盗殺人事」／[5]李嗣京「盗殺男命事」／[6]李嗣京「盗乱事」／[7]李嗣京「地方打劫事」／[8]陳開虞 江寧太守「盗変事」／[9]沈恵孺「殺死官兵事」／[10]馬嘉植 武進県令「明火劫殺事」／[11]方輿士「強盗劫殺事」／[12]李嗣京「強盗事」／[13]李嗣京「大盗劫殺事」／[14]王范 丹陽県令「火劫殺人事」／[15]王范「劫殺事」／[16]王范「地方事」／[17]毛賡南 杭州二守「地方大盗事」／[18]陳台孫 平湖県令「劫棺異変事」／[19]陳台孫「人命事」／[20]李嗣京「放火殺人事」／[21]李嗣京「地方盗殺事」／[22]王永吉「徒犯勒死禁卒等事」／[23]王永吉「地方大変事」／[24]王永吉「挙行郷保実政等事」／[25]孫魯「緝拿強盗事」／[26]秦世禎「殺劫事」／盗情 2 劫掠類：[27]蔡祖庚 真定太守「捉獲偸盗銀鞘事」／[28]孫魯「捉獲盗犯事」／[29]李清「海盗事」／[30]秦世禎「抱贓実首事」／[31]秦世禎「大盗劫殺事」／[32]尹従王「巡獲湖寇事」／[33]趙開雍「大盗反噬事」／[34]王士雲「明火劫殺事」／[35]王士雲「地方盗変事」／[36]黄国琦 沙県令尹「黒夜劫殺事」／[37]黄国琦「強盗火劫事」／[38]胥廷清 余姚県令「獲賊事」／[39]呉盛藻「火劫異変事」／[40]葉高標 歙県令「劫殺事」／[41]蔡祖庚「当場捉獲大盗等事」／[42]蔡祖庚「捉獲盗犯事」／盗情 3 窩盗類：[43]李嗣京「衝劫大変事」／[44]趙開雍「捉獲響賊事」／[45]趙開雍「殺死弟命事」／[46]銭源 東陽県令「白昼劫殺事」／盗情 4 構盗類：[47]陳開虞 江寧太守「構盗焚劫事」／[48]佟国器 浙江巡撫「地方盗変事」／盗情 5 矜疑類：[49]周銓 餘姚県令「明火劫殺事」／[50]周銓「続獲大盗事」／[51]張明弼 粵東県令

「解網疏枷事」／[52] 張明弼「大盗捉獲事」／[53] 汪偉 慈渓邑宰「地方被劫事」／[54] 汪偉「捉獲窃盗事」／[55] 趙開雍「殺人事」／[56] 趙開雍「急救寇劫事」／[57] 趙開雍「稟報事」／[58] 趙開雍「窩虎滅門事」／[59] 趙開雍「拿獲大夥強盗事」／[60] 趙開雍「違旨誣命等事」／[61] 李嗣京「大盗焚劫事」／[62] 李嗣京「空門被劫事」／[63] 李嗣京「擒獲強盗事」／[64] 王泰徴 沙県令「強盗劫財事」／[65] 王士雲「劫殺惨変事」／[66] 趙開雍「失盗事」／[67] 蔡祖庚 太原太守「賊情事」／賊情 1 初犯類：[68] 文翔鳳「席巻事」／[69] 李嗣京「申報搶劫官銀事」／[70] 王士雲「劫財害命事」／[71] 陳開虞 漳州二守「捉獲真盗事」／賊情 2 迭犯類：[72] 李清「斬劫事」／[73] 李清「窩盗事」／[74] 傅岩 歙県令「被盗事」／[75] 李嗣京「被劫事」／[76] 陳函輝 靖江県令「盗殺事」／[77] 劉珖 彰徳司李「窃盗事」／[78] 陳珣 鎮江太守「白昼盗殺事」／[79] 蔡祖庚「群劫傷命事」／[80] 蔡祖庚「窃盗已獲事」／[81] 呉盛藻 平陽兵憲「案盗劫民事」／[82] 黄国琦「捉獲刺賊事」／[83] 秦世禎「発審事」／[84] 翁応兆揚州司馬「申解盗犯事」／[85] 陶三寧蘭渓大尹「大盗屡犯事」／盗情 3 誣民為賊類：[86] 文翔鳳「指賊拷詐事」／[87] 李清「勅并事」／[88] 顔堯揆「斬盗事」／[89] 顔堯揆「誣盗害良事」／[90] 張一魁 淳安県令「究盗負恩事債」／[91] 葉自灿 五台県令「究盗明冤事」。

巻 11、判語部、奸情 1 淫烝類：[1] 倪長玗「盤獲婦女事」／[2] 秦世禎「奸盗屠孤事」／[3] 侯維翰「淫烝滅倫事」／[4] 李清「強奸服孀事」／奸情 2 強奸類：[5] 紀元「強奸機盗事」／[6] 文翔鳳「奸媳乱倫事」／[7] 趙開雍「窩叛劫擄等事」／[8] 李清「庠奸敗化事」／[9] 趙開雍「強奸殺命事」／奸情 3 和奸類：[10] 周亮工「斬奸事」／[11] 文翔鳳「獣衿傷化事」／[12] 顔堯揆「奸殺両冤事」／[13] 李清「首奸事」／[14] 李清「憲斬劫妻事」／[15] 李清「殺父謀占事」／奸情 4 奸拐類：[16] 李嗣京「奸擄事」／[17] 趙開雍「宦覇妻女事」／[18] 周銓「天敗夥拐事」／[19] 紀元「賞審究結事」／[20] 傅岩「打死叔命事」／奸情 5 奸殺類：[21] 秦世禎「奸殺真命事」／[22] 秦世禎「人命事」／[23] 秦世禎「黒惨事」／[24] 秦世禎「殺夫売女事」／[25] 倪元琪 歙県令「強奸殺命事」／[26] 秦世禎「天敗判露事」／[27] 張文光 銭塘邑宰「活殺祖母事」／[28] 趙進美「活殺女命事」／[29] 陶三寧「奸殺異変事」／[30] 陳国珍「人命事」／[31] 盛玉賛「案盗殺命事」／[32] 毛賡南 達州刺史「打死弟命事」／[33] 趙鈅「謀殺男命事」／[34] 王士積「四号烝弑事」／[35] 沈迪吉 太平二守「活活打死男命」／[36] 嵇永福 厳州司理「奸抄事」／[37] 張汧 浙江憲副「急救男命事」／奸情 6 奸殺類：[38] 文翔鳳「自首殺奸事」／[39] 王士雲「稟報事」／[40] 趙開雍「覇売拐逃等事」／[41] 趙開雍「解審事」／[42]趙鈅「打死子命事」／[43]陳開虞 江寧太守「地方人命事」／[44]趙鈅 南昌司理「姤殺男命事」／奸情 7 鶏奸類：[45]趙最「謀殺事」／[46]周亮工「人命事」／[47]秦世禎「妖乱横殺事」／奸情 8 誣奸類：[48]陳子龍「奸殺女命事」／[49]顔堯揆「逼奸寡媳事」／[50]顔堯揆「強奸滅倫事」／[51]顔堯揆「勢奪大冤事」／[52]張安茂 浙江学憲「汚嘿黒冤事」／[53]竹縁漪「通奸事」／[54]翁応兆 揚州二守「勅斬淫豪事」／[55]張一魁 淳安邑宰「急救女命事」。

巻 12、判語部、欽案 1 文職類：[1]李嗣京 南昌節推「考察事」／[2]李嗣京「糾劾不職官員事」／[3]李嗣京「糾劾不職署印等事」／[4]翁応兆 揚州司馬「軍器敝壊一案」／[5]李嗣京 南昌節推「緝究逃官事」／[6]李嗣京「糾劾不職署官事」／欽案 2 武職類：[7]李清 寧波司理「婪弁事」／[8]陳子龍 紹興司理「微臣巡歴所至事」／[9]陳子龍「微臣巡歴所至事」／訪犯 1 衙蠹類：[10]孫承沢 開封太守「訪犯銭文料案」／[11]孫承沢「訪犯祝啓明案」／[12]呉方思 平湖県令「訪犯鄧升等案」／[13]張瑋 応天府承「訪犯朱応杰等案」／[14]岳虞峦杭州太守「訪犯余良等案」／[15]岳虞峦「訪犯褚沾舜等案」／[16]王士積「訪犯殷瑞等案」／[17]黄文煥 山陽県令「侵欺官銀事」／[18]黄文煥「勦叛事」／[19]張一魁 淳安邑宰「藐法違禁」／[20]翁応兆「削蠹全規事」／[21]翁応兆 揚州二守「憲討事」／[22]翁応兆「指餉烹灶事」／[23]陳国珍「天討巨蠹事」／[24]陳国珍 太倉刺史「欺君陷儒事」／訪犯 2 土豪類：[25]孫魯「訪犯童貫等安」／[26]李清「憲斬事」／[27]李清「乱鹺事」／[28]胡升猷 興泉巡憲「発審事」／訪犯 3 追贓類：[29]郭啓宸 興化邑宰「急救阱斃超生事」／[30]阮元声「殛蠹事」／[31]王士雲「盗帑事」／[32]解学龍「清査屯糧余銀事」／通海：[33]李清「査獲通海人犯事」／[34]李清「捉獲海寇事」／[35]李清「拿獲叛犯事」／[36]蒋鳴玉「泣救冤民事」／[37]蒋鳴玉「出巡事」／[38]蒋鳴玉「海賊潜入内地等事」／[39]蒋鳴玉「又」／[40]蒋鳴玉「前案」／[41]王階 台州司理「塘報賊情事」／匿逃：[42]趙開雍「援赦超釈二命事」／左道：[43]李清「斬乱事」／[44]李清「串焼罔法事」／[45]李清「妖術事」／[46]秦世禎「地方事」／[47]王階 台州司理「妖僧惑衆等事」／詐偽 1 私刊假印類：[48]李清「出巡事」／[49]陳子龍「捉獲假印事」／[50]倪元琪「假印殃民事」／詐偽 2 私鋳假銭類：[51]倪元琪「私造銭事」／詐偽 3 私煎假銀類：[52]季振宣 蘭渓県令「前偽除害事」／[53]張一魁 淳安邑宰「土豪事」／[54]趙滾 蘭渓太尹「焼丹惑衆事」／忤逆：[55]席式 開封太守「殺母大変事」／[56]李清 南昌司理「忤殺事」／[57]趙滾 蘭渓大尹「殺母異変事」／犯上：[58]張一魁「滅祖殺叔事」／[59]張一魁「逆祖殺兄滅倫大変事」／[60]趙最 汀洲司李「直陳知県激変事」／[61]趙最「察究事」／抗官：[62]張一魁 淳安県令「欺君隠税事」。

巻 13、判語部、婚姻 1 逼嫁類：[1]陳開虞 漳州二守「奸騙撤拐事」／[2]汪偉「懇案逼杜事」／[3]施閏章 湖西守憲「恩批全節事」／婚姻 2 強娶類：[4]侯維翰 厳州司理「憲究奸騙事」／[5]李清「借禁刑擄事」／[6]李清「詐擄慘変事」／[7]翁応兆 揚州二守「劫擄人財事」／[8]周令樹 贛州司李「掠妻事」／婚姻 3 争婚類：[9]顔堯揆「擄占事」／[10]李嗣京「劈破事」／[11]夏允彝「活拆事」／[12]趙開雍「勢豪慘覇事」／[13]趙開雍「恩完骨肉事」／[14]趙開雍「整粛綱常事」／[15]張能鱗 仁和県令「法斬事」／[16]高登雲 嘉興令尹「硬配事」／[17]李清「拐妻事」／[18]佚名「劫親大変事」／[19]蒋鳴玉「豪錮女命事」／[20]蒋鳴玉「枉詐事」／[21]張一魁 淳安県令「虚情甘斬事」／[22]張一魁「背盟不法事」／[23]張一魁「殺孫奪媳事」／[24]葉自灿 高淳邑宰「極慘極変事」／承継：[25]蒋鳴玉「急救烹寡事」／[26]沈迪吉「親勦烙詐事」／[27]李清「醢嚼事」／[28]李清「究抄事」／[29]翁応兆「勢抄事」／[30]翁応兆「虐節奇冤事」／[31]張明弼「逼寡事」／[32]張明弼「截劫事」／墳墓 1 発冢類：[33]紀咸亨 粤東憲副「発冢抛屍事」／[34]李嗣京「発冢大変事」／[35]汪偉「挖冢滅棺事」／[36]張汧 両浙憲副「掘墓毀屍奇変事」／[37]李嗣京「発冢斫棺事」／[38]陸耐庵「伐墓酷冤事」／墳墓 2 争墳類：[39]李嗣京「梟墳侵占事」／[40]陸耐庵「偸葬大害事」／[41]李清「芟冢滅門事」／[42]李清「勢抄事」／[43]張一魁「勢豪強占事」。

巻 14、判語部、産業 1 争田類：[1]李昌垣 両淮運副「屠孤事」／[2]李昌垣 両淮運副「倚勢占産事」／[3]方亨咸 麗水県人「滅案廃祠事」／[4]顔堯揆 邵陽邑宰「掃献斧蘇事」／[5]侯良翰「扼吭事」／[6]陳国珍 太倉刺史「欺孤局騙事」／[7]嵇永福 厳州司理「宦屠事」／[8]祁彪佳 直隷巡按「憲勦勢占事」／産業 2 争屋類：[9]趙鈅 南昌司李「勢抄事」／[10]胡升猷 江寧守憲「虎踞滅倫事」／産業 3 家私類：[11]夏允彝「憲剪叛抄事」／[12]李清「憲判黒冤事」／[13]席式「慘斬孤命事」／[14]王士禛「憲究異案事」／[15]張一魁 淳安県令「恩准恤孤事」／[16]張一魁「群凶劫殺事」／租債：[17]蒋鳴玉「乱民抄殺事 租」／[18]趙最「衙詐事 債」／[19]邵廷琦 岳州司馬「三命等事 債」／[20]顔堯揆「奸悪呑騙事 債」／[21]李清「叛詐事 債」／[22]文翔鳳「更夜打搶事 債」／[23]文翔鳳「火炕殺命事 債」／[24]文翔鳳「朋謀打詐事 租」／[25]文翔鳳「違断抗納事 租」／[26]張一魁「法勦大変事 債」／[27]文翔鳳「悍兵抄孤事 債」／争殴：[28]慕天顔「仇抄事」／[29]慕天顔「屠劫事」／[30]慕天顔「験傷救命事」／[31]顔堯揆「謀飾縦戮事」／[32]文翔鳳「昼截劫殺事」／[33]文翔鳳「悪弟殺兄事」／[34]季振宜 蘭渓県令「截殺事」／抄搶：[35]紀咸亨「焼劫事」／誆騙：[36]李清「亟剪事」／[37]李清「劫命事」／匿名：[38]陳函輝「謀夫逐子事」／[39]秦世禎「不宥事」／[40]張一魁 淳安県令「法勦冒匿事」。

Ⅱ 清　代

二集、巻 15、判語部、人命 1 弑逆：[1]張汧 霸易巡憲「出首事」／[2]文徳翼 嘉興司李「呉鼎案」／[3]呉適 衢州司李「弑父大変事」／人命 2 謀故殴殺：[4]文徳翼 嘉興司李「急典夫命事」／[5]呉適 衢州司李「出巡事」／[6]呉適「前事」／[7]呉適「急救二命事」／[8]翟廉 汝寧司李「報単事」／[9]呉適「劫殺劇冤事」／[10]紀耀 紹興太守「検抵事」／[11]程先達 平陽太守「稽査人命事」／[12]王際有 涇陽邑宰「打死人命事」／[13]佟世錫 仁和邑宰「子命事」／[14]張汧 霸易巡憲「劫財殺命等事」／[15]文徳翼「真正人命事」／[16]文徳翼「活殺人命事」／[17]文徳翼 嘉興司李「惨殺人命事」／[18]毛達「殺死人命事」／[19]毛達「打死人命事」／[20]陳開虞 江寧太守「地方事」／[21]陳開虞「地方事」／[22]劉斗 甘粛巡撫「接報事 駁語」／[23]劉斗「行査事 駁語」／[24]劉斗「急救人口事 駁語」／[25]劉斗「群虎指命等事 駁語」／[26]周亮工 署巡漳道福建右藩「焚殺事 駁語」／[27]蔡祖庚 通薊兵憲「欽件楊良才等招」／[28]蔡祖庚「戴定杜守山等案」／[29]劉翊聖 延安司李「打死人命事」／[30]王升 台州司李「申報事」／[31]呉適「申報地方等事」／[32]盧崇峻 山東総督「地方人命事」／[33]盧崇峻「前事」。

同、 巻 16、判語部、人命 2 威逼過失：[1]毛一麟 浙江臬憲「惨殺兄命事」／[2]毛達 平陽司李「図財殺命事」／[3]毛達「扛屍殺命事」／[4]陳開虞 江寧太守「地方人命事」／[5]周亮工 署巡漳道福建右藩「黒冤斃命事駁語」／人命 3 誤殺：[6]王士雲 衡州司李「吁天法勦等事」／[7]毛達 平陽司李「殴殺妻命事」／[8]王升 五涼司馬「打死児命事」／[9]毛達「真命事」／[10]劉沛引 太平二守「憲件」／人命 4 矜疑平反：[11]李之芳 金華司李「提審重犯等事」／[12]王士雲衡州司李「殺兄裂屍事」／[13]謝銓 江寧司李「活殺父命事」／[14]毛達「謀死親夫事」／[15]程先達 平陽太守「殺父命事」／[16]毛達「人命事」／[17]紀元 杭州司李「呉若稽案」／[18]趙廷臣 浙江総督「前案批詳」／[19]紀元 杭州司李「朱君倫案」／[20]紀元「曹仲案」／[21]王梁 杭州太守「電怜七審無辜等事」／[22]張汧 霸易巡憲「殺死人命事」／[23]許天栄 杭州別駕「惨殺女命等事」／[24]許天栄「殴殺妻命事」／[25]佟世錫 仁和邑宰「毒鴆活煅等事」／[26]佟世錫 仁和邑宰「地方事」／[27]佟世錫 仁和邑宰「抄家殺母等事」／[28]梁允植 銭塘邑宰「活殺子命事」／人命 5 假命誣詐：[29]李之芳 金華司李「人命劇冤事」／[30]傅為霖 松江別駕「盗露投繯等事」／[31]謝銓 江寧司李「指官屠民事」／[32]紀耀 紹興太守「活殺男命事」／[33]毛達「苦死人命事」／[34]毛達「咬死子命事」／[35]毛達「打死人命事」／[36]陳開虞 江寧太守「殺命焚屍事」／[37]陳開虞「乞究女命事」／[38]陳開虞「地方事」／[39]馬瑞図 江山邑宰「活殺男命事」／[40]劉玉瓚 撫州太守「飛冤酷詐事」／[41]王士雲 衡州司李「破海撈冤事」／[42] 王士雲 衡州司李「打死娣命事」／[43] 王士雲「奏討婪覇事」／[44] 唐賡堯 寧国司馬「殺命分財事」／[45] 高翺 徳安太守「打死児命事」／[46] 馬瑞図 江山県令「活殺妻命事」。

同、巻 17、判語部、盗情 1 劫盗：[1] 倪長玕 蘇州司李「大盗既獲事」／[2] 文徳翼 嘉興司李「大盗横劫事」／[3] 陳子龍 紹興司李「地方大盗事」／[4] 文徳翼 嘉興司李「首盗事」／[5] 文徳翼「拿獲真盗事」／[6] 許宸章 婺州司馬「劫殺事」／[7] 毛達 平陽司李「盗情事」／[8] 朱在鎬 広信節推「拿獲大盗事」／[9] 劉斗 甘粛巡撫「強盗劫財傷人事 駁語」／[10] 劉斗「窃盗事 駁語」／[11] 文徳翼 嘉興司李「劫殺商命事」／[12] 席教事 元江司李「盗劫事」／[13] 紀耀 紹興知府「捕勦真盗事」／[14] 盧崇峻 広東総督「山寇屡肆焚劫等事」／[15] 盧崇峻「拿獲賊犯事」／盗情 2 窃盗：[16] 陳開虞 江寧太守「地方事」／[17] 蔡祖庚 真定太守「猪八戒案」／盗情 3 窩盗：[18] 紀元 杭州司李「阮応科等案」／[19] 趙廷臣 浙江総督「前讞批詞」／盗情 4 盗属：[20] 王士雲 衡州司李「公首事」／盗情 5 平反矜疑：[21] 毛達 平陽司李「賊情事」／[22] 毛達「前事」／[23] 毛達「盗情事」／[24] 王升 台州兼摂杭州司李「窩盗事」／[25] 朱在鎬 広信司李「大盗事」／[26] 毛達「申報拿獲盗情事 駁語」／[27] 王升 台州兼摂杭州司李「燭冤劈枉事」／[28] 紀元 杭州司李「劉有功等案」／[29] 紀元「楊阿春案」／[30] 紀元 杭州司李「沈阿福等案」／[31] 紀元「楊烏皮等案」／[32] 紀元「羅保等案」／[33] 范印信 杭厳兵憲「拿獲洋盗事」／盗情 6 誣良為盗：[34] 陳開虞 江寧太守「大盗劫殺事」／[35] 王梁 杭州太守「地方不法等事」／[36] 李瑛黄 建徳県尹「夥兵抄殺事」／[37] 楊天機 蘭渓邑宰「奸違復盗事」／[38] 馮萼舒 江寧二守「常属劫盗等事」／[39] 紀元 杭州司李「潘起元案」／[40] 紀元 杭州司李「沈名賢等案」／[41] 王士雲 衡州司李「鳴冤抄詐事」／[42] 王梁 杭州太守「申報事」／[43] 王梁 杭州太守「冒充旗兵等事」。

同、巻 18、判語部、叛案 1 謀叛：[1] 許宸章 金華司李「申報叛魁等事」／[2] 佚名「急勦奸叛事」／叛案 2 通賊：[3] 紀元 杭州司李「胡士奇案」／[4] 紀元 杭州司李「周承槐等案」／[5] 紀元 杭州司李「周凌檦案」／[6] 毛一麟 浙江臬憲「擒獲山賊事」／叛案 3 平反：[7] 王升 台州兼摂杭州司李「出巡事」／[8] 王升 台州兼摂杭州司李「塘報賊情事」／[9] 葉灼棠 興泉兵憲「倒懸待蘇事」／[10] 紀元 杭州司李「李恩生等案」／[11] 王升 台州兼摂杭州司李「驚聞神奸等事」／叛案 4 誣叛：[12] 周亮公 署上杭道福建右藩「拿解余叛事」／[13] 蔡祖庚 真定太守「假官播悪事」／奸情 1 淫烝：[14] 李如鼎 上元邑宰「大逆奸盗事」／[15] 張所志 湖広巡按「淫叛蔑倫事」／奸情 2 強奸：[16] 李之芳 金華司李「憲斬事」／[17]李之芳「急冤事」／[18]張汧 霸易巡憲「衙蠹朋詐事」／[19]王際有 涇陽邑宰「大傷風化事」／[20]侯康民 蒲州刺史「獣衿敗人名節事」／[21]王士雲 衡州司李「指奸抄傾事」／[22]唐賡堯 寧国二守「叩誅強奸事」／[23]劉沛引 太平二守「造謡挟奸事」／奸情 3 和奸：[24]李之芳 金華司李「斬蠹事」／[25]李之芳 金華司李「奸抄滅倫事」／[26]李之芳 金華司李「激憲粛化事」／[27]李之芳 金華司李「盗蠹構戮事」／[28]梁允植 銭塘邑宰「滅倫殺舅事」／[29]賈国禎 蕭山邑宰「真盗被獲事」／[30]傅為霖 松江別駕「奸横延焼事」／[31]王士雲 衡州司李「奏討奸変事」／[32]紀耀 紹興太守「族獣豪淫事」／[33]毛達 平陽司李「歳考事」／[34]毛達 平陽司李「歳考事」／[35]顔鳳婆 臨洮司李「奸殺児斃事」／[36]袁国梓 衢州太守「憲斬淫衿事」／奸情 4 奸拐：[37]呉用光 平陽太守「占妻殺命事」／[38]王士雲 衡州司李「奸拐惨冤事」／奸情 5 因奸致殺：[39]紀耀 紹興太守「強奸殺命事」／[40]王梁 杭州太守「号抵兄命事」／[41]梁允植 銭塘邑宰「申報事」／[42]紀耀 紹興太守「奸殺夫命事」／[43]呉適 衢州司李「活殺弟命事」／[44]呉適 衢州司李「真命事」／[45]王升 台州司李「逼死妻命事」／[46]毛達 平陽司李「横殺人命事」／[47]毛達 平陽司李「殴殺人命事」／[48]毛達 平陽司李「人命事」／[49]陳開虞 江寧太守「劫殺大冤事」／[50]周亮工 署巡漳道福建右藩「強奸致命事」／[51]翟廉 汝寧司李「勒死人命事」／奸情 6 誣奸：[52]陳開虞 江寧太守「地方事」／[53]陳開虞 江寧太守「窩賭有拠等事」／[54]文徳翼 嘉興司李「冒死鳴冤等事」／[55]賈国禎 蕭山県令「奸拐傷化事」／奸情 8 誣告：[56]李之芳 金華司李「占殺朋害事」／[57]賈国禎 蕭山邑宰「斬奸粛化事」／[58]傅為霖 雲間別駕「玷陥抄屠事」／[59]許天栄 杭州別駕「奸殺大冤事」。

同、巻 19、判語部、吏議 1 貪酷：[1]毛一麟 浙江臬憲「発審事」／[2]毛達 平陽司李「特参貪酷等事」／[3]毛達「特糾貪吏等事」／[4]毛達「特糾貪吏等事」／[5]毛達「特糾貪吏等事」／[6]李之芳 金華司李「発審事」／[7]蔡祖庚 平原太守「特糾貪吏以粛計典事」／吏議 2 縦蠹害民：[8]毛達 平陽司李「特糾貪吏等事」／[9]毛一麟「特参婪弁事」／吏議 3 諱盗不申：[10]蔡祖庚 太原太守「縦盗出入城垣事」／吏議 4 城池失守：[11]朱在鎬「県城盗入事」／吏議 5 棄職潜逃：[12]佚名「出巡事」／衙蠹 1 侵挪庫帑：[13]李之芳 金華司李「侵帑事」／衙蠹 2 詐害良民 [14]紀元 杭州司李「発審衙蠹事」／[15]李之芳「出巡事」／[16]李之芳「出巡事」／[17]李之芳「出巡事」／[18]李之芳「酷詐父命等事」／[19]毛達 平陽司李「出巡事」／[20]毛達「発審事」／[21]毛達「出巡事」／[22]毛達「前件」／[23]王士雲 衡州司李「討蠹究贓事」／[24]紀元 杭州司李「王昭等案」／[25]紀元 杭州司李「黄之升等案」／[26]李之芳 金華司李「擁蠹抄詐事」／[27]謝銓 江寧司李「違禁横派事」／[28]毛達「横饕畳嚇事」／[29]李之芳 金華司李「出巡事」／[30]盧崇峻 広東総督「衙蠧嚇詐事」／[31]盧崇峻「犯弁挟私等事」／舞文 1 増減文書：[32]陳開虞 江寧太守「窩隠逃人事」／舞文 2 代書増減情罪：[33]陳開虞 江寧太守「盗殺驚天事」／[34]陳開虞「大蠹滅法事」／[35]陳開虞「盗殺驚天事」／誤公 1 解犯疏虞：[36]謝銓 江寧司李「訪実逃兵事」／[37]毛達 平陽司李「申報事」／誤公 2 因犯越獄：[38]李之芳 金華司李「劫獄事」／[39]佟国器 南贛巡撫「盗犯越獄等事」／誤公 3 遺失公文：[40]毛達 平陽司李「截奪公文馬匹事」／科場 1 懐挟：[41]陳開虞江寧太守「科挙事」／科場 2 假冒頂替：[42]陳開虞 江寧太守「発審事」／逃人 1 窩隠：[43]陳開虞 江寧太守「発審事」／[44]栾斯美 広信太守「拿獲逃人事」／逃人 2 假冒：[45]劉沛引「参詐事」／左道：[46]馮蕚舒 江寧二守「邪教横行事」／[47]馮蕚舒「前事」／[48]譚弘憲 新蔡県令「為邑士雪冤看語」／勢宦：[49]文徳翼「冒死登聞事」／劣衿：[50]周士達 建昌司李「歳考事」／[51]毛達「発審事」／[52]劉玉瓚 撫州太守「哭勦僡詐事」／[53]唐賡堯 寧国司馬「出巡事」／豪民 1 逋糧：[54]毛達 平陽司李「歳考事」／[55]周茂源 処州太守「抗糧事」／[56]紀元 杭州司李「徐元選案」／[57]王際有 涇陽県令「窩引逃民事」／豪民 2 拒差：[58]劉玉瓚 撫州太守「綁殺官差事」／豪民 3 把持衙門：[59]席教事 九江司李「凶叛事」／豪民 4 武断郷曲：[60]魏学渠 成都司李「公挙非類事」／塩法 1 私販：[61]劉佐 高唐刺史「稟報事」／[62]劉璟 蘭州刺史「捉獲私塩事」／[63]楊胤昌 乾州刺史「私販事」／[64]程先達「申報傷死大盗等事」／塩法 2 假引：[65]毛達 平陽司李「密査假引等事」／学政：[66]毛達 平陽司李「欺君凌儒等事」／税務：[67]毛達 平陽司李「紊規違断等事」／[68]毛達「行査事」／勒詐 1 兵詐：[69]李之芳「急斬搶詐事」／[70]席教事 九江司李「劫盗事」／勒詐 2 民詐：[71]王士雲 衡州司李「樹党倡乱等事」／[72]李之芳 金華司李「湯火事」／[73]李之芳「勅殛詐抄事」／[74]王士雲 衡州司李「奏勦濫科事」／[75]賈国禎 蕭山県令「匿情焼詐事」／[76]李之芳「豪衿抄詐事」／勒詐 3 誣詐：[77]王士雲 衡州司李「痛陳民害事」／[78]紀耀 紹興太守「叛憲屠民事」／[79]紀耀「違憲貢贓等事」／[80]劉玉瓚 撫州太守「剪蠧正律事」。

同、巻 20、判語部、犯上 1 誣官：[1]倪長玗 蘇州司李「匿婦奇冤事」／[2]毛達 平陽司李「貪官嚼民等事」／[3]劉玉瓚 撫州太守「勦蠧追贓事」／[4]王士雲 衡州司李「極苦大冤等事」／[5]佚名「官蠧夥通嚼民事」／[6]周茂源 処州太守「密掲訪劣等事」／犯上 2 逆親：[7]袁一相 浙江藩憲「緝獲偽印等事」／[8]高翺 徳安太守「毛章斐案」／[9]范印心 杭州兵憲「殺母滅倫事」／犯上 3 背師：[10]毛達 平陽司李「欺侮師長事」／犯上 4 奴僕背主：[11]賈国禎 蕭山県令「弑主駭変事」／[12]王士雲 衡州司李「窩叛戮主事」／[13]陳開虞 江寧太守「情関叛逆事」／[14]王士雲 衡州司李「叛国殺主事」／婚姻 1 強娶：[15]方亨咸 麗水県令「劫女奇冤事」／婚姻 2 逼嫁：[16]劉沛引 太平二守「逆媳殴姑事」／婚姻 3 頼婚：[17]王士雲 衡州司李「母党禍延血女事」／[18]王士雲 衡州司李「哭究二命事」／[19]米漢雯 建昌邑宰「謀割大冤事」／[20]梁允植 銭塘邑宰「滅倫異変事」／婚姻 4 悔親：[21]戴王縉 揚州司李「活拆惨冤事」／婚姻 5 誤婚：[22]毛達 平陽司李「生離夫婦事」／[23]紀耀 紹興太守「憲殛冤拆事」／[24]文徳翼 嘉興司李「冒死鳴冤等事」／[25]高承埏「会稽女子判擬作」／婚姻 6 苟合：[26]紀燿「子売父親等事」／[27]王士雲 衡州司李「毒陥巧割等事」／[28]朱在鎬 広信司李「活拆発妻事」／[29]賈国禎 蕭山県令「奸拐滅倫事」／婚姻 7 売妻告贖：[30]賈国禎 蕭山県令「活占事」／[31]佟世錫 仁和邑宰「発審事」／[32]楊天機 蘭渓邑宰「勢欺活拆事」／[33]楊天機 蘭渓邑宰「掣拐拆婚等事」／婚姻 8 買良為賤：[34]唐賡堯 寧国二守「親雪女冤事」／継嗣：[35]紀燿 紹興太守「篡宗抄斬等事」／[36]紀燿「憲斬籍沒事」／[37]李瑛黄 建徳県尹「滅祧鈷継事」／[38]李瑛黄 建徳県尹「呑篡惨極事」／撫孤：[39]毛達 平陽司李「勦家滅門等事」／[40]毛達「積悪匿柬殺孤乱倫事」／[41]王士雲 衡州司李「灯蛾投明事」／墳墓 1 争墳：[42]紀燿 紹興太守「盗葬皇陵事」／[43]紀燿「法斬大患事」／[44]喩三畏 潁川刺史「違鑿人命事」／[45]方亨咸 麗水県尹「抛骸異冤事」／[46]李之芳「親殛違滅事」／[47]許天栄 杭州別駕「挖骸殺命事」／墳墓 2 傷墳：[48]李之芳「為殺叔箝典事」／[49]賈国禎 蕭山県令「蠹烙事」／墳墓 3 掘墳：[50]文徳翼 嘉興司李「千古奇冤事」／[51]黄鳴俊 杭厳兵憲「乱民掘焼父屍等事」／墳墓 4 砍伐墓木：[52]程先達 平陽太守「盗樹剖墳等事」／[53]紀燿 紹興太守「豪蠹飛屠事」／[54]呉用光 平陽太守「伐冢大冤事」／[55]劉玉瓚 撫州太守「勢謀鎖詐事」／田産 1 争産：[56]李之芳 金華司李「屠儒事」／[57]毛達 平陽司李「誣盗殃民等事」／[58]陳開虞 江寧太守「斬蠹事」／[59]佟国瑜 杭州司馬「偽屠事」／[60]李之芳「爲憲斬事」／[61]紀燿 紹興太守「勢虎惨戮事」／[62]劉玉瓚 撫州太守「豪謀叛殺事」／[63]劉玉瓚「勢抛祖骸事」／[64]劉元溥 耀州刺史「五虎飛嚼事」／[65]侯康民 蒲州刺史「抗断盗当事」／[66]王士雲 衡州司李「二孤奏冤事」／[67]王梁 杭州太守「山蛮滅法等事」／[68]王梁 杭州太守「群梟食民等事」／[69]王梁 杭州太守「牙棍朋奸等事」／[70]毛達「急救万命事」／田産 2 争家私：[71]周亮工 青州守憲「朋謀呑殺事 駁語」／[72]李瑛黄 建徳県尹「一件滅倫惨変事」／[73]毛達 平陽司李「横衿嚇殺事」／[74]毛達「謀殺人命事」／[75]李之芳 金華司李「屠抄事」／田産 3 告売告贖：[76]侯康民 蒲州刺史「考察事」／田産 4 侵官地：[77]呂夾鍾 蘭州司李「清查官地事」／[78]李如鼎 上元県令「拯救赤子等事」／[79]許天栄 杭州別駕「民害亟除等事」／租債：[80]毛達 平陽司李「欺君殃民等事」／[81]梁禹甸 長安邑宰「謀呑斃命事」／

争殴小忿：[82] 紀燿 川南守憲「倡乱屠民事」／[83] 賈国禎 蕭山県令「妻命事」／[84] 王際有 涇陽県令「絶命凶殺事」／[85] 賈国禎 蕭山県令「大乱国典事」／[86] 黄家鼎 咸寧邑宰「急救夫命事」／[87] 劉玉瓚「黒夜衝殺事」／[88] 劉沛引 太平二守「惨弑伯母事」／[89] 佟世錫 仁和邑宰「発審事」／[90] 楊天機 蘭渓邑宰「滅法絶命事」／[91] 楊天機 蘭渓邑宰「黒夜凶殺事」／[92] 王梁 杭州太守「発審事」。

[所蔵]：[国会]・[人文研]・[尊経閣]・[東文研]・[内閣] 等。

[版本]：[一九九〇年杭州浙江古籍書店排印本／李漁全集所収]・[二〇〇八年北京国家図書出版社用康熙癸卯序芥子園蔵板刊本景印／明清法制史料輯刊第一編所収]。

[備考]：[張偉仁 76]・[滋賀秀三 84]・[P.E.Will 10]。

57 憑山閣増定留青全集 二十四巻 清陳枚輯 康熙二十三年序刊本

[撰者]：編者については未詳。

[内容]：個々の判牘を集成したもの。巻 2、批駁に 13 件の批を、巻 3、讞語に 129 件の判を収録。撰者・標題は下記のとおり。

巻 2、批駁：[1] 王元曦「官吏受贓」／[2] 王元曦「護兵行劫」／[3] 朱昌祚「叛国害民」／[4] 朱昌祚「緝究夥盗」／[5] 朱昌祚「恭陳四款」／[6] 趙進美「劫殺兄命」／[7] 稽永福「覆勘悍兵殺人」／[8] 江西臬憲「駁批人命」／[9] 紀咸享「駁豁疑獄」／[10] 張汧「覆矜比例」／[11] 陳開虞「地方人命」／[12] 李嗣京「大逆不殄」／[13] 王度「駁復讐議」。

巻 3、讞語、婚姻類：[1] 王仕雲「燈蛾投明事」／[2] 楊天機「挈拐拆婚事」／[3] 方亨咸「劫女奇冤事」／[4] 梁允植「滅倫異変事」／[5] 趙開雍「断乱後争妻」／[6] 程良「斧離怨耦事」／[7] 蔣星煒「捐俸完姻」／[8] 張一魁「背盟不法」／[9] 孫魯「二女四壻」／[10] 張能鱗「法斬事」／[11] 顔堯揆「擄佔事」／[12] 翁応兆「劫擄人財事」／[13] 李清「忤殺事」／[14] 李之芳「憲斬事」／[15] 李之芳「激憲粛化事」。

同、姦淫類：[1] 周亮工「売姦事」／[2] 張汧「衙蠹朋詐事」／[3] 陳開虞「姦騙撤拐事」／[4] 彭翼宸「娶婦誘淫事」／[5] 趙開雍「違旨誣命」／[6] 紀元「究結誘逃」／[7] 葉高標「強姦殺命」／[8] 程良「淫蒸大変事」／[9] 稽永福「姦殺定案」／[10] 梁允植「滅倫殺舅事」／11 劉時俊「姦拐服嫂」／12 毛賡南「打死弟命」／13 袁国梓「憲斬淫矜事」／14 王仕雲「奏討姦変事」／15 竹緑漪「僧尼通姦」／16 顔堯揆「逼姦寡媳」／17 張一魁「虚情甘斬」／18 趙開雍「覇売拐逃」。

同、凶酒類：1 張一魁「法勦大変事」／2 慕天顔「讐抄事」／3 蒋鳴玉「泣究冤民」。

同、闘殴類：1 徐開禧「悪僧壊法事」。

同、隠税類：1 張一魁「欺君隠税」。

同、継嗣類：1 徐開禧「凌慢斯文事」／2 翁応兆「虐飾奇冤事」／3 翁応兆「断全外子事」／4 李之芳「屠抄事」／5 張一魁「惨屠簒奪事」／6 沈迪吉「争継事」。

同、田産類：1 彭翼宸「郭卯郭辰事」／2 李之芳「憲斬事」／3 王仕雲「二孤奏冤事」／4 佟国瑜「偽屠事」／5 失名「断験偽佑事」／6 程良「朋謀殺命事」。

同、欺騙類：1 徐開禧「鷹画欺騙」。

同、邪教類：1 王陞「妖僧惑衆事」。

同、盗情類：1 文徳翼「大盗横劫事」／2 林雲銘「大盗行劫事」／3 陳開虞「盗変獄供」／4 陳開虞「搆盗焚劫」／5 陳開虞「捉獲真盗」／6 林雲銘「逋帑積案事」／7 毛賡南「地方大盗」／8 趙開雍「覆勘大盗」／9 趙開雍「大盗反噬」／10 毛際可「仇扳有拠」／11 毛際可「失盗事」／12 王仕雲「覆定盗案」／13 王仕雲「公首事」／14 顔光揆「惨殺夫命」／15 孫魯「操舟殺劫」／16 黄国琦「黒夜劫殺事」／17 侯良翰「悍兵殺人」／18 李嗣京「擒獲強盗」／19 翁応兆「獲解盗犯」／20 蔡祖庚「捉獲盗鞘事」／21 葉高標「捉獲盗犯」／22 陳珣「白昼盗殺」／23 劉珖「窃盗事」／24 陳開虞「地方事」／25 蔡祖庚「強劫事」／26 李嗣京「発塚斲棺」／27 張一魁「究盗負恩」／28 劉時俊「白捕攩害事」。

同、人命類：1 李之芳「提審重犯事」／2 林雲銘「立殺叔命事」／3 毛賡南「惨逼殺妻事」／4 李嗣京「覆審前事」／5 倪長玗「戮主惨変事」／6 趙開雍「断擬誤殺」／7 趙開雍「断傷腿目」／8 王士禛「打死母命」／9 王士禛「案礫殺兄事」／10 馬瑞図「活殺男命」／11 王仕雲「籲天法勦事」／12 王仕雲「打死娣命」／13 劉時俊「絞犯改徒」／14 盛王賛「簡殮夫命」／15 高翶「打死児命」／16 馬瑞図「活殺妻命」／17 張一魁「活殺父命」／18 張一魁「急救人命」／19 張一魁「囲檎逼殺」／20 張一魁「人命事」／21 顔堯揆「活殺男命」／22 顔堯揆「假兵鎖兄」／23 王階「逼死妻命」／24 毛際可「殺死防兵」／25 張能鱗「人命事」／26 李嗣京「清査冤獄」／[27]張一魁「滅倫惨殺」／[28]趙一最「謀殺事」／[29]張一魁「惨殺人命」／[30]張一魁「急救冤獄」／[31]李清「憲典事」／[32]胡昇猷「讐姦殺命」。

以下、省略。

［所蔵］：［尊経閣］・［東大法］・［東文研］・［国家図(分)］。

［版本］：　――

［備考］：［滋賀秀三 84］。

58　憑山閣増輯留青新集　三十巻　清陳枚輯　清陳徳裕補　康熙四十七年序積秀堂刊本

［撰者］：編者については未詳。

［内容］：個々の判牘を集成したもの。巻 22、讞語に 51 件の判を、巻 23、批駁に 16 件の批を収録。撰者・標題は下記のとおり。

巻 22、讞語：[1]石琳「訪犯極悪事」／[2]佚名「威逼人命事」／[3]佚名「海洋大夥賊船突犯官兵事」／[4]李嗣京「玷官灸詐事」／[5]林雲銘「盗苗傷命事」／[6]毛際可「玷官枉詐事」／[7]汪曽垣「一件強盗劫焼事」／[8]張岐「搶女強姦事」／[9]佚名「謀財殺命事」／[10]顔堯揆「活殺男命」／[11]汪曽垣「頒批緝逃等事」／[12]李嗣京「覆審奇冤惨殺事」／[13]黄六鴻「冤抵母命事」／[14]汪曽垣「拆割血婚事」／[15]汪曽垣「滅倫強姦事」／[16]李嗣京「擒獲強盗」／[17]陳維立「悪捕符文」／[18]佚名「打死人命事」／[19]陳旭「一件露搶事」／[20]兪堯「一件陥殺事」／[21]李発之「打死人命事」／[22]陳旭「欺姦弟婦事」／[23]張岐「謀殺親兄事」／[24]顔堯揆「假兵鎖兄事」／[25]黄国琦「黒夜劫殺」／[26]汪曽垣「破塚盗葬事」／[27]徐伸「為察究存亡事」／[28]陶三寧「殺死父命事」／[29]靳治雍「急救媳命事」／[30]黄六鴻「覇産累糧事」／[31]汪曽垣「伐墳謀占事」／[32]黄六鴻「覇産極冤事」／[33]汪曽垣「孽甥倚勢欺毆事」／[34]梁允植「滅倫異変事」／[35]方亨咸「劫女奇冤事」／[36]翁応兆「劫擄人財事」／[37]劉時俊「奸拐服嫂」／[38]陳開虞「姦騙撤楞事」／[39]趙開雍「覇売拐逃」／[40]徐開禧「凌慢斯文事」／[41]李嗣京「発塚斲棺」／[42]顔堯揆「惨殺夫命」／[43]李之芳「提審重犯等事」以下人命／[44]林雲銘「立殺叔命事」／[45]毛賡南「惨逼殺妻事」／[46]王士禎「打死母命」／[47]馬瑞図「活殺男命事」／[48]王仕雲「打死姉命事」／[49]胡昇猷「讐姦殺命」／[50]顧玠「賺呑聘金朋謀退婚事代」／[51]王階「逼死妻命事」。

巻 23、批駁：[1]王元曦「官吏受贓」／[2]王元曦「護兵行劫」／[3]朱昌祚「叛国害民」／[4]朱昌祚「緝究夥盗」／[5]朱昌祚「恭陳四款」／[6]趙進美「劫殺兄命」／[7]稽永福「覆勘悍兵殺人」／[8]江西臬憲「批駁人命」／[9]紀咸享「駁豁疑獄」／[10]張汧「覆矜比例」／[11]王応乾「打死人命事」／[12]王応乾「人命事」／[13]王応乾「強搶事」／[14]王応乾「謀劫事」／[15]周亮工「駁詳強姦致命事」／[16]周亮工「黒冤斃命事」

［所蔵］：［東文研］・［内閣］。

［版本］：［二〇〇八年北京国家図書出版社用康熙四十七年序刊本景印／明清法制史料輯刊第一編所収］。

［備考］：　——

59　棘聴草　二十巻　清李之芳撰　順治十一年序刊本

［撰者］：李之芳が順治 5 年(1648)から同 10 年(1653)まで浙江省の金華府推官として在任した時のもの①。

［内容］：巻 2-13、讞詞、巻 15-18、讞語、および巻 20、讞語に、併せて 449 件の判牘を収録。標題は下記のとおり。

巻 2、讞詞 人命：[1]司道奉両院一件為律典謀殺事／[2]司道奉両院一件為父命事／[3]司道奉両院一件為簡典男命事／[4]両道奉三院一件為激典兄命事／[5]司道奉両院一件為憲斬天冤事／[6]司道奉三院一為活殺両命事／[7]司道奉両院一件為沸冤事／[8]司道奉両院一件為活殺父命事／[9]撫安両院各一件為殺劫慘冤親典劫殺事　又臬司一件為勅典男命事／[10]臬司奉撫院一件為申解提審重犯事／[11]分守道奉両院一件為活殺男命事／[12]分守道奉両院一件為勅検人命劇冤事／[13]分守道奉両院一件憲究殺命事／[14]分守道奉按院一件為人命事／[15]分守道奉両院一件為聚抄滅民／[16]分守道奉両院一件為勅検人命事／[17]分守道奉両院一件為究典夫命事／[18]分守道奉両院一件為假命屠抄事／[19]分守道奉両院一件為殛詐事／[20]分守道奉両院一件為斬蠹事／[21]分守道奉両院一件為人命事／[22]分守道奉両院一件為謀財殺命事／[23]分守道奉両院一件為驗典父命事／[24]按院分守道一件為人命黒冤事／[25]按

① 康熙『金華府志』巻 11、官師 1、国朝、推官、参照。

院分守道一件為勅典両命事／26 按院分守道一件為酷蠹焼詐事／27 按院一件為誣命抄家事／28 按院一件為憲究財命事／29 按院分守道一件為激典男命究審結案事／30 按院一件為人命事／31 按院一件為人命事／32 按院一件為真正冤命事／33 按院一件為二命事／34 按院一件為父命事／35 按院一件為勅典事／36 塩院一件為父命事／37 塩院分守道一件為慘冤人命事／38 臬司一件為叛法屠民事／39 守巡両道一件為人命事／40 守巡両道一件為人命事／41 守巡両道一件為活殺夫命事／42 守巡両道一件為驗典父命事／43 守巡両道一件為驗典夫命事／44 守巡両道一件為驗辜弟命事／45 分守道一件為人命事／46 兵巡道一件為真命事／47 兵巡道一件為慘殺男命事／48 兵巡道一件為活殺夫命事／49 兵巡道一件為急救抄殺事／50 兵巡道一件為天斬事／51 兵巡道一件為假命抄殺事／52 兵巡道一件為検填事。

巻 3、讞詞 盗情：1 司道奉三院一件為勅勦靖変事／2 司道奉両院一件為塘報事／3 臬司奉両院一件為憲斬事／4 臬司奉按院一件為盜窩劫殺事／5 守巡両道奉撫院一件為明火劫殺事／6 分守道奉両院一件為粛靖叛窩等事／7 分守道奉両院一件為大盗劫殺事／8 分守道奉部院一件為天仇事／9 分守道奉部院一件為盤獲奸細事／10 按院一件為劈冤事／11 按院一件為劫盜事／12 按院一件為慘戮事／13 按院一件為火冤事／14 守巡両道一件為緝盜安民事／15 守巡両道一件為急救父命事／16 守巡両道一件為地方事／17 守巡両道一件為勅捕緝究事／18 守巡両道一件為土冦劫殺事／19 分巡両道一件為緝獲大盜事／20 守巡両道一件為地方事／21 分守道一件為勅典両命事／22 分守道一件為中解賊犯事／23 分守道一件為情理監獄事／24 分守道一件為塘報事／25 分守道一件為違嚼事／26 分守道一件為憲緝贓盜事／27 分守道一件為搆蠹飛抄事／28 兵巡道一件為盤獲奸細事／29 兵巡道一件為塘報事。

巻 4、讞詞 衙蠹：1 臬司奉三院一件為欽奉上伝事／2 臬司奉撫院一件為考覈復奉明綸等事／3 按院一件為出巡事／4 按院一件為出巡事／5 按院一件為出巡事／6 按院一件為出巡事／7 按院一件為出巡事／8 按院一件為出巡事／9 按院一件為直陳大蠹等事／10 塩院一件為出巡事／11 塩院一件為出巡事／12 塩院一件為出巡事／13 塩浣一件為枉莝黒冤事／14 分守道一件為酷詐父命蠹詐黒冤事。

巻 5、讞詞 科詐：1 兵巡道奉三院一件為屠民酷冤事／2 分守道奉部院一件為勦賊追贓事／3 分守道奉撫院一件為豪蠹抄洗事／4 部院一件為発審婪弁劣款等事／5 撫院一件為讐抄蠹殺事／6 按院一件為佔殺朋害事／7 按院一件為黒戮事／8 按院一件為兵害事／[9] 按院兵巡道一件為勦除民害搆兵屠民事／[10] 臬司一件為枉酷男命事／[11] 臬司一件為憲勦民害事／[12] 臬司一件為搆兵抄殺事／[13] 分守道一件為黒冤事／[14] 分守道一件為慘抄事／[15] 分守道一件為搆兵詐屠事／[16] 分守道一件為親斬黒冤事／[17] 分守道一件為黒冤事／[18] 分守道一件為擁蠹抄詐事／[19] 分守道一件為鬨匿抄詐事／[20] 分守道一件為憲殛偽詐事／[21] 分守道一件為黒冤事／[22] 分守道一件為枉詐事／[23] 分守道一件為佔殺事／[24] 分守道一件為激究讐屠事／[25] 分守道一件為虎捕屠良事／[26] 分守道一件為枉抄事／[27] 分守道一件為蠹歇屠民事／[28] 分守道一件為天討泮蟒事／[29] 分守道一件為慘戮事／[30] 分守道一件為救民湯火事／[31] 分守道一件為酷民事／[32] 分守道一件為勅殛詐抄事／[33] 分守道一件為湯火事／[34] 分守道一件為激冤拒憲事／[35] 兵巡道一件為急斬搶詐事／[36] 兵巡道一件為搆悍慘戮事／[37] 兵巡道一件為枉戮事／[38] 兵巡道一件為私和人命事／[39] 兵巡道一件為急救抄屠事／[40] 兵巡道一件為勢虎食民事／[41] 府送一件為虹国殃民事。

巻 6、讞詞 糧課：[1] 按院兵巡道転奉一件為奸胥侵帑宦裔攫帑等事／[2] 按院一件為弊詐事／[3] 塩院一件為大夥典販私塩等事／[4] 分守道一件為酷詐慘滅事／[5] 分守道一件為冤命弊害劇冤事。

巻 7、讞詞 産業：[1] 分守道奉撫院一件為亟剿叛抄事／[2] 分守道奉撫院一件為違旨滅憲事／[3] 分守道奉撫院按院一件為豪蠹呑屠剽贓呑滅事／[4] 撫院一件為勢逆慘屠事／[5] 按院一件為典殛事／[6] 按院一件為劫財屠命事／[7] 臬司一件為黒戮大冤事／[8] 臬司一件為夥冠抄殺蠹国抄佔事／[9] 臬司一件為殺叔箝典事／[10] 臬司一件為鑲蠹屠民事／[11] 提学道一件為殄孤黒冤鱷虎屠良斬祖滅族事　分守道一件為姦弑奇冤事／[12] 守巡両道一件為投献屠良事／[13] 分守道一件為違旨滅法事／[14] 分守道一件為搆兵白佔事／[15] 分守道一件為憲磔慘冤事／[16] 分守道一件為屠儒事／[17] 分守道一件為汚吏事／[18] 分守道一件為冒憲究斬事／[19] 分守道一件為屠門異慘事／[20] 分守道一件為屠抄事／[21] 分守道一件為違鑿人命事／[22] 分守道一件為勢佔呑孤等事／[23] 分守道一件為偽屠事／[24] 分守道一件為佔殺屠儒事／[25] 分守道一件為拋骸異冤事／[26] 分守道一件為親殛違滅事／[27] 分守道一件為抄劫火変事／[28] 分守道一件為栟詐事／[29] 分守道一件為憲斬事／[30] 兵巡道一件為天討事／[31] 兵巡道一件為枉冤事／[32] 兵巡道一件為憲斬事／[33] 府送一件為謀佔黒冤事／[34] 府送一件為恩雪黒冤事／[35] 守巡両道一件為窩聚抄搶事。

巻 8、讞詞 婚嫁：[1] 臬司奉塩院一件為殺男拆媳事／[2] 臬司一件為憲斬異変事／[3] 分守道一件為謀佔民妻事／[4] 分守道一件為強佔民妻事／[5] 分守道一件為勅斬阱詐事／[6] 兵巡道一件為群虎嚼民事／[7] 兵巡道一件為聚劫事／[8] 府送一件為姦謀大変事／[9] 府送一件為折掠慘冤事／[10] 府送一件為急究強佔事／[11] 府送一件為憲斬変詐事／[12] 府送一件為憲究冤略良事。

卷 9、讞詞 姦淫：[1] 分守道一件為斬蠹事／[2] 分守道一件為憲斬事／[3] 分守道一件為姦殺栟詐事／[4] 分守道一件為急冤事／[5] 分守道一件為姦佔事／[6] 分守道一件為盜蠹搆戮事／[7] 府送一件為姦佔民妻事／[8] 府送一件為姦抄滅倫事／[9] 府送一件為激憲肅化事。

卷 10、讞詞 誣妄：[1] 分守道奉部院一件為枉冤事／[2] 臬司奉撫院一件為勅近便民事／[3] 分守道奉撫院一件為亟斬叛屠事／[4] 分守道奉撫院一件為極悪害命事／[5] 部按両院一件勅典真命活殺事／[6] 部院一件為法斬事／[7] 撫院一件為劫財慘命事／[8] 撫院一件為虎吏嚼民事／[9] 撫院臬司一件為勅斬蠹害串官屠民事／[10] 撫院臬司一件為虎蠹洗詐事／[11] 按院一件為衙蠹事／[12] 按院一件為衙蠹事／[13] 按院一件為封抄事／[14] 按院一件為衙蠹事／[15] 按院一件為衙蠹事／[16] 塩院一件為盜庫巇主事／[17] 塩院一件為圧屠慘冤事／[18] 臬司一件為大盜搶殺事／[19] 臬司一件為天討黒冤事／[20] 臬司一件為群兇無法事／[21] 臬司一件為假命屠倫事／[22] 臬司一件為憲斬蠹屠事／[23] 臬司一件為黒戮大冤事／[24] 提学道一件為佔殺事／[25] 守巡両道一件為天討事／[26] 守巡両道一件為窩聚抄搶事／[27] 守巡両道一件為劫殺事／[28] 分守道一件為呈解密擒賊首事／[29] 分守道一件為財命慘冤事／[30] 分守道一件為偽詐抄家事／[31] 分守道一件為斬害事／[32] 分守道一件為沸冤事／[33] 分守道一件為斬蠹救民事／[34] 分守道一件為党蠹屠詐事／[35] 分守道一件為慘戮全家事／[36] 分守道一件為勅斬屠孤事／[37] 分守道一件為激勅劈冤事／[38] 分守道一件為男命慘冤事／[39] 分守道一件為号援無告事／[40] 分守道一件為斬劫事／[41] 分守道一件為風化哭留勅并事／[42] 分守道一件為違禁匿屠事／[43] 分守道一件為枉法事／[44] 分守道一件為屍抄事／[45] 分守道一件為兄命事／[46] 分守道一件為急救屠門事／[47] 分守道一件為勅斬屍抄事／[48] 分守道一件為激救死命事／[49] 分守道一件為虎蠹残民事／[50] 分守道一件為劫殺事／[51] 分守道一件為窩蠹聯抄事／[52] 分守道一件為勦豪活殺事／[53] 分守道一件為斬逆靖詐事／[54] 分守道一件為黒冤事／[55] 分守道一件為急救死命事／[56] 分守道一件為抄骸劚冤事／[57] 分守道一件為訛詐烈冤事／[58] 兵巡道一件為酷屠事／[59] 兵巡道一件為斬害事／[60] 兵巡道一件為枉抄事／[61] 兵巡道一件為兵詐事／[62] 兵巡道一件為虎蠹指抄事／[63] 兵巡道一件為勅覆男命事／[64] 兵巡道一件為勦蠹救民事／65 兵巡道一件為滅法抄主事／66 兵巡道一件為天討屍抄事／67 兵巡道一件為民冤事／68 兵巡道一件為黒冤事／69 兵巡道一件為厳禁錮婢等事／70 府送一件為憲救仇害事／71 府送一件為激恩姦殺事／72 府送一件為斬佔殺命事／73 府送一件為指盜屠良事。

巻 11、讞詞 詐偽：1 藩司奉撫院一件為申報事／2 分守道奉両院一件為積蠹朋奸等事／3 分守道奉撫院一件為行査事／4 提学道一件為訪緝事／5 守廷両道一件為申解擒獲等事。

巻 12、讞詞 疎逸：1 按院一件為男命事／2 分守道一件為藐憲截奪事。

巻 13、録 4：1 金華県一件為男命事／2 金華県一件為活殺夫命事／3 金華県一件為律典謀殺事／4 金華県一件為人命事／5 金華県一件為典冤事／6 東陽県一件為号典父命事／7 東陽県一件為劫財殺命事／8 東陽県一件為父命事／9 東陽県一件為申報事／10 東陽県一件為四命黒冤事／11 義烏県一件為簡典男命事／12 義烏県一件為激典兄命事／13 義烏県一件為打死男命事／14 永康県一件為勅勦靖変事／15 浦江県一件為活殺弐命事／16 浦江県一件為活殺両命事／17 浦江県一件為拿究事。

巻 15、讞詞 摂郡：1 按院一件為真命事 人命／2 按院一件為法不能行事／3 按院一件為両命事／4 按院一件為検命事／5 臬司両道一件為究典真命地方人命事／6 両道一件為地方人命事／7 両道一件為劫殺財命事／8 分守道一件為勅典人命事／9 分守道一件為父命屍抄事 人命／10 分守道一件為激究人命事／11 本府一件為截殺辜命事／12 本府一件為夫命大冤事／13 臬司奉三院一件為拿究事 盜情／14 両道一件為劫殺父命事／15 本府一件為地方事／16 本府一件為指詐劇冤事／17 本府一件為獲贓究盜事／18 分守道一件為活拆夫妻事 婚嫁／19 本府一件為惑抄強佔事／20 本府一件為呑拆黒冤事／21 本府一件為局変搶拆親究滅倫事／22 分守道一件為申報事 姦淫／23 本府一件為強姦大変事／24 本府一件為姦拐異変事／25 本府一件為姦淫殺妻事／26 分守道一件為劫殺事 産業／27 本府一件為憲剖佔殺事／28 本府一件為憲救屠門事／29 本府一件為強佔孤冤事／30 本府一件為戳祖慘冤事／31 本府一件為激究詐搶事／32 本府一件為欺孤白佔事／33 本府一件為斬謀佔滅事／34 本府一件為佔滅慘冤事／35 本府一件為天討強搶事／36 本府一件為激究匿佔事／37 本府一件為滅門搗巣事／38 本府一件為呑商勝劫事 債務／39 臬司奉両院為衙蠹抄殺事 科詐／40 按院一件為黒冤事／41 塩院一件為冤命事／42 分守道一件為復行虐害事／43 分守道一件為急救転勅事／44 兵巡道一件指盜搶擄事／45 本府一件為通捕屠抄事／46 本府一件為激究欺詐事／47 本府一件為親究詐抄事／48 按院一件為假訪事 誣妄／49 分守道一件為酷詐事／50 兵巡道一件為活拆呑抄事／51 本府一件為違禁錮婢事／52 本府一件為逐母慘冤事／53 本府一件為急救孤冤事／54 本府一件為号變弟冤事／55 本府一件為親究佔殺事／56 本府一件為急救奸変事／57 分守道奉三院一件為塘報事 失誤／58 分守道一件為起解土賊事／59 兵巡道一件飛弊釘□事／60 本府一件為急救究冤命事。

卷 16、讞詞 摂捕：1 塩院一件為提追旧引旧程等事／2 分守道一件為冤命事／3 分守道一件為匿詐黒冤事／4 分守道一件為斬変事／5 分守道一件為勅取甘結事／6 分守道一件為激究財命事／7 分守道一件為民命沸冤事／8 分守道一件為憲斬蠹抄事／9 兵巡道一件為急救事／10 兵巡道一件為拐匿大冤事。

卷 17、讞詞 摂糧：1 兵巡道奉塩院一件為陳情除害等事／2 分守道一件為匿害事／3 分守道一件為勢屠冤命事／4 分守道一件為枉戮黒冤事／5 分守道一件為仇囑抄良事／6 分守道一件為憲斬徒蠹等事／7 分守道一件為激憲除害事／8 兵巡道一件為斬蠹救民事／9 本府一件為強賊劫殺事／10 本府一件為強佔屠孤事。

卷 18、讞詞 摂睦理：1 撫院一件為亟典二命事／2 臬司奉両院一件為恩超両造等事／3 臬司奉按院一件為活殺兄命事／4 兵巡道奉按院一件為殺父事／5 臬司奉三院一件為科挙事／6 按院一件為出巡事／7 按院一件為出巡事／8 按院一件為出巡等事／9 按院一件為出巡事／10 按院一件為出巡事／11 按院一件為出巡事／12 按院一件為衙蠹事／13 按院一件為発審事／14 按院一件為勢寇事／15 杭厳道奉撫院一件為憲殛大寇事／16 兵巡道奉撫院一件為串兵劫殺事／17 提学道一件為衿蠹横抄事／18 杭厳道一件為劫殺事／19 分守道一件為黒戮事／20 分守道一件為劫殺事／21 分守道一件為豪蠹事／22 建徳県一件為報□地方事疎枷／23 建徳県一件為□□事／24 建徳県一件為悍兵□□打劫事／25 遂安県一件為明火劫殺事／26 遂安県一件為挟姦逼命事／27 桐廬県一件為活殺夫命事／28 桐廬県一件為擒獲江洋大盜事。

卷 20、讞詞 摂婺邑：1 本県一件為偽命抄詐事 人命／2 本県一件為号憲電誣等事／3 本県一件為父命慘究事／4 本府一件為指盜屠抄事 盜情／5 本県一件為劫殺火変事／6 本県一件為白昼劫殺事／7 本県一件為謀逼輸変事 糧謀／8 本県一件為憲究侵盜事／9 本県一件為典守欺侵事／10 守巡両道一件為剖掠明火劫抄事 産業／

11 提学道一件為激究事／12 提学道一件為憲究滅祀事／13 本県一件為懇勅剖佔事／14 本県一件為祈天親勦事／15 本県一件為呑佔異冤事／16 本県一件為残呑釜泣事／17 本県一件為勘究盗鑿事／18 本県一件為佔殺活殺父母事／19 本県一件為佔抄劇変事／20 本県一件為憲救佔滅事／21 本県一件為激救殺命事／22 本県一件為保辜殺命事／23 本県一件為懇憲批割事／24 本県一件為激勦謀抄事／25 本県一件為勅剖援救事／26 本県一件為隠税偸収事／27 本県一件為憲究豪勢等事 継嗣／28 本県一件為屠継滅祀事／29 本県一件為誆課局殺事 債務／30 本県一件為憲究欺騙事／31 本県一件為勅剖救民事／32 本県一件為憲勦局拐事 婚嫁／33 本県一件為勢折異冤事／34 本県一件為活拆大冤事／35 本県一件為恩勅剖□事／36 本県一件為勢奪盟婚事／37 本県一件為轄拆大冤事／38 本県一件為勅剖□聚事／39 両道一件為激救女命事 姦淫／40 本県一件為律究姦拐事／41 本県一件為姦殺保辜事／42 本県一件為欺孤截殺事／43 分守道一件為蠹虎誆佔事 科詐／44 本県一件為詐抄激変事／45 本県一件為親究黒詐事／46 兵巡道一件為天討事 誣妄／47 本県一件為白捕劫殺事／48 本県一件為憲究異冤激天勦盗事／49 本県一件為憲究殺頼事／50 本県一件為抗課殺奪事／51 本県一件為憲究傷化事／52 本県一件為電雪奇冤等事／53 本県一件為殺叔滅倫事／54 本県一件為遵報事／55 本県一件為憲究佔搶事／56 兵巡道一件為違殺大変事 賭博／57 本県一件為局賭害農事。

[所蔵]：[人文研]・[東文研]・[北京大]・[国家図(北)]。

[版本]：[二〇〇五年北京中国社会科学出版社排印本／歴代判例判牘所収]。なお、当該排印本の底本は康熙 41 年(1702)重刊本であり、内容的にも異同が見られる。

[備考]：[張偉仁 76]・[滋賀秀三 84]・[P.E.Will 10]。

60 治開録 三巻 清朱鳳台撰 順治七年刊本

[撰者]：朱鳳台が順治 5 年(1648)から同 11 年(1654)まで浙江省の衢州府開化県知県として在任した時期のもの[1]。

[内容]：巻 3、審語に収録された判は全部で 60 件。標題は下記のとおり。

1 院批公挙不法事／2 道批群虎截劫事／3 道批地方事／4 前事／5 道批急究男命

[1] 光緒『衢州府志』巻 13、県官表 3、国朝、知県、参照。

事／6道批劫殺屠慘事／7道批救民慘冤事／8道批勦劫救民事／9廠批阻米截課事／10道批急冤親究事／11道批劫殺全家事／12廠提急究横詐事／13道批酷謀飛唓事／14道批賜勘甘斬事／15道批誣結罩冤事／16道批究填男命事／17道批鑿塚殺命事／18道批謀財滅命事／19道批勅保生命事／20道批仇燬親骸事／21府批法究抄詐事／22府批慘殺異冤事／23究呑夫命／24斬塚大冤／25騙財抗命／26劫殺異変／27謀命謀産／28親究男命／29急勦追騙／30親討富謀／31謀奪生妻／32強佔盗葬／33投生得死／34借命抄詐／35唆悍呑孤／36親究婢命／37律究劫殺／38抗役殺祖／39親究遺累／40逆父搬殺／41滅骨慘害／42勘討佔殺／43急究男命／44乞究弟命／45究唆勦騙／46望光電冤／47保辜夫命／48正継勦簒／49借兵嚇詐／50飛虎噬命／51妄指熨詐／52公挙親佔／53聚衆兜擄／54貪謀罩佔／55仮兵熨詐／56勘究慘究／57弊佔胎累／58欺佔盗葬／59究填夫命／60急勦慘冤。

[所蔵]：[法学所]。

[版本]：　——

[備考]：[法制局 57]。

61　東興紀略　不分巻　清呉肇栄撰　康熙二十二年刊本

[撰者]：呉肇栄が順治 10 年（1653）から同 16 年（1659）まで山東省の東昌府同知として在任した時期のもの①。

[内容]：「讞語」として 4 件の判を収録。標題は下記のとおり。

1為買命訛詐事／2為毆打抄殺劫奪事／3為凶徒刁悪等事／4為呈報地方事。

[所蔵]：[国家図（分）]。

[版本]：[二〇〇八年北京国家図書出版社用康熙二十二年刊本景印／明清法制史料輯刊第一編所収]。

[備考]：[三木聰 05]。

62　後李瓊日録　残一巻　清謝鐸撰　順治十二年序刊本

[撰者]：謝鐸が順治 13 年（1656）頃、広東省瓊州府推官として在任した時期のもの

① 嘉慶『東昌府志』巻 15、職官 1、国朝、同知、参照。

①。

［内容］：巻6に「審単」として21件、「看語」として1件を収録。標題は下記のとおり。

1一審単 申報賊情事奉批会捕庁審報 順治十三年正月二十六日／2一審単 生生打死滅屍事 二月初六日／3一審単 乞吊監命等事 二月初六日／4一審単 宄官飛殺事 二月十二日／5一審単 假兵誣盗抄家等事 二月十七日／6審単／7審単／8審単／9審単／10審単／11審単／12一審単 申報事 三月二十日／13審単／14審単／15一審単 厳催銭糧冊籍等事 三月二十八日／16審単／17審単／18審単／19審単／20審単／21一審単 急救飛冤陥命事 十月初十日。

1一看語 奉道批拠王新民呈為生死変出意外等事 十一月二十日。

［所蔵］：［法学所］。

［版本］： ——

［備考］： ——

63 湯子遺書 十巻 清湯斌撰 康熙四十二年序刊本

［撰者］：湯斌は順治13年（1656）-同16年（1659）の間に陝西省潼関道・江西省嶺北道として在任しており、その時期のもの。

［内容］：巻7、陝西潼関副憲公移に裁判関係の12件の批を、また巻8、江西嶺北参政公移にも同じく51件の批を収録。標題は下記のとおり。

巻7：1撫民庁為挙告逆子事／2華州詳呑業殺命事／3華州呈報打奪客人馬成貨物事／4華州詳捉獲盗賊事／5蒲城県懇討憲批弾圧以革積弊以懲刁頑事／6華州詳詭滅呑殺事／7詭滅呑殺事／8澄城一件防兵盤獲等事／9華陽県詳違憲覇水事／10朝邑県一件指官擾民事／11華州詳報地方事／12華陽詳西王等村争水一事。

巻8：1開報事／2弑叔異冤事／3殺死弟命事／4打死人命事／5活活打死人命事／6土覇魍魎郷民塗炭等事／7出巡事／8飛報郷兵奮勇等事／9堂上万里下情難達等事／10拿獲假冒大兵沿郷淫擄事／11申報逃兵等事／12迅報異乱事／13打死駅卒事／14活活踢死人命事／15申報防兵殺死印官僕命事／16移会査験偽首事／17活活打死人命事／18緝解賊総以靖地方事／19塘報檎渠斬逆事／20移会査験偽首事／21移会査験偽首事／22盗賊越獄事／23塘報檎渠斬逆事／24塘報檎渠斬逆

① 当該書、序、参照。

事／25 稟報事／26 衙蠹玩法事／27 久獄久冤四命哭超事／28 活殺八命事／29 塘報檎渠斬逆事／30 塘報檎渠斬逆事／31 移会査験偽首事／32 塘報檎渠斬逆事／33 移会査験偽首事／34 劫殺事／35 請旨発審事／36 塘報檎渠斬逆事／37 査明鋪兵身死縁由拠実報明事／38 盗賊劫船事／39 移解事／40 呈報人命事／41 開報事／42 活活打死男命事／43 緝解賊総以靖地方事／44 活殺八命事／45 咨請厳鞫事／46 稟報事／47 打死父命事／48 粤賊搶劫事／49 呈報盗賊劫船事／50 移解事／51 巨蠹蝗国劣衿抗官事。

[所蔵]：[国会]・[人文研]・[東文研]・[東洋]・[内閣]・[科学図] 等。

[版本]：[一九八三年台北台湾商務印書館用文淵閣本景印／四庫全書所収]・[湯斌集／范志亭范哲輯校／二〇〇三年鄭州中州古籍出版社排印本]。

[備考]：[張偉仁 76]。

64　新編評注于成龍判牘菁華　一巻　清于成龍撰　襟霞閣輯　秋痕廔評　民国間上海東亜書局鉛印本　新編評注清朝十大名吏判牘所収

[撰者]：于成龍が順治 18 年(1661)から康熙 6 年(1667)まで広西省の柳州府羅城県知県として在任した時期のもの①。

[内容]：判 20 件と批 13 件とを収録。標題は下記のとおり。

判：1 婚姻不遂之妙判／2 夫婦不協之妙判／3 重懲淫尼之妙判／4 欠債誣陥之妙判／5 両姓械鬥之妙判／6 代餙新郎之妙判／7 索詐行凶之妙判／8 糞汚衣服之妙判／9 争奪嗣産之妙判／10 争葬母柩之妙判／11 控媳忤逆之妙判／12 誘拐児童之妙判／13 聚賭牟利之妙判／14 以良作妾之妙判／15 土豪詐財之妙判／16 懲辦娼妓之妙判／17 購貨争執之妙判／18 争奪婦女之妙判／19 男扮女装之妙判／20 一女両嫁之妙判。

批：1 請求再醮之妙批／2 祝寿啓釁之妙批／3 調戯寡孀之妙批／4 控告悍媳之妙批／5 索債被毆之妙批／6 控婦凶悍之妙批／7 強奪耕牛之妙批／8 銭債糾葛之妙批／9 土豪纏訟之妙批／10 侵蝕公款之妙批／11 誣告強姦之妙批／12 呑没存款之妙批／13 胥吏作姦之妙批。

---

① 乾隆『柳州府志』巻 21、秩官、国朝、羅城県、知県、および同、巻 24、名宦、国朝、参照。

［所蔵］：［北京大］・［国家図(分)］。

［版本］：［二〇〇〇年台北老古文化事業用民国鉛印本景印／清代名吏判牘七種彙編所収］。

［備考］：［P.E.Will 10］。

65　理信存稿　不分巻　清黎士弘撰　康熙九年刊本

［撰者］：黎士弘が康熙元年(1662)から同6年(1667)まで江西省の広信府推官として在任した時期のもの①。

［内容］：審語、巻上に 51 件、同、巻中に 72 件、同、巻下に 52 件の併せて 175 件の判牘を収録。標題は下記のとおり。

巻上：[1] 按察使発審一件奉法拿盗事／[2] 按察使発審一件厳査籍没等事／[3] 巡撫部院発審一件巨蠹屠詐事／[4] 按察使発審一件特糾貪吏以粛計典事／[5] 按察使発審一件稟報事／[6] 按察使発審一件馬逓沈匿公文等事／[7] 総督部院発審一件隔属違禁騒害民逃等事／[8] 按察使発審一件監犯越獄事／[9] 按察使発審一件特糾貪吏以粛計典事／[10] 按察使発審一件塘報事／[11] 巡撫部院発審一件殺命捗洗事／[12] 按察使発審一件稟報事／[13] 按察使発審一件特糾貪吏等事／[14] 本府移審一件拷詐孤命事／[15] 按察使発審一件積寇乗機叛乱恭報出師等事／[16] 分守道発審一件惨冤占殺事／[17] 巡撫部院発審一件奇冤事／[18] 按察使発審一件勦叛安良事／[19] 按察使発審一件恭陳四欵等事／[20] 按察使発審一件擄搶良婦等事／[21] 按察使発審一件宣淫生割事／[22] 按察使発審一件厳提窩犯事／[23] 按察使発審一件申解擒獲江洋大盗事／[24] 総漕部院発審一件棄糧拐逃事／[25] 按察使発審一件塘報事／[26] 按察使発審一件投誠私逃復叛等事／[27] 按察使盤獲賊党事／[28] 分守道発審一件叛積年巨憨事／[29] 按察使発審一件金埋天命事／[30] 按察使発審一件投誠私逃復叛等事／[31] 按察使発審一件五虎下山事／[32] 按察使発審一件逆旨滅律等事／[33] 按察使発審一件劫殺事／[34] 分守道発審一件活活打死人命事／[35] 巡撫部院発審一件屯蝗惨詐蠹国殃民事／[36] 本庁准審一件法誅勢占事／[37] 分守道発審一件□□事／[38] 按察使発審一件冤命事／[39] 巡撫部院発審一件虎貢呑民事／[40] 按察使発審一件一計両害事／[41] 按察使発審一件蜂抄殺命事／[42] 按察使発審一件稟報拿獲逆賊事／[43] 分守道発審一件批

---

① 康熙『広信郡志』巻 8、職官志、名宦、国朝、参照。

県即死事／[44] 按察使発審一件大盗劫殺事／[45] 按察使発審一件活殺男命事／[46] 按察使発審一件打死人命事／[47] 按察使発審一件蠹役事／[48] 分守道発審一件漕水被留等事／[49] 按察使発審一件奏討蠹害事／[50] 総漕部院発審一件申厳盤査回空事／[51] 分守道発審一件烹財穽騙事。

巻中：[1] 巡撫部院発審一件違令抄嚼事／[2] 按察使発審一件持参不職等事／[3] 按察使発審一件逆犯家口事／[4] 按察使発審一件逆犯未獲等事／[5] 本府移審一件除収重混事／[6] 分守道発審一件慣賊殺命事／[7] 院司道発審一件五命事／[8] 按察使発審一件殺死人命事／[9] 憲司発審一件大盗江潭劫殺事／[10] 分守道発審一件劈誣殺命事／[11] 分守道発審一件叛詐事／[12] 分守道発審一件活殺弟命事／[13] 分守道発審一件海弊事／[14] 分守道発審一件簒奪盗献事／[15] 巡撫部院発審一件殺父劫妻極冤極惨事／[16] 督糧道発審一件指漕囮詐虒軍剥民事／[17] 分守道発審一件飛詐事／[18] 按察使発審一件衙役害民等事／[19] 本府移審一件活殺父命事／[20] 分守道発審一件財命事／[21] 分守道発審一件籲天親勦事／[22] 分守道発審一件軍乱□占事／[23] 分守道発審一件簒奪滅倫事／[24] 按察使発審一件悪蠹事／[25] 按察使発審一件窩隠逃人事／[26] 分守道発審一件活殺弟命事／[27] 按察使発審一件沈冤事／[28] 分守道発審一件姦佔活割事／[29] 本府移審一件金蔽冤命事／[30] 分守道発審一件侵占事／[31] 分守道発審一件強割事／[32] 分守道発審一件金蔽事／[33] 本府移審一件究扳仇害事／[34] 分守道発審一件法究姦拐事／[35] 本庁准審一件除害斬仇事／[36] 按察使発審一件衙蠹等事／[37] 按察使発審一件打死父命事／[38] 按察使発審一件蠹害等事／[39] 本府移審一件活殺人命事／[40] 分守道発審一件偸生匐奏事／[41] 兵巡道発審一件按逃截劫事／[42] 督糧道発審一件遵憲頒運以杜後累事／[43] 分守道発審一件推木弁死人命事／[44] 分守道発審一件預報呈嗚事／[45] 分守道発審一件強盗昼劫事／[46] 本府移審一件滅旨駆屯等事／[47] 分守道発審一件佔殺惨冤事／[48] 按察使発審一件申報営兵打死人命事／[49] 按察使発審一件武弁貪饕等事／[50] 按察使発審一件盗犯事／[51] 分守道発審一件活割事／[52] 分守道発審一件害詐事／[53] 按察使発審一件活殺父命事／[54] 本府移審一件劈枉勦詐事／[55] 総督部院発審一件勾兵詐劫事／[56] 分守道発審一件抄擄事／[57] 分守道発審一件金蔽人命事／[58] 督糧道発審一件追完料価事／[59] 按察使発審一件流徒犯妻事／[60] 按察使発審一件仮旗黒詐事／[61] 巡撫部院発審一件奪妹淵冤事／[62] 督糧道発審一件抵欠事／[63] 按察使発審一件沈冤事／[64] 按察使発審一件拿獲大盗事／[65] 分守道発審一件法誅謀佔事／[66] 本庁准審一件立拿頑戸以

杜仮冒事／67 本府移審一件兄命事／68 按察使発審一件洗骸殺命事／69 按察使発審一件呈解賊犯事／70 按察使発審一件殺父擄女事／71 按察使発審一件持参疎防文武等事／72 按察使発審一件拿獲江洋大盗事。

巻下：1 総督部院発審一件退耕回籍等事／2 総督部院発審一件活殺兄命事／3 総督部院発審一件発審事／4 本庁准審一件悖倫事／5 本府移審一件仇陥大冤事／6 按察使発審一件密拿巨盗事／7 巡撫部院発審一件衿抄刑殺事／8 按察使発審一件稟報事／9 院司道発審一件稟報事／10 按察使発審一件口供事／11 分守道発審一件籍没惨冤事／12 総督部院発審一件指盗詐囚事／13 按察使発審一件兵丁肆害等事／14 分守道発審一件急救傷命事／15 按察使発審一件大盗劫殺事／16 巡撫部院発審一件厳拿盗賊等事／17 分守道発審一件打死両命事／18 按察使発審一件密拿事／19 本府移審一件鏖詐事／20 分守道発審一件人命事／21 按察使発審一件扳擄事／22 按察使発審一件符盗詐良等事／23 分守道発審一件盆兗覆畳非天奐発事／24 分守道発審一件呈報事／25 総督部院発審一件行査事／26 分守道発審一件恩賞責成等事／27 総督部院発審一件淫劫惨乱事／28 分守道発審一件逐佔事／29 按察使発審一件糾参貪劣有司等事／30 按察使発審一件回空糧舡違旨帯貨事／31 按察使発審一件刎死奇冤等事／32 督糧道発審一件漕務緊急事／33 按察使発審一件合勦事／34 巡撫部院発審一件欺君蠹国事／35 分守道発審一件黒詐事／36 分守道発審一件再奏両冤事／37 本府移審一件救倒懸事／38 本府送審一件奇冤事／39 巡撫部院発審一件究填叔命事／40 分守道発審一件三奏指詐斃命事／41 分守道発審一件侄命事／42 按察使発審一件劫殺惨変事／43 按察使発審一件抄殺大冤事／44 総督部院発審一件劫戮三命事／45 本府送審一件三奏活殺急救兄命事／46 分守道発審一件丈糧違誤事／47 分守道発審一件拼詐事／48 巡撫部院発審一件蠹漕陥命事／49 分守道発審一件兵惨事／50 巡撫部院発審一件黒詐事／51 按察使発審一件逆犯家口事／52 分守道発審一件蠹詐急冤事。

［所蔵］：［法学所］。

［版本］：　——

［備考］：　——

66　望山堂讞語　残一巻坿望山堂志論　清張扶翼撰　清王猷輯　康熙五年序刊本

［撰者］：張扶翼が康熙元年(1662)から同9年(1670)まで湖南省の辰州府沅州黔陽県知県として在任した時期のもの①。

［内容］：巻1、讞語に、37件の判を収録。標題は下記のとおり。

1 朱文挙告兄命／2 駁審／3 匿名告焼戦船／4 梁肇華告謀財／5 王養謀告剥民／6 唐国瑛告拷奪大冤／7 楊信仁告抄殺／8 劉朝漢告強割田禾／9 李登試告逼女改嫁／10 向有祥告奪妻 有記／11 梁秉鏡告姦拐／12 黄生告逼嫁服婦／13 周可教告欺姦／14 楊再旺告奪産／15 林瀛洲告欺姦／16 宋大告劫殺 有記／17 発審劣生／18 駁審／19 熊士傑告奪拆／20 陳于王告呑孤／21 王家鼎告匿糧／22 楊応仲告盗砍墳木／23 沈啓先告劫殺／24 潘世禹告急救婦命／25 潘芳告擄妻／26 蒋義楚告計賺生妻 有記／27 単有国告占水源／28 欽寵定告盗売／29 唐之玉告挟聘／30 包攬駅夫／31 向永訓告酗酒／32 向阿勝告二命／33 営兵肆虐 有記／34 鄧一貴告駅官嚼民／35 向慶明告強甃／36 張族告殺命／37 黄仁懋告打死女命。

［所蔵］：［国家図(分)］。

［版本］：　——

［備考］：　——

67　廬陽治略　六巻　清孫黼撰　康熙七年刊本

［選者］：孫黼が康熙3年(1664)から康熙6年(1667)まで安徽の兵備道として在任していた時期のもの②。

［内容］：巻4に讞語111件、巻5に讞語107件、巻6に批駁176件を収録。標題は下記のとおり。

巻4、一集讞語：1 一件活占生妻事／2 一件搆兵抄搶事／3 一件姦拐事／4 一件叛殺驚天事／5 一件妻命事／6 一件活拆生妻事／7 一件誣窩事／8 一件仇不共天事／9 一件蠹侵事／10 一件大蠹慘詐事／11 一件截殺事／12 一件活拆事／13 一件搶殺

① 乾隆『沅州府志』巻29、職官5、国朝、黔陽県知県、参照。

② 雍正『廬江県志』巻6下、名宦、および光緒『嘉善県志』巻19、人物志、『廬陽治略』自序、参照。

事／14 一件姦擄事／15 一件姦情事／16 一件搆蠹惨詐事／17 一件殺騙事／18 一件強逼事／19 一件活殺三命事／20 一件報勦叛逆事／21 一件弓口不明事／22 一件人命事／23 一件誣詐事／24 一件蠹詐事／25 一件人命事／26 一件指命逼詐事／27 一件仮兵搆詐事／28 一件玩倫大変事／29 一件借屍誣命事／30 一件指官嚼詐事／31 一件悍僕叛主事／32 一件剥詐湯火事／33 一件勦豪究佔事／34 一件姦劫事／35 一件誣姦逼売事／36 一件夫命事／37 一件冤枉事／38 一件盗情事／39 一件拴搆蠹詐事／40 一件捉獲姦拐事／41 一件惨詐事／42 一件佔産事／43 一件瀆倫佔踞事／44 一件佔妻殺命事／45 一件搆盗劫殺事／46 一件佔産事／47 一件佔産事／48 一件蠹詐惨抄事／49 一件劫殺事／50 一件惨佔殺孤事／51 一件勒詐事／52 一件蠹横惨抄事／53 一件盗拐事／54 一件逼嫁事／55 一件拐売生妻事／56 一件搆捕飛詐事／57 一件姦殺事／58 一件搆兵顆詐事／59 一件搆陥事／60 一件抄擄湯火事／61 一件市井抄殺事／62 一件搆嚼飛殃事／63 一件逐寡殺孤事／64 一件惨冤黒天事／65 一件伸冤男命事／66 一件急救倒懸事／67 一件讐党黒冤事／68 一件擄詐惨冤事／69 一件哭伸侄命事／70 一件欺寡飛佔事／71 一件三殺奇冤重科畳詐事／72 一件勦蠹謀佔事／73 一件満門湯火事／74 一件冤極嚎憲事／75 一件剥詐殃民事／76 一件指鏇畳詐事／77 一件報差索詐事／78 一件哭究倒懸事／79 一件剥詐湯火畳報夥詐事／80 一件隳倫姦佔事／81 一件図財殺孤事／82 一件姦佔生妻事／83 一件姦拐事／84 一件斬蠹救命事／85 一件誣詐惨冤事／86 一件仮命冒詐事／87 一件串宦殺寡事／88 一件惨佔髪妻事／89 一件巨蠹攅殺事／90 一件隠糧殃民事／91 一件借命誣害事／92 一件惟此民害事／93 一件誣盗湯火事／94 一件誣盗抄殺事／95 一件勦佔誅叛事／96 一件姦佔生妻事／97 一件冤真虚斬事／98 一件侵祭殃懦事／99 一件惨冤号憲事／100 一件惨拆生妻事／101 一件惨詐殺父事／102 一件飛冤攅殺事／103 一件親提活命事／104 一件人鬼嚎冤事／105 一件呑謀殺命私征科詐／106 一件仗衿姦佔事／107 一件滅倫誣抄事／108 一件姦拐絶嗣事／109 一件惨殺弟命事／110 一件滅門湯火事／111 一件実奏虚斬事。

巻 5、一集讞語：1 一件平白飛冤事／2 一件虎蠹侵糧事／3 一件惨殺三冤事／4 一件匿名惨抄事／5 一件蠹殺異命事／6 一件湯火号憲事／7 一件黒夜劫妻劫財擄孀事／8 一件冤盗擒殺事／9 一件套娶串拐事／10 一件憲除民害等事／11 一件截姦窩覇事／12 一件叩勦劫殺事／13 一件古今奇冤事／14 一件人鬼嚎冤事／15 一件欺寡強姦事／16 一件匿名鏇害等事／17 一件哭伸女命勢佔生妻事／18 一件提審救命事／[19]一件極冤事／[20]一件仮死稍売事／[21]一件滅門惨殺等事／[22]一件匿名傾家等事／[23]一件群蠹嚼詐事／[24]一件俵賭違禁事／[25]一件急救湯火等事／[26]一件姦佔栽禍事／[27]一件佔殺奇冤事／[28]一件蠹佔生妻事／[29]一件大蠹擄劫事／[30]一件親勦民害等事／[31]一件藐天串鏇事／[32]一件滅門惨冤等事／[33]一件遺糧事／[34]一件湯火嚎救等事／[35]一件提究全婚事／[36]一件佔殺傷化事／[37]一件仮兵飛鏇事／[38]一件毆妻噬主事／[39]一件憲勦淫玩事／[40]一件仮満姦擄事／[41]一件剪盗安民事／[42]一件詐殺夫命事／[43]一件傷指殺命事／[44]一件親救急冤事／[45]一件窩拐串盗事／[46]一件抄詐満門事／[47]一件虎蠹窩劫事／[48]一件搆詐飛冤事／[49]一件剥衆肥嚢等事／[50]一件搆捕抄詐事／[51]一件白昼強姦事／[52]一件群蠹夥詐事／[53]一件三擄焚抄事／[54]一件惨佔惨逐事／[55]一件誣詐黒天事／[56]一件惨冤滅法事／[57]一件衿蠹殃民事／[58]一件姦謀活殺事／[59]一件電鉄鑒超谿等事／[60]一件詐鏇驚天事／[61]一件蠹弊遮天事／[62]一件衿蠹民殃事／[63]一件蠹詐殺命事／[64]一件親誅虚斬事／[65]一件虎禍羊当事／[66]一件古今惨変事／[67]一件衿蠹攢詐事／[68]一件究均安民事／[69]一件指命抄詐事／[70]一件湯火極冤事／[71]一件窩迯殺命事／[72]一件強姦嬬寡事／[73]一件姦擄人財事／[74]一件畳詐湯火事／[75]一件欺寡姦抄事／[76]一件姦佔隳倫事／[77]一件姦佔夥売事／[78]一件擄姦妻女事／[79]一件／[80]一件親提活命等事／[81]一件生死嚎冤事／[82]一件急救湯火事／[83]一件啚命姦佔事／[84]一件冤迫嚎憲事／[85]一件指命夥詐事／[86]一件焚劫殺命事／[87]一件指官惨詐事／[88]一件官民剥害事／[89]一件党抄殺弟事／[90]一件僕人亡僕等事／[91]一件謀姿搶佔事／[92]一件党陥屠孤事／[93]一件／[94]一件題勦蠹枉事／[95]一件飛誣捏害事／[96]一件賍獲律勦事／[97]一件無辜飛鏇事／[98]一件指差擄詐事／[99]一件両生殺憲等事／[100]一件拐殺惨変事／[101]一件凌寡強姦事／[102]一件侵糧科索事／[103]一件殺寡占媳事／[104]一件冤伸弟命等事／[105]一件冤上加冤事／[106]一件覇衿抄殺事／[107]一件哭伸妻命等事。

卷 6、一集批駁：[1]一件惨殺父命／[2]一件隠漏皇糧事／[3]一件捉獲大盗事／[4]一件捉獲大盗事／[5]一件行査事／[6]一件地方失盗事／[7]一件地方失盗事／[8]一件興販拒捕事／[9]一件査議事／[10]一件盗情事／[11]一件火下認的真盗事／[12]一件火下認的真盗事／[13]一件欽案事／[14]一件劣悪事／[15]一件訪蠹事／[16]一件欽件事／[17]一件誣盗獲盗等事／[18]一件奇異大変事／[19]一件奇異大変事／[20]一件奇異大変事／[21]一件奇異大変事／[22]一件奇異大変事／[23]一件再疏密報邪教等事／[24]一件官兵騙殺事／[25]一件再行厳禁命報等事／[26]一件呈報事／[27]一件呈報事／[28]一件呈報事／29 一件呈報事／30 一件冤盗抄詐事／31 一件倒懸等事／32 一件人命事／33 一件姦占生妻事／34 一件嚎憲哀矜等事／35 一件急救湯火事／36 一件案候事／37 一件復役事／38 一件人命関天事／39 一件打死夫命事／40 一件獲盗獲赃事／41 一件透領駅站銭糧等事／42 一件俯循旧例等事／43 一件哀控偏枯等事／44 一件丈量已定等事／45 一件矯旨殃民事／46 一件酌議設防等事／47 一件地方事／48 一件地方事／49 一件活奪生妻事／50 一件劫搶生妻事／51 一件電情豁役事／52 一件剿弊安民事／53 一件申報失盗事／54 一件鼓楼工用事／55 一件行査事／56 一件屯椒大盗入城等事／57 一件屯椒大盗入城等事／58 一件提審事／59 一件申厳保甲等事／60 一件申厳保甲等事／61 一件申厳保甲等事／62 一件忤旨抗匿等事／63 一件哭伸妻命事／64 一件搶奪事／65 一件地方鳴天事／66 一件打死夫命事／67 一件打死夫命事／68 一件打死夫命事／69 一件哭伸夫命事／70 一件哭伸夫命事／71 一件剿叛安良事／72 一件査報事／73 一件放火凶傷事／74 一件違旨横徴事／75 一件違旨横徴事／76 一件飛冤勢殺事／77 一件叛劫重犯事／78 一件節年銭糧不清等事／79 一件惨殺父命事／80 一件懇天詳憲等事／81 一件乱倫惨変事／82 一件哭伸兄命事／83 一件悪跡已露等事／84 一件剿蠹救民事／85 一件仮兵焚劫事／86 一件逃人事／87 一件銭糧追徴未完等事／88 一件惨殺弟命事／89 一件惨殺弟命事／90 一件拿獲逃人事／91 一件奇誣抄詐事／92 一件湯火急冤事／93 一件獲憲屠民事／94 一件分豁汎地事／95 一件分豁汎地事／96 一件償運糧儲事／97 一件刁軍嚼民事／98 一件奸殺男命事／99 一件覇禁候旨事／100 一件躡追斃賊事／101 一件躡追斃賊事／102 一件簡伸子命事／103 一件違憲剥民事／104 一件呈報隣封等事／105 一件詐殺父命事／106 一件急救飛冤事／107 一件懇定解船等事／108 一件包荒累民等事／109 一件抄劫惨変事／110 一件請檄申飭事／111 一件牒報丁艱等事／112 一件営兵掠命事／113 一件奇異大変事／114 一件奇異大変事／115 一件湯火嚎憲事／116 一件陳弊勅甦事／117 一件拿獲逃人事／118 一件扮兵擄抄事／119 一件簡伸子命事／120 一件父命事／121 一件抄殺妻命事／122 一件赃賊截殺事／123 一件剿蠹救民事／124 一件督撫地方事／125 一件蠹弊偸天事／126 一件違禁窩賭事／127 一件申厳海禁事／128 一件夥盗入城殺人有拠等事／129 一件呈報隣封等事／130 一件／131 一件陳弊勅甦事／132 一件坑殺全家事／133 一件刁殺劫命事／134 一件違禁窩賭事／135 一件勢宦抗糧事／136 一件真命事／137 一件／138 一件／139 一件／140 一件蝗国害民事／141 一件抄占生妻事／142 一件／143 一件逆僕叛主事／144 一件／145 一件／146 一件両生投

憲事／147 一件／148 一件／149 一件冤抄姦擄事／150 一件／151 一件強姦幼女事／152 一件／153 一件／154 一件叩憲究窩等事／155 一件呈報事／156 一件／157 又／158 一件／159 一件／160 一件／161 一件失盗事／162 一件／163 一件／164 一件／165 一件恭報漕糧等事／166 一件／167 一件／168 一件急冤慘変事／169 一件／170 一件打死侄命事／171 一件淫謀逼命事／172 一件呈報事／173 一件黒冤嚎憲事／174 一件急救民害事／175 一件／176 一件。

［所蔵］：［国会］。

［版本］：　——

［備考］：　——

68　聖湖澹寧集　存二巻　清何玉如撰　康熙十一年跋刊本

［撰者］：何玉如が康熙 3 年（1664）から同 10 年（1671）まで浙江省の杭州府銭塘県知県として在任した時期のもの①。

［内容］：巻 4 に「讞語」24 件を収録。標題は下記のとおり。

1 呈報投旗／2 捐俸贖身／3 懇天恩全／4 審詳因姦致死／5 審詳釈冤盗／6 審詳盗葬／7 審詳誘拐奴婢／8 審姦／9 審人命詳／10 審豁営債詳／11 審詳假命嚇詐／12 審里蠹／13 審詳威逼人命／14 審假人命／15 審詳誣命嚇詐／16 審詳假命焼詐／17 参看人命／18 審詳姦殺人命／19 審詳白昼搶奪／20 審詳奪婚／21 審詳誣奸／22 審詳假人命／23 審定葛張両姓禁葬讞語／24 審究冊弊。

［所蔵］：［傅斯年］。

［版本］：　——

［備考］：［三木聰 05］。

69　新輯仕学大乗　十二巻　清犀照堂主人輯　康熙五年刊本

［撰者］：未詳。

［内容］：個別の判牘を集成したもの。巻 2、批駁に 30 件、巻 8、讞語に 84 件を収録。後者の標題は下記のとおり。

1 毛賡南 達州刺史「慘逼殺命」／2 沈迪吉 太平二守「打死男命」／3 趙開雍 兗州司

① 康熙『銭塘県志』巻 9、官師、国朝、知県、参照。

李「比擬定招」／4李嗣京 南昌司李「奇冤惨殺」／5李嗣京「覆審前事」／6倪長玎 蘇州司理「戮主惨変」／7趙開雍 兗州司李「解審擅殺」／8趙開雍「断擬誤殺」／9趙開雍「断傷腿目」／10王士禎 揚州司李「打死母命」／11王士禎「案礫弑兄」／12劉時俊 呉江県令「謀弑図詐」／13劉時俊「覆審謀弑詐人」／14劉時俊「殴殺僕命」／15劉時俊「絞犯改徒」／16盛王賛 穀水県令「簡殮夫命」／17張一魁 淳安邑宰「活殺父命」／18張一魁「急究人命」／19張一魁「囲擒逼殺」／20張一魁 淳安県令「人命事」／21張能鱗 仁和県令「人命事」／22顔尭揆 邵陽邑宰「活殺男命」／23張一魁 淳安県令「滅倫惨殺妻命」／24李嗣京 南昌司李「清査冤獄」／25趙最 汀州司李「謀殺事」／26張一魁 淳安県令「惨屠纂奪」／27張一魁「急救冤獄」／28張一魁「惨殺人命」／29顔尭揆 邵陽邑宰「假兵鎖兄」／30李嗣京 南昌司李「発塚斲棺」／31陳開虞 江寧太守「搆盗焚刼」／32陳開虞 漳州二守「盗変獄供」／33毛賡南 杭州二守「地方大盗」／34趙開雍 兗州司李「覆勘大盗」／35王仕雲 泉州司李「覆定盗案」／36孫魯 衢州司李「覆勘操舟殺刼」／37侯良翰 厳州司李「悍兵殺人」／38顔堯揆 邵陽邑宰「惨殺夫命」／39陳開虞 漳州二守「捉獲真盗」／40黄国琦 沙県令尹「黒夜刼殺」／41李嗣京 南昌司李「擒獲強盗」／42翁応兆 揚州二守「獲解盗犯」／43蔡祖庚 太原太守「捉獲盗鞘」／44葉高標 歙県大尹「捉獲盗犯」／45劉珖 彰徳司李「窃盗」／46趙開雍 兗州司李「大盗反噬」／47張一魁 淳安県令「究盗負恩」／48劉時俊 呉江県令「白捕攛害」／49毛賡南 杭州二守「打死弟命」／50陳開虞 漳州二守「姦騙撤拐」／51趙開雍 兗州司李「違旨誣命」／52趙開雍「覇売拐逃」／53紀元 杭州司李「究結誘逃」／54嵇永福 厳州司李「姦殺定案」／55葉高標 歙県大尹「強姦殺命」／56劉時俊 呉江県令「姦拐服嫂」／57竹縁漪「僧尼通姦」／58顔堯揆 邵陽邑宰「逼姦寡媳」／59翁応兆 揚州二守「虚節奇冤」／60翁応兆「指餉烹竈」／61翁応兆「断全外子」／62翁応兆「刼擄人財」／63沈迪吉 太平二守「杖懲争継」／64蒋鳴玉 台州司李「泣究冤民」／65趙開雍 兗州司李「援赦超釈」／66趙開雍「断乱後争妻」／67孫魯 衢州司李「二女四壻」／68李清 寧波司李「忤殺事」／69王階 台州司李「妖僧惑衆」／70李清 寧波司李「憲典事」／71張一魁 淳安県令「欺君隠税」／72闞諱 盧江令尹「断験偽估」／73顔堯揆 邵陽邑宰「擄估事」／74蒋星煒 蕭山県令「捐俸完姻」／75張一魁 淳安県令「背盟不法」／76高登雲 嘉興県尹「硬配事」／77張能鱗 仁和県尹「法斬事」／78張一魁 淳安県令「虚情敢斬」／79張一魁「法勦大変」／80慕天顔 銭塘県令「讐抄事」／81徐開禧 寒山県令「凌慢斯文」／82徐開

禧 寒山大尹「抗糧盗餉」／[83]徐開禧「悪僧壊法」／[84]徐開禧「贋画欺騙」。

［所蔵］：［人文研］・［内閣］・［法学所］・［国家図(北)］。

［版本］：　——

［備考］：［P.E.Will 10］。

70　牧愛堂編　十二巻　清趙吉士撰　康熙十二年刊本

［撰者］：趙吉士が康熙 7 年(1668)から同 12 年(1673)まで山西省の太原府交城県知県として在任した時期のもの①。

［内容］：巻 5-8、詳文に多数の判を、また巻 11-12、参語に 61 件の判を収録。ここでは後者の標題のみを以下に提示する。

巻 11、参語、正名：[1]一件滅父殺兄事／[2]一件逆子殺母事／[3]一件毒蠹覇殺等事。

同、革蠹：[1]一件訪拿婪蠹事／[2]一件貪詐欺嚇事／[3]一件斬蠹安民事。

同、宗祀：[1]一件公挙継嗣事／[2]一件乞救女命事／[3]一件妬妾逐嫡事／[4]一件呑覇殺命事／[5]一件屍骨暴露不容入殮等事／[6]一件勢呑絶産等事／[7]一件乞天斧断帰宗等事／[8]一件覇妻覇子事／[9]一件逐覇妻女事。

同、婚姻：[1]一件遺糧累害事 □呈永寧□／[2]一件藐法重略事／[3]一件呑財覇妻事／[4]一件毒女奪妻謀殺孤命事／[5]一件謀陥夫命事。

同、姦情：[1]一件欺法和姦事／[2]一件挙呈文状事／[3]一件仇謀殺命事／[4]一件姦覇殺命事／[5]一件群奸謀害等事／[6]一件虎里姦殺事／[7]一件櫕謀嚇殺事／[8]一件永除汚玷以全士風事。

巻 12、参語、人命：[1]一件打死人命事／[2]一件縊死人命事／[3]一件打死女命事／[4]一件打死人命事／[5]一件乞究人命事／[6]一件賭殺人命事／[7]一件死屍不明等事／[8]一件讐害人命等事／[9]一件淬死人命等事／[10]一件架命嚇殺事／[11]一件苦死人命事。

同、闘殴：[1]一件窩賭打傷等事／[2]一件欺神滅衆事。

同、田宅：[1]一件佔産殺貧事／[2]一件独覇里地事／[3]一件乱甲殃民事／[4]一件盗砍山林事／[5]一件欺糧覇産事／[6]一件盗砍墳樹事／[7]一件劈空誣嚇事／[8]一件覇産

---

① 康熙(8)『交城県志』巻 5、官政攷、歴宦、知県、国朝、参照。

毀塚事／9 一件独呑殺弟事／10 一件乞准扶弱以復祖業事／11 一件捏契撥糧事／12 一件欺法滅教横覇神産事。

同、銭債：1 一件債磊呑覇等事／2 一件恃財揹閃等事／3 一件先当盗売等事／4 一件騙欺勢挟等事／5 一件執結文状等事。

同、偸窃：1 一件誣賊揣嚇事／2 一件挙火暗害獲贓明盗事／3 一件縦火残害事。

［所蔵］：［東文研］・［科学図］。

［版本］：　——

［備考］：［P.E.Will 10］。

71　四此堂稿　十巻　清魏際瑞撰　康熙十四年刊本

［撰者］：魏際瑞は康熙 7 年（1668）から同 11 年（1672）まで浙江巡撫の幕友として務めている。

［内容］：巻 7、批駁に 2 件を収録。標題は下記のとおり。

1 湖州同知詳衙蠹贓／2 臬詳開化県被殺招。

［所蔵］：［東文研］・［科学図］。

［版本］：　——

［備考］：［P.E.Will 10］。

72　福恵全書　三十二巻　清黄六鴻撰　康熙三十三年序刊本

［撰者］：黄六鴻は、康熙 9 年（1670）から同 11 年（1672）まで山東省の兗州府郯城県知県として、また康熙 14 年（1675）から同 17 年（1678）まで直隷の河間府景州東光県知県として在任している①。

［内容］：巻 12、刑名部、問擬に看語 4 件と審語 4 件とを収録。標題は下記のとおり。

1 擒獲大盗事／2 二命大冤事／3 群兇謀産打死姪命事／4 同前事／5 冤抵母命事／6 覇産極冤事／7 欺孤呑産事／8 覇産累糧事。

［所蔵］：［東文研］ 等。

---

① 前者については、康熙『兗州府志』巻 11、職官志、郯城県、知県、皇清、後者については、康熙『河間府志』巻 13、職官、東光県知県、国朝、および光緒『東光県志』巻 6、職官志、官師表、国朝、知県、参照。

[版本]：［福恵全書三十三巻坿索引／日本小畑行簡訓点／日本山根幸夫編著索引解題／一九七三年東京汲古書院用嘉永三年刊本景印／坿一九七三年東京汲古書院排印］・［一九九七年合肥黄山書舎用道光五年跋活字印本景印／官箴書集成所収］。

[備考]：［森田成満 93］・［P.E.Will 10］。

73　烹鮮紀略　不分巻　清崔鳴鷟撰　康熙十九年木活字本

[撰者]：崔鳴鷟が康熙 14 年（1675）に河南省の開封府儀封県知県として、同 16 年（1677）から同 20 年（1681）まで同じく河南府偃師県知県として在任した時期のもの①。

[内容]：本書は 2 冊本であり、判牘・告示・詳文・記・議など、46 件の文書が分類されることなく収録されているが、判牘は 18 件だと思われる。標題は下記のとおり。

1 冊目：[1]勦悪救民事／[2]駁審／[3]悪僕凌主事／[4]覇産事／[5]姦情事／[6]打死人命事／[7]逆母滅倫事／[8]祈天鑒察冤命事／[9]姦殺人命買良作賤事／[10]盗売人口事／[11]強呑弱業事／[12]占種地土事。

2 冊目：[1]強姦殺命事／[2]駁審／[3]掯財殺命事／[4]闘毆事／[5]遺糧累害事／[6]冒姓呑産事。

[所蔵]：［LC］。

[版本]：　——

[備考]：［山本英史 09］・［P.E.Will 10］。

74　新編評注陸稼書判牘菁華　一巻　清陸隴其撰　襟霞閣輯　秋痕廔評　民国間上海東亜書局鉛印本　新編評注清朝十大名吏判牘所収

[撰者]：陸隴其が康熙 14 年（1675）から同 16 年（1677）まで江南省の蘇州府嘉定県

① 民国『儀封県志』巻 35、官師志、同、巻 8、循吏伝、および乾隆『偃師県志』巻 10、職官志 14、国朝 13、参照。

知県として在任した時期のもの①。

［内容］：判 46 件と批 3 件とを収録。標題は下記のとおり。

判：1兄弟争産之妙判／2僕主交渉之妙判／3争立嗣子之妙判／4耕牛渉訟之妙判／5連理玉成之妙判／6誅伐木妖之妙判／7発塚開棺之妙判／8風流奇案之妙判／9強姦殺命之妙判／10誣控弟婦之妙判／11逐壻嫁女之妙判／12索債滋擾之妙判／13搶姦婦女之妙判／14訪拿地保之妙判／15名士偸書之妙判／16狎妓自尽之妙判／17被誣殺夫之妙判／18遇騙得妻之妙判／19拒夫請離之妙判／20解元偸香之妙判／21因犬毆打之妙判／22義賊殺人之妙判／23縦妻毆姑之妙判／24兄弟争産之妙判／25強劫新娘之妙判／26僭越儀仗之妙判／27洗白沈冤之妙判／28逼壻退婚之妙判／29搶親成婚之妙判／30殺叔自首之妙判／31寡婦搶米之妙判／32寵妾棄妻之妙判／33駆逐嗣子之妙判／34争奪墳墓之妙判／35図頼婚姻之妙判／36拐売小児之妙判／37誣控曖昧之妙判／38偽造借票之妙判／39駆逐贅壻之妙判／40囚犯剃髪之妙判／41湮滅古跡之妙判／42積欠貨款之妙判／43毀人名節之妙判／44郷董不法之妙判／45争執奩贈之妙判／46争立嗣子之妙判。

批：1僧徒帰宗之妙批／2請求守節之妙批／3請駆流民之妙批。

［所蔵］：［北京大］・［法学所］・［国家図（分）］。

［版本］：　――

［備考］：［P.E.Will 10］。

75　守禾日紀　六巻　清盧崇興撰　乾隆五年両浙撫署誠本堂校訂重刊本

［撰者］：盧崇興が康熙 15 年（1676）から同 17 年（1678）まで浙江省の嘉興府知府として在任した時期のもの②。

［内容］：巻 4-6、讞言類に、併せて 188 件の判牘を収録。標題は下記のとおり。

巻 4、讞語類：1一件活殺夫命事／2一件号憲先飭等事／3一件移屍陥詐事／4一件大盗劫掠事／5一件欺君蔑憲等事／6一件拐売孤姪等事／7一件報獲盗犯事／8一件憲斬勢悪事／9一件搆兵抄詐窩逃焼詐事／10一件典償男命事／11一件大

① 光緒『嘉定県志』巻 11、職官志上、県職、国朝、知県、参照。
② 康熙『嘉興府志』巻 14、官師上、嘉興府、知府、皇清、参照。

盗劫焚事／12 一件大盗搶殺事／13 一件失盗事／14 一件獲解事／15 一件假宦虐民事／16 一件鑲宦簒抄事／17 一件官蠧聯抄事／18 一件憲殛巨豪事／19 一件棍蠧違禁等事／20 一件蔑案強婚等事／21 一件官衿焼害事／22 一件陥搶屠良事／23 一件憲斬勢悪事／24 一件号斬不共事／25 一件紊冊私徴等事／26 一件呈報事／27 一件申報拏獲等事／28 一件滅倫弑佔事／29 一件縦殺顛誣等事／30 一件犯蠧違禁援例等事／31 一件漏税私典等事／32 一件叢蠧畳佔等事／33 一件盗劫事／34 一件逼嬸配奴事／35 一件巡兵白昼囲抄事／36 一件懇賜厳禁等事／37 一件検究真命事／38 一件焚殺三命事／39 一件冒兵活拆等事／40 一件偽制扛餉事／41 一件私刑虐民等事／42 一件蠧棍轟屠事／43 一件憲誅人獣事／44 一件官貪蠧害事／45 一件官蠧横詐事／46 一件報明事／47 一件夫命劇冤事／48 一件天大奇冤事／49 一件侵占官河等事／50 一件府蠧奪業等事／51 一件搆衿轟屠事／52 一件呑弑乱倫事／53 一件恃財悖倫事／54 一件奏銷康熙十二年銭糧事／55 一件積窩巨賭等事／56 一件衿蠧鑲屠事／57 一件私和人命叩憲親究事／58 一件塩捕扮兵事／59 一件冒戚鯨呑等事／60 一件憲斬豪叛事 61／一件借屍沿勦等事／62 一件親斬土豪事／63 一件地方公挙事／64 一件姦拐掠売事／65 一件不共冤深事／66 一件号天斬逆事／67 一件憲勦巨奸等事／68 一件発本通洋等事／69 一件豪佔劇冤事／70 一件三犯天条事／71 一件弑逆大変事／72 一件報明事／73 一件報明事／74 一件勢棍飛抄等事／75 一件滅旨欺君等事／76 一件白昼搶劫等事。

巻 5、讞語類：1 一件惨殺夫命事／2 一件陥叛屠良事／3 一件勢叛煆良事／4 一件訪拿衙蠧事／5 覆審王日陞等審語／6 一件倉蠧出巡等事／7 一件梟蠧飛焼事／8 一件黒夜殺劫等事／9 一件懇提法究事／10 一件律斬勢棍事／11 一件欽奉恩詔事／12 一件掘墎扛屠事／13 一件姦拐事／14 一件呈報捉獲等事／15 一件懇乞緝盗等事／16 一件訪拿衙蠧事／17 一件失盗情真等事／18 一件劫商懇緝事／19 一件憲討虐屠事／20 一件豪蠧弊胆包天等事／21 一件解役疎縦等事／22 一件倡乱屠民事／23 一件活殺夫命事／24 一件懇賜訊明申解事／25 一件地方事／26 一件殺夫不典等事／27 一件大盗劫掠事／28 一件失盗事／29 一件唆背拆変等事／30 一件扛弑反誣事／31 一件査参侵那銭糧事／32 一件積梟結党等事／33 一件溺死焚屍事／34 一件搆旗抄捉事／35 一件塘報事／36 一件懇乞緝盗追贓以全喫緊軍需事／37 一件弑母殺姪等事／38 一件解餉被盗等事／39 一件白昼搬搶等事／40 一件掘塚抛骨等事／41 一件棍蠧違禁等事／42 一件査解事／43 一件獣豪争姦等事／44 一件大辟復横事

／45 一件浙西第一貪汚等事／46 一件報明事／47 一件假弁擄女事／48 一件冒兵抄劫事／49 一件衿蠹鑲屠事／50 一件巨梟殺劫等事／51 一件典償女命事／52 一件活殺男命号憲典償事／53 一件盗本鯨呑事／54 一件亟殲大憝事／55 一件地方事／56 一件私刑虐民等事／57 一件命真供確等事／58 一件真命事／59 一件真命事／60 汪建業総案／61 李継山一款／62 王選一款／63 王復旦一款／64 呉柱一款／65 魯漢一款／66 潘曙一条／67 呉模呈控伐祠一条／68 倪橋一款／69 鄒彩一款／70 徐文一款／71 一件奸蠹侵帑拴搆害官号憲斬追清賦保全朽骨還郷事／72 一件銭糧宜帰画一等事。

巻 6、讞語類：1 一件報明地方事／2 一件劫商懇緝事／3 一件活殺兄命事／4 一件土官嚼民号憲斧磔事／5 一件憲悪呑抄事／6 一件違禁典販等事／7 一件金理真枉事／8 一件劫商懇緝事／9 一件欺君匿産等事／10 一件勢豪鑲釘事／11 一件違禁通叛等事／12 一件姦媳殺男事／13 一件憲討弑抄事／14 一件豪佔殺儒等事／15 一件滅倫屠抄事／16 一件佔媳殺男事／17 一件勢豪鉗官事／18 一件大蠹拑官事／19 一件勢豪呑寡事／20 一件違禁聚賭事／21 一件鑲謀鯨陥事／22 一件活殺男命事／23 一件盗情事／24 一件勢豪抄殺事／25 一件地方公挙事／26 一件光棍霹空横詐等事／27 一件光棍扛屠事／28 一件衙蠹横詐事／29 一件真命冤沈事／30 一件扛弑反誣事／31 一件蠹国病民事／32 一件憲勦叛萌事／33 一件懇天公餉等事／34 一件報明事／35 一件滅供漏剮事／36 一件報究積賊事／37 一件指憲屠良事／38 一件報明事／39 一件失盗事／40 一件地方事／41 一件失盗事／42 一件活殺男命事／43 一件活殺夫命事／44 一件豪劣抄屠事／45 一件報覆盗犯事／46 一件違禁汚虐事／47 一件梟盗肆横等事／48 一件搶奪人按律斬擬事／49 一件失盗事／50 一件究償夫命事／51 一件真命事／52 一件勢可箝官等事。

［所蔵］：［東洋］・［科学図］。

［版本］：［二〇〇五年北京中国社会科学出版社排印本／歴代判例判牘所収］。

［備考］：［滋賀秀三 84］・［P.E.Will 10］。

76　珠官初政録　三巻　清楊昶撰　康熙二十三年序刊本

［撰者］：楊昶が康熙 19 年（1680）から同 26 年（1687）まで広東省の廉州府合浦県知

県として在任した時期のもの①。

[内容]：巻 3、珠官讞書録に 45 件の判を収録。標題は下記のとおり。

1乞天厳拘斧断奸宄事／2究拐究窩事／3捉姦囲搶事／4猾賊夥盗耕牛及反架誣害事／5隠瞞税糧事／6懇恩超技以免苦累事／7勢悪借端酷跳等事／8飛糧貽累事／9再懇恩酌照文批助藉資観光事／10違断畳害事／11悪棍統党抄殺事／12土宄串営活殺父命事／13前事／14恃営跳酷陥殺全家号天急救事／15冒死号天垂憐苦情以甦偏累事／16叩天急救事／17架控捏害叩天電劈事／18串兵搶墟奪本陥殺民命事／19酌議月夫事／20懇恩軫念寒微割免幇匠以培士類事／21厳提逃甲裕国裕課事／22発審事／23滅弟謀婦籲天急救事／24藪賊肆擄惨害事／25労逸不均懇恩究役以免苦累事／26狡悪明知強賊殺男致骸暴露叩天親提以雪沈冤事／27串賊勢逐白占妻身事／28攔喪截葬没墓占葬事／29倚勢横奪難口懇恩査明押発回籍事／30奸悪累殺二命事／31発審事／32叩天准案以杜後患事／33悪孫忘恩等事／34一件／35一件／36窩拐□老無依等事／37防辦劫殺叩天親提急救事／38発補事／39借公行私等事／40一件詭謀串棍劫害事／41一件力役不均等事／42一件胆僕反主背逃事／43一件儻僕冤死事／44一件懇恩移関等事／45一件前事。

[所蔵]：［国家図（北）］。

[版本]：　——

[備考]：［山本英史 09］・［P.E.Will 10］。

77　雲陽政略　六巻　清宜思恭撰　康熙二十九年刊本

[撰者]：宜思恭が康熙 23 年（1684）から康熙 30 年（1691）まで湖南省の長沙府茶陵州知州として在任した時期のもの②。

[内容]：巻 2、招詳に 56 件、巻 3、讞語に 59 件の判を収録。標題は下記のとおり。

巻 2、招詳：1一件究填男命事／2一件欺君殺民事／3一件隠踞難女事／4一件歃血陰謀事／5一件豪蠹威騙事／6一件飛糧栽害事／7一件豪蠹謀佔事／8一件同室惨抄事／9一件謀殺姪命事／10一件打死弟命事／11前件検審／12一件劫餉殺差事／13一件略売良民事／14一件打傷姪命事／15一件指公勒索事／16一件挖骸盗

① 民国『龍游県志』巻 19、人物伝、清、楊袓、参照。
② 乾隆『長沙府志』巻 18、職官、茶陵知州、国朝、参照。

葬事／17 一件逼斃女命事／18 一件叛僕弑主事／19 前件劉雲吉案駁審／20 一件譚蘭卿命案／21 一件譚乃来命案／22 一件枯骸暴揚事／23 一件根究女命事／24 一件劈死男命事／25 一件死号生危事／26 前件三審／27 一件抄殺事／28 一件滅倫姦孀事／29 一件蠹割生枕事／30 一件急全割枕事／31 一件閫郡蒙恩半都梗化等事／32 一件勦棍究害事／33 一件私泒虐民事／34 一件裒族呑丁事／35 一件土官抄擄事／36 一件強占棲巣事／37 一件焚律異変事／38 一件騎祖侵骸事／39 一件屡占無休事／40 一件興兵屠佔事／41 前件覆審／42 一件黒天奇冤事／43 一件打死父命事／44 前件会審詳／45 一件立斃男命事／46 前件覆審詳／47 一件故殺子孫事／48 一件焚房滅律事／49 一件假冒生員事／50 一件群雄劫掠事／51 一件自願帰旗事／52 一件飛詭陥差事／53 前件駁審擬罪／54 一件謀財殺命事／55 前件覆審／56 前件三審判。

巻 3、讞語：1 一件打死父命事／2 一件嚼寡閃差事／3 一件稟報事／4 一件惨斃男命事／5 一件踢死兄命事／6 一件姦謀殺命事／7 一件惨死父命事／8 一件活活打死侄命事／9 一件姦殺事／10 一件法究搶劫事／11 一件不孝事／12 一件悖恩閃差事／13 一件謀財殺命事／14 一件賠累事／15 一件覇婚図占事／16 一件索幇嚇害事／17 一件設局強婚事／18 一件阻流絶蔭事／19 一件哭究母命情不戴天事／20 一件党棍假衿把持阻断等事／21 一件割枕事／22 一件毀盟割枕事／23 一件打死女命事／24 一件欺君閃差事／25 一件一業両価事／26 一件覇居呑占事／27 一件揚屍盗葬事／28 一件叛僕逆主私逃事／29 一件詭糧躱差事／30 一件盗葬滅祖事／31 一件斧糧帰宗事／32 一件学掲蠹役事／33 一件活活打死男命事／34 一件惨死男命事／35 一件焚律窩拐事／36 一件覇佔民房事／37 一件逼死夫命事／38 一件姦謀奪枕事／39 一件殺害人命事／40 一件婪勢抗賦等事／41 一件楊爾大命案／42 一件打死父命事／43 一件胡度日命案／44 一件羅秉彝案／45 一件段氏案／46 一件発塚案／47 一件侵糧案／48 一件跟究人命事／49 一件活活焼死事／50 一件謀財害命事／51 一件活殺母命事／52 一件蠹悪詭糧事／53 一件抄殺事／54 一件刁棍網害不討無法事／55 一件法究逃弁事／56 一件逞刁欺法等事／57 一件豪佔計滅事／58 一件打死人命事／59 一件人鬼啼冤事。

［所蔵］：［国家図（分）］・［科学図］。

［版本］：　——

［備考］：［P.E.Will 10］。

78　未信編二集　六巻　清施宏撰　潘杓燦輯　康熙二十七年序刊本

[撰者]：施宏が康熙 24 年（1685）から同 27 年（1688）まで浙江省の杭州府臨安県知県として在任した時期のもの①。

[内容]：巻 5-6、讞語部に 135 件の判を収録。標題は下記のとおり。

巻 5、讞語部上：1 婪謀盗葬事／2 盗砍墳蔭事／3 謀佔欺孀事／4 慣媒局陥事／5 号典男命事／6 殺審屠抄事／7 梟唆逆弑等事／8 地方不法等事／9 勢豪殞命事／10 掘塚盗葬事／11 負恩捲逃等事／12 乗酔行兇等事／13 号天電単事／14 群兇抄劫事／15 哀籲憲飭等事／16 伐蔭劇冤等事／17 弑祖無法事／18 梟棍強姦等事／19 指盗屠良事／20 鳴天訊究事／21 拴蠹戮命事／22 地方事／23 姦佔拆婚事／24 富豪侵佔事／25 密訂盗逃事／26 号天報究等事／27 逼売服嫂事／28 活殺人命事／29 白昼強姦事／30 棍聯逼売等事／31 棍蠹拴聯等事／32 蒂税陥糧等事／33 山抄価揹等事／34 号天追佔事／35 遵覆等事／36 地方事／37 光棍違法等事／38 匿名瞞天事／39 号典妻命事／40 獣行滅倫事／41 媒棍合計等事／42 報鳴事／43 起解逃人事／44 指税横科事／45 殺弟佔媳事／46 活殺男命事／47 勘斬盗抄事／48 梟棍屠良事／49 婪産斬祭事／50 逼売服孀等事／51 賄縦姦佔事／52 棍捕違禁等事／53 号天法斧等事／54 敗倫玷嫂無法無天事／55 局寡盗拚欺死屠生事／56 号典妻命事／57 報鳴事／58 婪産斬祭事／59 縊死人死事／60 欺寡屠抄事／61 報鳴事／62 過兵逞兇事／63 痛泣鳴情事／64 玩役不法等事／65 遊棍誘賭事／66 呈報事／67 姦佔髪妻事／68 恃刁兇殺等事／69 梟棍截劫等事／70 究追公用等事／71 挟讐殺命等事／72 報鳴関天事／73 逆恩賭博等事。

巻 6、讞語部下：1 玷媳屠倫等事／2 叩天法究事／3 豪謀肆佔等事／4 光棍刁負事／5 生死大冤事／6 仇棍劫殺事／7 恃強盗蔭兇殺等事／8 籲天恩准定継永培宗祧事／9 群梟兇殺等事／10 公挙不法事／11 地虎嚼民事／12 白昼強姦事／13 法救窮黎事／14 拐騙盗逃事／15 逆僕患病等事／16 姦佔殺命事／17 号典妻命事／18 佔官路毀義井等事／19 痛切鳴情事／20 搆棍朋詐事／21 身死不明等事／22 姪女慘殞等事／23 土豪殺命等事／24 大逆滅親事／25 虎棍欺孤等事／26 抗批不遵事／27 獣行強

---

① 康熙『杭州府志』巻 22、守令下、臨安県、国朝、知県、参照。但し、ここには在任期間が明記されていない。

姦事／28 痛泣鳴冤事／29 逆子自縊等事／30 淫棍強姦等事／31 懇天恩賜安厝等事／32 哭叩法究事／33 酗酒抄殺等事／34 構結亡命等事／35 急救母命事／36 婪謀佔葬等事／37 人命事／38 報鳴事／39 究盜保患事／40 搆営夥詐事／41 欺佔奏天等事／42 痛切呼冤等事／43 地棍盜欲等事／44 私当剥民等事／45 據実報明事／46 報明事／47 報鳴地方事／48 強姦捲擄事／49 姦妻兇殺事／50 陰謀陽抄等事／51 報鳴事／52 肆横強姦事／53 強横盜拚事／54 光棍強佔事／55 盜砍官樹事／56 覇水横毆事／57 斬絶寡命事／58 活殺妻命事／59 強姦殺孀事／60 急救夫命事／61 報鳴事／62 号究姪命事。

[所蔵]：［人文研］・［東文研］・［科学図］。

[版本]：　——

[備考]：［滋賀秀三 84］・［P.E.Will 10］。

79　求芻集　不分巻　清葉晟撰　康熙三十年刊本

[撰者]：葉晟が康熙 25 年（1686）から同 30 年（1691）まで陝西省の鳳翔府郿県知県として在任した時期のもの①。

[内容]：「讞語」として 26 件の判を収録。標題は下記のとおり。

1 謀呑房屋事／2 盜売庄業朋謀滅門事／3 欺覇産業事／4 覇業趕逐事／5 呑業欺弱事／6 土豪騙財不償仮捏姻事枉誣等事／7 盜売活婚事／8 略揀略売拆婚等事／9 因奸逆天拐孀事／10 奸棍作媒事／11 欺弱覇親事／12 欺昧婚姻事／13 翼虎白昼打奪事／14 覇業欺弱事／15 祈天急救母命事／16 撻死人命事／17 懇究人命事／18 乞究女命事／19 懇天電情事／20 乗喪盜馬事／21 通盜劫殺事／22 覇妻強子事／23 群謀打搶事／24 撇拐索詐事／25 因奸串通挑拐事／26 夤夜失盜事。

[所蔵]：［法学所］。

[版本]：［二〇〇五年北京中国社会科学出版社排印本／歴代判例判牘所収］。

[備考]：［P.E.Will 10］。

80　守寧行知録　二十八巻　清張星耀撰　康熙三十三年序刊本

[撰者]：張星耀が康熙 27 年（1688）から同 34 年（1695）まで浙江省の寧波府知府と

① 乾隆『鳳翔府志』巻 5 下、官師、職官、郿県、国朝、知県、参照。

して在任した時期のもの①。

[内容]：巻 9-20、讞語に併せて 198 件の判牘を収録。標題は下記のとおり。

巻 9、讞語：[1] 叩天急剪／[2] 叩憲移道／[3] 土棍造偽／[4] 漏田漏糧／[5] 賄族凌孤／[6] 光棍巇旨／[7] 沿海搶劫／[8] 究典男命／[9] 報明塩犯／[10] 劣衿作悪／[11] 厳査奸究／[12] 有劣無官／[13] 豪衿佔田／[14] 豪衿佔田／[15] 豪衿佔田／[16] 報明事／[17] 打死兄命／[18] 酷蠹科斂。

巻 10、讞語：[1] 棍宦官蠹／[2] 徴収屯租／[3] 棍蠹局謀／[4] 棍蠹局謀／[5] 発審事／[6] 叩典真命／[7] 違律簒継／[8] 遵批再陳／[9] 号憲始終／[10] 逆旨横徴／[11] 指官慰奪／[12] 偽監劣棍／[13] 蔑律藐官／[14] 号憲急斧／[15] 僧聯棍蠹／[16] 奇謀巧佔／[17] 豢盗縦盗／[18] 地棍鬻煆。

巻 11、讞語：[1] 党棍畳煆／[2] 投宦籍没／[3] 謀巣黒陥／[4] 勦盗追船／[5] 関蠹違旨／[6] 自捕活殺／[7] 神豪賄結／[8] 官蠹棍覇／[9] 活活打死／[10] 活活打死／[11] 仇不共載／[12] 逼孀滅節／[13] 公陳合所／[14] 叩憲電憐／[15] 指官枉詐／[16] 報鳴賊船／[17] 豪横劫価／[18] 豪横劫価／[19] 現在勢横／[20] 籲天詳憲／[21] 蠹棍鑲婪／[22] 報明事／[23] 術劫惨屠／[24] 懇察衛所。

巻 12、讞語：[1] 虚甘寸斬／[2] 棍蠹鏇謀／[3] 戳勢黒借／[4] 仇殺父命／[5] 覇棍藐憲／[6] 逆奴戳勢／[7] 簒継拍産／[8] 謀毀棲巣／[9] 革蠹復充／[10] 神棍神蠹／[11] 劣棍冒宦／[12] 劣棍冒宦／[13] 報明事／[14] 報明事／[15] 報明事／[16] 群蠹鑲嚼／[17] 嘱棍冒譜／[18] 滅祖弑叔／[19] 報鳴事。

巻 13、讞語：[1] 活殺父命／[2] 元凶極悪／[3] 棍劣鑲蠹／[4] 悖役屠姆／[5] 豪弁違律／[6] 蝗国殃民／[7] 叛案逞刁／[8] 現獲劫殺／[9] 簒継佔産／[10] 活活打死／[11] 屠火呑巣／[12] 放火劫殺／[13] 白捕誣烙／[14] 違断屡逼／[15] 叛旨呑赦／[16] 叛旨呑赦。

巻 14、讞語：[1] 誣盗陥民／[2] 報鳴大夥／[3] 報明大夥／[4] 豪横紳貪／[5] 豪横紳貪／[6] 豪横紳貪／[7] 蠹豪違旨／[8] 劫聘悔婚／[9] 群凶械劫／[10] 現獲大夥／[11] 抄煆事／[12] 稟報事／[13] 判法夥盗／[14] 遵憲停訟／[15] 遵憲停訟／[16] 呈報事／[17] 呈報事。

巻 15、讞語：[1] 白昼持刀／[2] 行知事／[3] 遵批泣陳／[4] 虎捕霹誣／[5] 詳報事／[6] 奸棍違旨／[7] 棍劣煆冒／[8] 勢劣叛官／[9] 稟報事／[10] 号憲究典／[11] 号憲結党／[12] 扭稟異変／[13] 発審事／[14] 遵批回覆／[15] 号憲斬漏／[16] 報明事／[17] 報明事／[18] 大逆屠寡。

---

① 雍正『寧波府志』巻 16、秩官下、国朝、知府、参照。

卷 16、讞語：[1] 報明事／[2] 利己害衆／[3] 利己害衆／[4] 訪革群好／[5] 劫殺男命／[6] 逼写休書／[7] 庠覇箝県／[8] 群蠹噉猳／[9] 群蠹噉猳／[10] 分守庫項／[11] 天朝版籍／[12] 完糧畳受／[13] 勢棍抄屠／[14] 積蠹藐法／[15] 憲天一刻。

卷 17、讞語：[1] 活活打死／[2] 活活打死／[3] 報明事／[4] 報明叩勦／[5] 報明叩勦／[6] 衿監把持／[7] 勢宦箝官／[8] 活殺父命／[9] 真真姦拐／[10] 殺死兵命／[11] 棍盗勢呑／[12] 鑲偽併呑／[13] 勢悪倚宦／[14] 慣賊屡窃／[15] 非刑酷焼／[16] 略女販甥。

卷 18、讞語：[1] 活活打死 審陳伯陽人命／[2] 紳衿交横 審烏光益拷掠衙役／[3] 宦蠹鑲衙 審徐継恵盗柴拒捕徐之度越訴誣告／[4] 庇窃飭究 審戎大悦誣告啓天窃盗／[5] 活活打死 周馮氏借命飾窃／[6] 群蠹酷猳陳殿郷借屍詐財／[7] 白昼搶殺 戎謝因宅価争殴／[8] 勢呑孤魄 馬楊夥伴争財／[9] 屠佔慘冤 陳士桂誣告屠墳／[10] 活殺男命 亶王闘殴互控／[11] 移明駭異 近龍鬧堂／[12] 土棍抗憲 行販争采誣控／[13] 活活打殺 毛鼎一殴殺堂侄／[14] 活活打殺。

卷 19、讞語：[1] 報明事／[2] 報明事／[3] 報明事／[4] 勢悪乱綱／[5] 勢悪乱綱／[6] 戦船被颶／[7] 戦船被颶／[8] 覇蠹制県／[9] 憲斬叛旨／[10] 劣監出入／[11] 活活打殺／[12] 活活打殺。

卷 20、讞語：[1] 厳緝賍盗／[2] 厳緝賍盗／[3] 姦妻拐逃／[4] 冤慘滅門／[5] 報明事／[6] 夥棍連殺／[7] 検典天命／[8] 申報事／[9] 陥女拆妻／[10] 遵法報明／[11] 獣劣蒸姆。

[所蔵]：［国家図（北）］。

[版本]：　——

[備考]：［P.E.Will 10］。

81　受祜堂集　十二卷　清張泰交撰　康熙四十五年刊本

[撰者]：張泰交は康熙 28 年（1689）から同 33 年（1694）まで雲南省の大理府太和県知県として、その後、康熙 41 年（1702）から同 45 年（1706）まで浙江巡撫として在任しているが、両時期のものである①。

[内容]：卷 2-3、為邑に 47 件の判を、卷 8、撫浙に 23 件の駁を収録。標題は下記のとおり。

卷 2、為邑 上：[1] 審覆道批昆明県王正当僕詳文／[2] 審覆府批王登榜争妻詞／

① 当該書、卷 1、自叙、および銭実甫編『清代職官年表』第 2 冊、中華書局、北京、1980 年、参照。

3 審覆道批張以仁争屋詞／4 審覆府批募役詞／5 審覆府批雲龍州竈戸控少工本詞／6 審覆府批王任賢控賠公木詞／7 審覆府批徐承禄争確詞／8 審覆府批閔氏首子詞／9 審覆府批王任伯債折詞／10 審覆府批潘卜生拐逃詞／11 審覆府批万有贖地詞／12 審覆蒙化府批通達失馬詞／13 審覆道批徐三春占房詞／14 審覆学道批李氏贅婿詞／15 審覆府批董博魁控姪詞。

巻 3、為邑 下：1 審趙必卿争贖園地／2 審楊向東強占地基／3 審馬氏論応軍差／4 審楊鼎阻撓釘棺／5 審畢興得犯夜／6 審楊学柱等互控水道／7 審楊運広債逼人命／8 審趙応先悖主／9 審馬姓売奴／10 審趙天禄強婚／11 審李天縦奪馬／12 審張応奎叔姪索契／13 審楊起昆姦拐／14 審楊亨控兄／15 審陳徳秀頂丁／16 審楊枝金等奪田／17 審趙国昌園地／18 審戴乗鳳争産／19 審段貴侵占墳地／20 審馬上相因姦被殺／21 審王若文刁詐／22 審李文龍争子／23 審張国琮控女／24 審李如会覇業／25 審趙甲先奪箱／26 審楊為霖索詐／27 審王国寧等争舗／28 審張易先重售／29 審楊極継嗣／30 審何蔚拆墻／31 審曹与賢逼勒致命／32 審楊輝正私売。

巻 8、撫浙 中： 1 駁楊又一致死祝君耀案／2 駁査張国宝殺死陳楷案／3 駁勘凌陳氏命案／4 駁勘印堂命案／5 駁勘趙浩潤命案／6 駁勘温州趙知府扣留兵餉案／7 駁勘蔡斌卿命案／8 駁勘盛観成命案／9 駁勘三空命案／10 駁勘顧雲程命案／12 駁勘楊振先命案／13 駁勘徐氏薬死親夫案／14 駁勘張恵生因姦殺妻案／15 駁勘徳福命案／16 駁勘祝氏命案／17 駁勘樊来順命案／18 駁勘竺成泉被盜案／19 駁勘王金氏命案／20 駁勘盜犯陳四等案／21 駁審厳天禄致死帰貴生案／22 駁朱慶等毆溺王文案／23 駁審劫盜呉三等案。

[所蔵]：[復旦大]・[国家図(北)]・[科学図]。

[版本]：[二〇〇〇年北京北京出版社用康熙四十七年序刊本景印／四庫禁燬書叢刊所収]。

[備考]： ——

82 海陽紀略 二巻 清廖騰煃撰 康熙三十一年序刊本

[撰者]：廖騰煃が康熙 28 年(1689)に江南省の徽州府休寧県知県として就任した時期のもの①。

① 康熙『休寧県志』巻 4、官師、職官表、国朝知県、および康熙『徽州府志』巻 4、秩官志中、

［内容］：巻下、審語に 18 件の判を収録。標題は下記のとおり。

1 孫發旺鎗死胡三元命案／2 張冬香告胡元老殺妻命案／3 陶喜搠死竊賊命案／4 江顕于呈報呉千身死命案／5 程虎等毆死程的命案／6 江春生稟打死弟命案／7 江桂生殺程氏命案／8 婺源県通詳俞龍等毆官殺役案／9 姚氏擯子争産案／10 李綵控張為錦佔葬墳山案／11 孫琈等控程兆純佔墳山案／12 程鳴皐控王伯寿悔婚案／13 汪氏審語／14 王龍告高郷若審語／15 監生俞所学告余象九等看語／16 孫君宜汪新控争墳山看語／17 勘審張綬張徳泓墳山看語／18 汪楊命案審語。

［所蔵］：［人文研］・［科学図］。

［版本］：　——

［備考］：　——

83　治祝公移　不分巻　清李渻仁撰　康熙三十七年序刊本

［撰者］：李渻仁が康熙 30 年（1691）から同 36 年（1697）まで山東省の済南府斉河県知県として在任した時期のもの①。

［内容］：「讞語」として 20 件の判を収録。標題は下記のとおり。

1 呑覇渡船／2 衙蠹婪贓／3 乞究殺妻／4 覆審人命／5 負義逃拐／6 劫奪婚姻／7 持刀殺命／8 瀝陳下情／9 拐帯婢女／10 出首匪類／11 逼姦離逐／12 公挙地棍／13 乞究媳命／14 急剪悪棍／15 稟報遊僧／16 梟壻殺命／17 暴兵搶監／18 逆子毆母／19 悪叔呑謀／20 窩賭盗牛。

［所蔵］：［法学所］。

［版本］：　——

［備考］：［三木聡 05］。

84　紙上経綸　六巻　清呉宏撰　康熙六十年序刊本

［撰者］：呉宏は康熙 30 年（1691）頃から同 55 年（1716）頃まで刑名幕友を務めている。

［内容］：巻 4、讞語に 28 件の判を収録。標題は下記のとおり。

県職官、休寧県、国朝知県、参照。

① 乾隆『斉河県志』巻 5、職官志、宦蹟、国朝、参照。

[1]弑父屠孤等事／[2]勦叛劈奸等事／[3]謀奪呑滅等事／[4]遵批再控事／[5]違略号法事／[6]宦焔屠民事／[7]夥拐窩匿事／[8]欺外難羈等事／[9]欺絶佔葬事／[10]強姦幼女事／[11]架命炮儒事／[12]酔跌落水等事／[13]違律壊紀等事／[14]叩追血本等事／[15]欺黷辱玷等事／[16]冒屍鏇詐事／[17]赤族号冤事／[18]滅法串詐事／[19]打死弟命事／[20]欺孤呑佔等事／[21]奸謀活拆事／[22]逼死女命事／[23]逼殺夫命事／[24]負義匿留等事／[25]喝僕打死叔命事／[26]悍兵毆民事／[27]謀奪逼嫂事／[28]藐法違断事。

[所蔵]：[東文研]。

[版本]：[郭成偉田濤点校／一九九九年北京中国政法大学出版社排印本／明清公牘秘本五種所収]。

[備考]：[滋賀秀三 84]・[P.E.Will 10]。

85　守邦近略　四集　清張官始撰　康熙三十三年刊本

[撰者]：張官始が康熙 31 年(1692)から同 33 年(1694)まで江西省の吉安府知府として在任した時期のもの①。

[内容]：1-4 集に 103 件の判を収録。標題は下記のとおり。

第 1 集：[1]望光哭冤事／[2]勢佔挖塚事／[3]梟飅理冤事／[4]結党阻砌事／[5]叢凶毆殺事／[6]打死叔命事／[7]稟報事／[8]謀殺服叔事／[9]統凶轟界事／[10]黒夜搶擄事。

第 2 集：[1]土豪打詐事／[2]劫殺佔洗事／[3]豪衿結党事／[4]権蠹嘱官事／[5]截擄生妻事／[6]違禁縦搶事／[7]閹宦豪衿事／[8]滅民絶宗事／[9]瞞糧呑賦事／[10]根究兄死事／[11]宦勢結逐事／[12]籲恩批撥事／[13]死命乞生事／[14]棼蠹鱗詐事／[15]蝗国嚼民事／[16]金霾活殺事／[17]積蠹活割事／[18]稟報事／[19]打死父命事／[20]群蠹横聳事／[21]抄竄真冤事／[22]抄家殺叔事／[23]豪蠹霾冤事／[24]献妻囮産事／[25]宦喇畳佔事／[26]恨諫毆父事／[27]打死父命事／[28]報明事／[29]密拿盗犯事／[30]申覆事／[31]発審事／[32]発審事／[33]発審事／[34]発審事／[35]発審事／[36]発審事／[37]発審事／[38]発審事／[39]発審事／[40]活殺男命事／[41]打死夫叔事／[42]稟報事／[43]殺死侄命事。

第 3 集：[1]報明地方事／[2]稟報事／[3]群棍打詐事／[4]姦拐大冤事／[5]仮領侵呑事／[6]仮領侵呑事／[7]酌議伝逓事／[8]直情稟明事／[9]五虎播悪事／[10]遵法稟明事／[11]活殺母命事／[12]劫殺男命事／[13]打死僕命事／[14]打死弟命事／[15]訪拿積悪事／

① 乾隆『吉安府志』巻 20、職官志、府職官表、参照。

16打死父命事／17直情稟報事／18逼寡抄家事／19違禁包攬事／20買漕応解事／21蠹役受贓事／22蠹役受贓事／23指命嚇詐事／24毆父逐弟事／25拆巣佔産事／26胆欺府県事／27略割投献事／28乞頒法究事。

第4集：1急救父命事／2招揺嚇詐事／3招揺嚇詐事／4吏弊血丁事／5架命抄孤事／6夤夜拆巣事／7訪蠹計騙事／8打死弟命事／9打死弟命事／10打死叔命事／11稟報事／12稟報事／13報明事／14打死夫命事／15宦棍圧良事／16冤軍枉陥事／17権蠹虐民事／18拐売築冤事／19閣宦蠖法事／20救死活生事／21欺天藐法事／22宦勢滅命事／23査取交盤事／24廉吏欠款事／25監斃無辜事／26虎軍扳民事／27違禁包攬事／28掘塚梟棺事／29条議清軍事／30豪監凶毆事／31詳明事／32諮詢利弊事／33発審事／34詳後補完事。

[所蔵]：[LC]。

[版本]：　——

[備考]：[山本英史 05]・[P.E.Will 10]。

86　武林臨民録　四巻首一巻　清李鐸撰　康熙三十四年杭州府刊本

[撰者]：李鐸が康熙31年(1692)に浙江省の杭州府知府として就任した時期のもの①。

[内容]：巻4、詳讞に99件の判を収録。標題は下記のとおり。

1審断郭聖明等争許村場草蕩案／2断釈章電軒姦売無拠案／3審朱焜冒封案／4審黄楊氏紮騙劉世洙案／5審釈陳徳昌命案／6断全洪元齢母子案／7審徐文瑞姦案／8審戴英衆訐案／9審断陸脉一備聘完姻案／10審断李石年騙詐案／11審断王殿英完姻案／12断全虞人咎完姻案／13断還朱祥原妻案／14審断王二九等奪継案／15審定林天成告関税案／16審断張金貴誣告案／17審断沈潜控陥逃案／18審釈董四等盗案／19審断孟汝嘉負欠逼命案／20審断貴慶甫夫妻完娶案／21審断張宗説私債案／22断結姚鄖氏争産案／23審釈厳有思主僕案／24審究張大甫等詐贓案／25審断董天恒墳山案／26請減王華老致死王承烈罪案／27査議漕米脚費案／28断豁夏魁之殺死姦夫案／29審断銭公光等命案／30詳江西撫院馬招来商案／31詳湖南撫院王招徠商案／32詳湖北撫院年招徠商案／33審釈市河米牙案／34条

① 康熙『杭州府志』巻20、守令上、国朝、杭州知府、参照。

陳浙省利弊六款案／[35]審积程良貴命案／[36]審积陳瑞拏姦殺妻案／[37]詳請漕米改鐲本年案／[38]詳緩徴抒民力案／[39]詳僧人会宗命案／[40]審断程学瀾假監案／[41]断全翁徐二姓互訐案／[42]詳免毎畝捐穀案／[43]詳明設法弭盗案／[44]詳請備給捐賑案／[45]審豁謝継生命案／[46]詳運丁備給口糧案／[47]詳製棉衣済民案／[48]詳豁都輸先等被誣搶犯案／[49]詳留漕支給兵米案／[50]再請題免毎畝捐穀案／[51]詳請通行崇祀朱勤愍公案／[52]詳請通行崇祀范忠貞公案／[53]詳革海寧南糧耗弊案／[54]審竺汝初盗売祖山案／[55]断全徐三復孤産案／[56]審詳姜五致死方起龍案／[57]審詳章成粋留養案／[58]審詳徐彩生殺死姦夫案／[59]審詳沈天御過失殺案／[60]審詳姚林生誣告案／[61]審詳董文升賭博案／[62]審詳姜李二氏争産案／[63]断全鄭一鳳父子完聚案／[64]断全秀姑択壻婚配案／[65]審断馬氏守貞撫孤案／[66]審断蔡子仁売良為婢案／[67]審断朱耀山呈控假命案／[68]審断弘慈誣告案／[69]審詳施文魁留養案／[70]審积永嘉県典史官役詐贓案／[71]議禁碗行当官案／[72]断合沈振麟郎継昌婚姻案／[73]審詳費開文誣盗墳木案／[74]審断熊鼎兄弟均分屋価案／[75]詳禁関役私税案／[76]審詳馬承甫放債拆売案／[77]審詳王呂氏誣姦案／[78]審断李茂卿贖身案／[79]審詳張六十誣告奪妻案／[80]審豁王阿瑞命案／[81]審詳胡俞氏嫂叔折産案／[82]条陳浙省利弊四款案／[83]審豁沈炳寰被誣人命案／[84]審詳蒋康侯自縊案／[85]審断虞雲吉誣捏婚姻案／[86]審断唐茂革誣告命案／[87]審究僧人光悟誣告案／[88]審断呉茂之威逼案／[89]審豁阿龍寿殺死姦夫案／[90]審詳王日容殴殺奴婢案／[91]詳革行舗当官白役夫匠案／[92]詳革木行当官案／[93]詳設忠粛公祠生案／[94]審詳僧人爾実誣告案／[95]詳請通行崇祀李文襄公案／[96]審詳禁革牙埠并濫取船隻案／[97]詳禁錫箔行分様分坊案／[98]断全周三四姑夫婦案／[99]審断陳蒼延婚姻案。

［所蔵］：［国家図(北)］。

［版本］：　――

［備考］：［古籍善本(子)96］。

87　臨汀考言　十八巻　清王廷掄撰　康熙三十八年序刊本

［撰者］：王廷掄が康熙34年(1695)から同41年(1702)まで福建省の汀州府知府として在任した時期のもの①。

① 乾隆『汀州府志』巻18、職官3、国朝、知府、等、参照。

［**内容**］: 巻 8-15、審讞に 93 件の判を、巻 18、批答に 22 件の批を収録。前者の標題は下記のとおり。

巻 8、審讞 : [1]寧化県民張篤等支解張好／[2]寧化県民羅遂等私立斗頭聚衆殺官／[3]寧化県民王発弑父図頼鄒敬建曁王寧都等殺死李応用曽万二命／[4]上杭県民婦呉氏等謀毒藍氏誤殺頼玉佩父子二命／[5]長汀県民符章玉図財謀殺項元郎／[6]武平県民藍時昌等謀殺小功叔生現図頼饒九弘／[7]清流県民黄元宗等謀殺羅秀生／[8]寧化県張煜故殺再従弟国任／[9] 武平県民脩徳生殴殺小功兄鳳生／[10] 寧化県民温賢殴殺緦麻叔平／[11] 永定県民郭恒九殴殺簡君偉。

巻 9、審讞 : [1]寧化県民曽尺殴殺王氏／[2]寧化県民曽二禾殴殺陳武／[3]帰化県民曽文右等殴殺王兆晨／[4]上杭県民黄紘老等殴殺黄秀甫／[5]清流県民呉山東殴殺黄茶生／[6]寧化県民伊爵殴死伊大眼解審中途病故／[7]寧化県民朱取盗砍柴山拒捕殺死曽士才／[8]寧化県民盧堅穏過失殺張賤／[9]上杭県民陳益生聚衆搶犯致丘馮養落水身死／[10] 長汀県民鄭子仁姦所殺妻王氏／[11] 武平県民丘開秀殺女告姦／[12] 武平県鐘律音殺媳図頼鐘龍光／[13] 上杭県民鄧公瑾威逼傅氏服毒身死／[14] 武平県孀婦曽氏被姑遣嫁呑金自尽。

巻 10、審讞 : [1]長汀県招解頼廷光等強盗得財殺傷人／[2]長汀県民韋初乾略売人口／[3]清流県民黄振陽等盗砍伍雲章山水／[4]清流県民羅建侯盗売陶以禕山場樹木／[5]帰化県民頼文茲等鼓衆囲衙挟官発穀／[6]寧化県民伊禾等鼓衆平倉。

巻 11、審讞 : [1]寧化県黜衿頼芳庇盗窩贓教唆詞訟／[2]永定県民何兆　誣良為盗／[3]上杭県民陳成章誣告黄錫我等誣賊拷詐／[4]帰化県民張徳先挟仇誣稟張居先搶犯傷差／[5]寧化県民兪永清誣告頼自生等搶散倉穀／[6]清流県典史張錫志受贓枉法／[7] 寧化県民伊奎詐欺取財／[8] 上杭県訟師丘婁上等贓罪／[9] 寧化県民呉正輔受賄請旌黜生伊志遠／[10] 上杭県王徳玉誆銀沈信。

巻 12、審讞 : [1] 永定県民廖友孟等誣告人命／[2]長汀県民徐貴寿誣告人命／[3]永定県民黄正中誣告人命解審中途病故／[4]武平県民廖可先誣告人命／[5]武平県民朱成文誣告人命逃脱案結／[6]武平県民舒辛生等藉命詐財／[7]上杭県民羅乙郎藉命妄告／[8]上杭県民李景先藉命妄告／[9]清流県民許清泰藉命妄告／[10]武平県民李献生誣首人命／[11] 武平県民陳象坤捏報人命希図詐財／[12] 上杭県民陳謙吉誣告曹盛玉被盗殺死。

巻 13、審讞 : [1]上杭県民張夢仁誣告搶奪詐贓／[2]清流県民羅時興誣告搶奪詐贓

／[3] 寧化県民雷万誣告官役詐贓／[4] 武平県民王翼人誣告詐贓／[5] 清流県民温繡潢誣告詐贓／[6]帰化県民夏応運等誣告夏彝詐贓／[7]武平県民鐘伯仁誣首林勝卿欺姦弟婦／[8]上杭県民李瑗指告姪女姦情詐財／[9]上杭県民鄧士栄揑造假契誣告饒上錫／[10] 永定県民盧　萃誣告縦兵抄掠／[11] 長汀県民楊惟通等貪賄誣告夫役苦累／[12] 上杭県民羅時栄誣告丘玉萃一案請息／[13] 武平県民劉岐生等誣告勒令代完贓銀／[14]武平県民藍叢山誣告藍純善侵佔嘗田／[15]長汀県民鄧万献抗祖誣告田主。

巻 14、審讞：[1]武平生員藍琳挺撞県官／[2]清流県劣衿曽之撰毆本管長官／[3]清流県生員劉上因毆辱駅丞／[4]武平県民謝常卿謝元卿兄弟争産闘毆／[5]長汀県民鄧志万侵佔陳玉錦墳地／[6]武平県民鐘明佔地背約／[7]永定県生員頼照経等擅徙集場私抽地税／[8] 長汀県民張君耀等隠佔兵房／[9] 清流県民伍細眼混佔黄于如木山／[10]長汀県民兪仕昭等誣告戴晋人飄佔墳山。

巻 15、審讞：[1]帰化県民葉応栄一女両許／[2] 上杭県民陳盛玉盜嫁黄茂仲妻范氏／[3]清流県民李惟粹央人代相誆聘頼我化之女為妻／[4]武平県民黄三孜瞞主盜嫁伊媳／[5] 永定県民呉振乾姦娶孀婦陳氏／[6] 武平県監生林趙璧雞姦江福九／[7] 永定県生員張文元抗糧／[8]上杭県生監陳上臨等公挙朱巡検違例受詞／[9]江西布客呉六合告黄天衢移喪奪租／[10] 長汀県民馬晋錫等揭借周本也棉花過期不楚／[11] 長汀県民曽慶予等那用銀両追出造完太平石橋／[12] 帰化県民羅可立等歃血告状／[13] 清流県民余卓生違例越訴／[14] 上杭県民張洄生倚舅欺甥／[15] 上杭県民林章甫私立斗頭

[所蔵]：［科学図］・［人文研］。

[版本]：［二〇〇〇年北京北京出版社用康熙三十八年序刊本景印／四庫未収書輯刊所収］。

[備考]：［三木聰 07］・［P.E.Will 10］。

88　肥郷政略　四巻　清范大士撰　康熙四十年刊本

[撰者]：范大士が康熙 38 年(1699)から同 40 年(1701)まで直隷の広平府肥郷県知県として在任した時期のもの①。

[内容]：巻 2、看語に 20 件の判を収録。標題は下記のとおり。

[1] 蠹快侮断事／[2] 悪子串棍盜売寡母事／[3] 群虎毆命事／[4] 誣儒為盜事／[5] 就鏡伸

① 雍正『肥郷県志』巻 2、帙官、皇清。同、巻 3、名宦、皇清、参照。

冤等事／6遵法回明事／7前事／8前事／9遵法呈明事／10遵法呈報事／11遵法回報事／12殴辱師長以及打死師祖事／13同謀害命事／14悪棍違断事／15乞究人命事／16遵法回報事／17前事／18乞究父命事／19前事／20兇悪図利逼死人命事。

［所蔵］:［国家図(北)］。

［版本］: ——

［備考］:［P.E.Will 10］。

89 宰邡集 十二巻 清孫廷璋撰 康熙四十二年序稿本

［撰者］: 孫廷璋が康熙38年(1699)から同44年(1705)まで四川省の成都府什邡県知県として在任した時期のもの①。

［内容］: 巻3、讞語には「計五十六共九十四葉」とあり、巻4、讞語には「計七十二共九十六葉」と見える。併せて128件の判を収録。巻3の標題のみを以下に提示する。

1急報事／2又／3又／4〈無題〉／5〈無題〉／6〈無題〉／7倚兵呑逐事／8刁悪指親事／9積棍刁拐事／10教唆陥命等事／11儇棍神奸事／12嫌貧易盟事／13違禁殃民事／14公陳覇佔事／15〈無題〉／16指婚奪財事 詳松茂道／17報伏事／18阻挿殃民事／19耊律鯨呑事／20豪蠹済悪事／21〈無題〉／22民隠難伸事／23刀拐姪媳等事／24豪棍横行事／25計套蠱騙等事／26佃戸握銀等事／27懇恩分撥田粮事／28強略鋤売事／29再懇天批等事詳松茂道／30土悪欺孤事／31夥奸匿嫂事／32欺死瞞生事／33既売反呑事／34嚼寡呑孤事／35群虎共謀事／36滅倫欺姦殺命事／37餌断陥命事／38豪悪勢横等事／39截塚殺命事／40報状事／41覇田抗賦事／42唆盗欺孤事／43〈無題〉／44叛律違禁焚巣事／45引有着落事／46〈無題〉／47籲天作主事／48市虎違禁事／49〈無題〉／50〈無題〉／51覇衿強占事／52人財両失事／53獣伯逼嫁事／54活奪基産事／55又／56〈無題〉。

［所蔵］:［南京図］。

［版本］: ——

［備考］:［古籍善本(史)91］。

① 雍正『四川通志』巻31、皇清職官、成都府、什邡県知県、参照。

90　容我軒雑稿　不分巻　清李良祚撰　清稿本

［撰者］：李良祚は康熙 39 年（1700）から同 43 年（1704）まで湖南省の衡州府衡山県知県として在任しており、その時期のものと思われる①。

［内容］：審語に 26 件の判を収録。標題は下記のとおり。

[1]頒恩追究事／[2]餌本瞎事／[3]奏填姪命事／[4]呈報事／[5]占搶殺命事／[6]違断踞耕等事／[7]逆恩纂占等事／[8]陰謀盗葬事／[9]滅倫凶殴等事／[10]孽子弑父等事／[11]鵲巣鳩居事／[12]呈報事／[13]養梟滅祖事／[14]踞庄騙賦事／[15]屠塋暗殺事／[16]黄金埋冤事／[17]平空盗葬事／[18]劈塚盗葬事／[19]図金拆離事／[20]毀墓盗葬事／[21]逃婢已経査出事／[22]男命懸系事／[23]奏主孤墳究伐全骸事／[24]朦完穏占等事／[25]控祖盗葬事／[26]叛婚活拆惨割男枕事。

［所蔵］：［復旦大］。

［版本］：　——

［備考］：［山本英史 09］。

91　他山集　三十六巻　清盛孔卓撰　清鈔本

［撰者］：盛孔卓は康熙 30 年代まで幕友を務めており、その時期のものである。

［内容］：巻 19-24、讞語に併せて 250 件の判を収録。標題は下記のとおり。

巻 19、讞語、盗案十七則：[1]人賍両獲事 都昌署稿／[2]大盗劫殺事 饒陽署稿／[3]鬆賊殺命事／[4]窩盗縦劫事／[5]大夥強劫事／[6]憲抜黒獄事 署揚州府篆稿／[7]殄窩除害事／[8]宝応城外盗劫事／[9]強賊夜劫事 河南河道署臬司稿／[10]大盗劫傷盗事／[11]黒夜打死窃賊事／[12]前事／[13]打死窃賊事／[14]夤殺打死賊人事／[15]窃盗殺傷等事／[16]前事／[17]賊店迷劫事 河南守道署稿／[18]挾讐誣良等事／[19]勢窩環倫等事。

同、闘殴八則：[1]抄家事 都昌署稿／[2]大逆殴導事／[3]唆殴滅倫事／[4]豪悪結党事 河南守道署稿／[5]誣盗劫財事／[6]蔑法違法事／[7]架棍勾匪等事。

巻 20、讞語、戸役十則：[1]通同欺隠事 都昌署稿／[2]移丁閃差事／[3]違禁事／[4]假公苛歛事／[5]欺隠大弊事 饒陽署稿／[6]衿虎畳累事 揚河庁署稿／[7]改冊移丁事／[8]冒領夫食等事／[9]一田両課事 署揚州府篆稿／[10]一地両官等事。

同、婚姻十五則：[1]忤欲殺命事 都昌署稿／[2]愛富惨教事／[3]蟲呑険騙事／[4]蠱唆

① 乾隆『衡州府志』巻 31、職官、および嘉慶『衡山県志』巻 35、職官、参照。

婪逼事／5 賺婚事／6 婪財呑騙事／7 婪財逼節事／8 前事／9 奸賺拆婚事／10 兵拆民妻事、金華署稿／11 違禁略販事／12 篡逐屠寡事／13 宦僕肆撞事 河南守道署稿／14 勢騙幼女事／15 父奪女節等事。

巻 21、讞語、田宅二十六則：1 嚼国剥民事 都昌署稿／2 人棺両占事／3 毆占事／4 占田坑価事／5 毀塚伐木事／6 勒覇荘基事 饒陽署稿／7 久占不清事／8 違禁滾利事／9 勢占坑貪事 揚州河庁署稿／10 田去糧存等事 署揚州府篆稿／11 白昼截槍事／12 侵占弊隠事／13 倚富坑貪事／14 勢占血冤事／15 軍棍宦僕等事／16 僧占孀居事／17 毀棺佔産事／18 私婚冒継事／19 屡断屡抗事／20 叩恩勅批等事 河南河道署稿／21 呑産誣姦等事／22 十控尭天事 河南守道署稿／23 官民大害事／24 奪産搶人等事／25 群虎架勢等事／26 土豪欺懦事／27 坑産累差等事／28 請褫劣行事 金華署稿／29 害国害民事 揚河庁署稿／30 冒国誣騙事 河南守道署稿。

同、倉庫二則：1 借状事 都署稿／2 違禁科収事 署揚州府篆稿。

巻 22、讞語、塩政十五則：1 讐唆抜害事 揚河庁署稿／2 窩囤私塩事／3 現藐船塩事／4 大夥拒捕事／5 捉獲塩犯事／6 搶犯殺差事 署揚州府篆稿／7 大夥興販事／8 賄脱真犯事／9 捉獲私塩事／10 大夥搶犯事／11 窩囤私塩事 山安河庁署東司塩務稿／12 欺国殃商等事 河南駅塩道署稿／13 六鬼噱冤事／14 捉獲人塩事／15 奸商悪棍等事。

同、郵政二則：1 馬夫違例等事 河南府道署稿／2 違禁復訛車輌等事。

巻 23、讞語、墳墓九則：1 挖塚忝侵事 都昌署稿／2 救倫事／3 伐塚事／4 盗葬煞驚事／5 盗塚伐樹事／6 越扦抗断事／7 前事／8 挖塚暴棺事／9 鑿煞事 金華署稿。

同、誣訴二十二則：1 借死抄竄事 都昌署稿／2 捏冤越陥事／3 滅倫奸殺事／4 抄殺事／5 漏悪逞鋒事／6 仗勢害良事 饒陽署稿／7 指夫勒詐事 揚河庁署稿／8 揩逃興販事 署揚州府篆稿／9 無影婪派等事／10 殃盗屠昆事 金華署稿／11 毀挖漕提事 河南府道署稿／12 違旨私派事 河南河道署臬稿／13 攉蠹撥官私派事／14 潑害無辜等事／15 刁拐人口事／16 捉生替死等事／17 急救子命事／18 前事／19 謀姦逼死事／20 朦官殃民事／21 叩恩復衿等事／22 鱷本坑異事。

巻 24、讞語、犯姦七則：1 強姦舅母事 都昌署稿／2 強姦有拠事／3 攔河擄劫事／4 公挙滅倫事／5 奸搶髪妻事 河南河道署臬稿／6 姦逼女命事 河南守道署稿／7 朋謀活拆等事。

同、犯贓三則：1 揩逃惇詐事 揚河庁署稿／2 冤民四控事／3 欺官嚼民等事 河南河道署臬稿。

同、雑犯十八則：[1]報明事 都昌署稿／[2]図謀侵界等事／[3]覇水絶命事／[4]姪死不明事／[5]指憲鵠詐事 揚河庁署稿／[6]寵妾殺妻事 署揚州府篆稿／[7]假憂冒結事／[8]前事／[9]黒夜焚殺事／[10]前事／[11]報明坊務事／[12]飛殃図詐事／[13]殺孤凌寡事 河南河道署臬稿／[14]違禁科斂事 河南河道署臬稿／[15]悪宦勢搶等事 河南守道署稿／[16]嫉孀図産事／[17]悪僕乱宗等事／[18]逐継坑寡等事／[19]欺抗搶劫等事。

同、河工七則：[1]奇貪惨剋事 揚河庁署稿／[2]包攬誤工等事／[3]焼毀白麻事／[4]革蠹恋充等事 山安河庁署稿／[5]悪蠹侵帑事／[6]悪棍譌詐等事 河南河道署稿／[7]蠹役河覇等事。

同、屯政一則：[1]万竈公鳴事 山安屯庁署稿。

[所蔵]：[上海図]。

[版本]：　——

[備考]：[古籍善本(史)91]。

92　同安紀略　二巻　清朱奇政撰　雍正十三年刊本

[撰者]：朱奇政が康熙51年(1712)から同52年(1713)まで福建省の泉州府同安県知県として在任した時期のもの①。

[内容]：巻首、詳文に8件、同、判語に22件、および同、批語に12件を収録。標題は下記のとおり。

詳文：[1]倚官噬民等事／[2]詳貢生李／[3]鬪謀故殺等事／[4]営威蠹弊等事／[5]真贓現獲控究拒捕事胡華告柯続等／[6]一件稟報事申詳周雲案件／[7]穢庠辱侮等事／[8]占殺不共等事／[9]泣究夫命等事魏氏告陳意等。

判語・批語：[1]大冤久沈等事／[2]道詞一件／[3]案盗賭棍等事／[4]強佔弄業等事／[5]清査蔡初被占産業縁由／[6]監生楊琮貢生楊以仁等互呈祖祠坐向縁由／[7]頑孫盗売贍業事／[8]忿告截殺等事／[9]強姦致死等事／[10]准水師中営移審一件戕祖不共生死相関事／[11]戕祖佔滅等事／[12]焚祖蠹扛等事／[13]欺寡横佔等事／[14]哭究祖骸事批深青駅詳／[15]張某稟／[16]天誅不孝事／[17]鬪兇仇盗等事／[18]抄殺逆変事／[19]約正王某稟／[20]簒奪硬売等事／[21]一件望蘇有如等事／[22]武挙陳某稟／[23]郷紳葉某等修

① 康熙『同安県志』巻5、官師志、名宦列伝、本朝、および乾隆『泉州府志』巻27、職官、文職6、国朝、同安県知県、参照。

志公呈批／24向化侮悟等事／25批葉聯暉稟／26批挙人葉某詞／27推収呈／28批蔡某稟詞／29絶誼抗法等事／30乞法衡平等事／31批宋某稟詞／32劉某稟／33批林某巻／34葉某稟。

[所蔵]：[法学所]。

[版本]：——

[備考]：[三木聰 05]。

93 封陵五日録 十巻 清賈楧撰 同治七年惟飲呉水別墅刊本 賈氏躬自厚斎叢書所収

[撰者]：賈楧が広西省思恩府署知府として在任した時期のものと思われるが、その年代は未詳。

[内容]：巻7、看讞に17件の「審看」と4件の「讞語」と、併せて21件を収録。標題は下記のとおり。

1欺官嚼民事讞／2飛粮抄辱事讞語／3狼兵越境等事審看／4叛賊焚劫等事審看／5盗挖主墳等事審看／6前事覆審看／7囲衙奪官等事審看／8前事覆審看／9掲報事審看／10前事覆審看／11打死嫂命事審看／12打死嫂命事覆審看／13乱禁無辜等事審看／14前事覆審看／15放火焼埠等事審看／16逼嫁主母等事審看／17妖巫毒官等事審看／18奸目醸禍等事審看／19挖墳佔葬等事讞語／20特掲護府等事覆審／21窩盗事讞語。

[版本] 所載の十二巻本には、巻7、看讞に次の3件が加えられている。

1横販交塩事詳／2活殺父命事詳／3流棍横行等事審看。

[所蔵]：[科学図]・[LC]。

[版本]：[封陵五日録十二巻／一九八七年台北文海出版社用石印本景印／近代中国史料叢刊三編所収]。

[備考]：[P.E.Will 10]。

94　趙恭毅公自治官書　二十四巻　清趙申喬撰　雍正二年懐策堂刊本

[**撰者**]：趙申喬が康熙 41 年（1702）から同 49 年（1710）まで湖南省の偏沅巡撫として在任した時期のもの①。

[**内容**]：巻 16-19、讞断に批 93 件を収録。標題は下記のとおり。

巻 16、讞断、吏政類：1 批張文煒控醴陵楊令貪婪一案／2 批醴陵県楊令署篆湘潭恐嚇婪贓劣款一案。

同、戸政類：3 批綏寧県違禁派斂一案／4 批衡陽署令詳剔弊已見成効事一案／5 批永郡襍派一案／6 批李玉梅私設里長攔阻完餉一案／7 批嘉禾県詳革除里長等弊由／8 批衡山県詳廃甲編区由／9 批交代請定章程由／10 批旗丁張王廖控操軍黄狗児等一案由／11 批採買漕米時価難照給軍行月米折由／12 批私塩出入要隘応増巡守事宜由／13 批劉玳瑞控青帝申一案由／14 批銅鼓衛備詳屯田典当由／15 批陽周氏告揚針廃田一案／16 批郭姓因与何氏墳山搆訟遂立碑永不育女一案／17 批蕭栄仕誣告篡継占産一案／18 批李国柄告賀国聖乱宗一案／19 批王斐成告僕正保冒宗占産一案／20 批謝賢忠将女再許羅相卿一案／21 批鄧士云妄冒争婚一案／22 批馮璡将撫女妄為婚一案／23 批李世元両姨有服兄妹不得冒為婚一案／24 批李如寧同姓為婚一案／25 批熊尽児乞養子頼婚一案／26 批李三仔強搶為婚一案／27 批易盛喜指腹為婚一案／28 批李朝玉居喪嫁娶一案／29 批劉光昇欺庶呑産一案。

巻 17、讞断、刑政類：1 批伍文卿殴傷丁子文投水自尽一案／2 批鐘奇索租致毛鼎服毒自尽一案／3 批楊玉假捕捜逼彭栄先服毒身死一案／4 批周若明父子同縊身死一案／5 批桂道生激逼朱開生縊死一案／6 批胡思忠誣抜朱永光受刑投井身死一案／7 批羅氏殴傷姪媳縊死一案／8 批黄用先打死伊子図頼彭子位一案／9 批陸啓玉打死伊女菊桂誣告向氏一案／10 批呉氏溺死伊子潘夢児一案／11 批楊仕進踢死有罪瘋僕楊丑保一案／12 批向如模之妻劉氏致死婢女蓬妹一案／13 鄧永鑑酔後殴妻胡氏身死反告因姦殺死一案／14 批鄧明徳打死妻唐氏捏称有姦自縊一案／15 批李開第殺死姦夫姦婦一案／16 批李公伯強行鶏姦被賀開周殺死一案／17 批封儀生姦所殴死封惟緯一案／18 批陳一舜将姦夫姚伯瑞擅殺棄屍一案／19 批胡庭洞行姦未成万氏含羞縊死一案／20 批舒聖生於姦所殺妻張氏一案／21 批黎景連捉獲姦夫

① 銭実甫編、前掲『清代職官年表』第 2 冊、参照。

譚歩先姦婦易氏自縊一案／[22] 批劉李氏夤夜入呉貴垣内刺死移屍一案／[23] 批捕役劉永禄打死拒捕私販一案／[24] 批唐爾調等附和溺死匪姪陳科保等一案／[25] 批朱聖宷聴従父命溺死親兄朱聖僎一案／[26] 批何奇生打死窃賊李常生沈屍一案。

巻 18、讞断、刑政類：[1] 批鐘某冒認屍親誣告謀命一案／[2] 批熊中正誣指絞死妹命一案／[3] 批劉美玉誣告張徳美謀死男命一案／[4] 批陳恒生等誣告樊顕益打死熊孟章一案／[5] 批謝三玟将殤幼子図頼搶奪一案／[6] 批陳寿庭誣告楊儒卿打死姪女一案／[7] 批曹孔上誣告万徳生因姦致死曹又雲一案／[8] 批単千一誣告打死妹命一案／[9] 批楊阿寶誣告張友朱因姦謀死一案／[10] 批陳映山誣告頼美章打死陳公奇一案／[11] 批羅魁元誣告李木林打死羅友元一案／[12] 批張紹卿誣告傅享葵劈死幼女一案／[13] 批陳克長陳克明三媳同溺身死屍父告身死不明一案／[14] 批張伯登等互殴倶死一案／[15] 批鐘子儒等各救弟姪両倶傷人一案／[16] 批周天孔打死族叔其子恃衿圧和一案／[17] 批范尊一打死何君明賄和一案／[18] 批王国旦殴死劉霖先私和一案／[19] 批伍道生殴死無服兄私和一案／[20] 批胡先卿等黒夜防苗鎗斃五命一案／[21] 批小姑戯弄鳥鎗傷死兄妻彭氏一案／[22] 批謝虎保酔撞棹圧継父程義二身死一案／[23] 批劉永祚抛石打梨誤傷劉子文身死一案／[24] 批李式夫掌推陳禹祥跌傷身死一案／[25] 批僧性明被曹明正追趕跌河溺斃一案／[26] 批毛之瑩気忿身死一案／[27] 批助殴王利臣死准抵張有衡命一案／[28] 批劉子雲看戯被身死一案／[29] 批蘇子正酒酔打傷傅旭葵辜限内身死一案／[30] 批高進臣打傷楊之東辜限外身死一案／[31] 批寧五車撃傷寧玉春辜限外身死一案。

巻 19、讞断、刑政類：[1] 批賀清蘭誣告典史庇捕蔽冤一案／[2] 批涂昌来誣控枉濫一案／[3] 批熊甲熊乙兄弟互控一案／[4] 批周章生假契誣告趙国譲為僕一案／[5] 批楊奇英家僕之継子姦拐反誣抄拷一案／[6] 批藍栄接誣告挖揚一案／[7] 批廖恒二告呉従晋軽事得実重事招虚一案／[8] 批戴汝鼒黒夜被捉誣告盗劫一案／[9] 批趙洪詐冒院差家人一案／[10] 批朱兆禄等誣盗詐贓抄搶一案／[11] 批李栄耀教唆李栄儀誣告一案／[12] 批高長源等誘買良人為賤一案／[13] 批蒋云卿誘拐他人奴婢為妻一案／[14] 批袁顕顕明略売何氏一案／[15] 批羅于野父子朋謀売妻揑告一案／[16] 批条議弭盗一案。

[所蔵]：［人文研］・［東文研］・［科学図］。

[版本]：［趙恭毅公自治官書類集／一九九五年上海上海古籍出版社用雍正七年序刊本景印／続修四庫全書所収］。

[備考]：［P.E.Will 10］。

95　天台治略　十巻　清戴兆佳撰　康熙六十年序刊本

[撰者]：戴兆佳が康熙 58 年(1719)から同 60(1721)まで浙江省の台州府天台県知県として在任した時期のもの①。

[内容]：巻 3、讞語に判 58 件を、巻 10、呈批に批 66 件を収録。ここでは前者の標題のみを以下に提示する。

巻 3、讞語：1 一件騙拐売良等事／2 一件佔逐滅祀事／3 一件掘塚毀坊等事／4 一件佃売主田等事／5 一件異姓乱宗等事／6 一件棍劣串呑事／7 一件勢佔民業事／8 一件律謀律佔等事／9 一件佃佔主業等事／10 一件背父滅拠等事／11 一件掘塚佔塟事／12 一件価業両空事／13 一件背拠佔掠等事／14 一件価倍糧賠等事／15 一件夥棍強掠事／16 一件業佔糧賠事／17 一件傲弟踞佔等事／18 一件控佔無討等事／19 一件勢佔民田事／20 一件覔佔陥糧事／21 一件負噬呑佔等事／22 一件強掠民食事／23 一件僧棍狡佔等事／24 一件叛佔血業等事／25 一件為欺滅四至等事／26 一件欺佔奪食事／27 一件白佔祠産等事／28 一件冊号有拠等事／29 一件恩全血食等事／30 一件横被焼詐事／31 一件倚蠧謀佔等事／32 一件稟報地方事／33 一件契外佔呑事／34 一件田佔糧賠等事／35 一件夥棍強掠等事／36 一件業呑糧陥等事／37 一件夥棍扛佔等事／38 一件衿棍扛制等事／39 一件悪掯屠寡等事／40 一件卑幼盗葬事／41 一件謀佔加添等事／42 一件淫棍汚寡事／43 一件婪秀図佔等事／44 一件富劣強佔等事／45 一件悍兵兇殺事／46 一件売良為賤等事 臨海／47 一件駁回湯渓钃冊関／48 一件飭遵事／49 一件厳飭巡査以靖地方事／50 一件逆祖坑叔等事／51 一件勢豪横佔事／52 一件生死惨冤事／53 一件活拆強佔事／54 一件電矜察究事／55 一件欺寡呑孤等事／56 一件叩鳴事／57 一件倚衿謀佔事／58 一件駕税捺糧等事。

[所蔵]：[国会]・[東文研]・[東洋]・[科学図]・[南京図]。

[版本]：[一九七〇年台北成文出版社用康熙六十年刊本景印／中国方志叢書所収]・[一九九七年合肥黄山書舎用道光五年跋活字印本景印／官箴書集成所収]。

[備考]：[張偉仁 76]・[滋賀秀三 84]・[小口彦太 88]・[喜多美佳 04]・[喜多三佳 05a]・[喜多三佳 05b]・[P.E.Will 10]。

---

① 康熙『台州府志』巻 6、職官 2、皇清文職題名、天台県、知県、参照。

96 覆甕集　銭穀二巻刑名十巻餘集一巻　清張我観撰　雍正四年刊本

[撰者]：張我観が康熙 59 年(1720)から雍正 4 年(1726)まで浙江省の紹興府会稽県知県として在任した時期のもの①。なお我観は雍正 3-4 年(1725-26)の間、同府山陰県署知県を務めている。

[内容]：刑名、巻 2-8 に 73 件の、餘集に 20 件の判等を収録。標題は下記のとおり。

刑名、巻 2、命案：1 報明事康熙五十九年三月分／2 公除姦悪等事康熙五十九年三月分／3 仇殺孕妻事康熙六十年三月分／4 前事／5 惨殺母命事康熙六十一年正月分／6 験典女命事康熙六十一年四月分／7 活殺男命事雍正元年三月分／8 験典兄命事雍正三年三月分／9 前事／10 威逼殺命事雍正三年五月分。

同、巻 3、盗案：1 賊悪潑窃等事／2 前事／3 前事／4 大盗劫殺等事。

同、巻 4、戸婚：1 憲役佔寡事／2 匿喪滅倫等事 康熙六十年五月分／3 唆残同気等事 雍正元年十二月分／4 奸佔謀陥等事 詳看 雍正元年十二月分／5 前事 詳看／6 統衆劫女事 詳看 雍正二年三月分 山陰県／7 蠹箝県枉事 詳看 雍正三年六月分／8 前事／9 故犯不悛等事 審讞 康熙六十一年三月分／10 恃兇簒佔等事 審讞 雍正二年三月分／11 公鳴不平等事 審讞 雍正二年四月分／12 調処難挽等事審讞 雍正三年四月分／13 傭人簒継等事 審讞 雍正三年四月分／14 滅祖弑伯事 審讞 雍正三年八月分／15 艶妻活奪等事 審讞 雍正二年三月分／16 冤不待刻事 審讞 雍正二年四月分／17 媒棍騙害等事 審讞 雍正二年八月分／18 活拆聘媳等事 審讞 雍正二年九月分／19 号粛倫法事 雍正三年十二月分。

巻 5、田土：1 廃経界佔等事 詳看 康熙五十九年十一月分／2 叩復官街等事 詳看 康熙六十年閏六月分／3 叩復官街等事／4 遵批稟県等事 詳看 康熙六十年閏六月分 山陰県／5 憲救惨冤事 詳看 康熙六十年八月分／6 前事／7 前事／8 串蠹鑲衙等事 詳看 康熙六十年十月分／9 情実冤深等事 詳看 康熙六十一年九月分／10 前事／11 盗掘祖塚等事 詳看 雍正元年六月分／12 叛制横奪事 詳看 雍正元年十月分 山陰県／13 極叩憲恩等事 詳看／14 玷賢欺憲等事 詳看 雍正三年二月分／15 飭行事 詳看 雍正三年九月分／16 前事／17 前事／18 朋佔官産等事 詳看 康熙六十年二月分 山陰県／19 祖屋捐贖等事審讞 康熙六十一年四月分／20 富豪盗秀事 審讞 雍正二年十一月分／21 威逼斃命等事 審讞 雍正三年五月分／22 勘詳漏課等事

① 乾隆『紹興府志』巻 27、職官 3、県官、国朝、会稽県知県では、張我観は雍正 5 年(1727)-同 8 年(1730)の在任となっている。

審讞 雍正三年十月分。

同、巻6、贓私：[1]請定承追等事 康熙六十年分／[2]欽奉上諭事 康熙六十一年分／[3]欽奉上諭事／[4]厳査撥協等事 康熙六十一年分／[5]前事／[6]前事／[7]掲報虧空事 雍正二年分／[8]前事／[9]提解耗羨事 雍正二年分／[10]察議事 雍正三年分／[11]詳明京餉掛兌等事 雍正三年分。

同、巻 7、庶務：[1] 訪拿悪棍等事 康熙五十九年五月分／[2] 稟明事 康熙五十九年八月分／[3] 沈冤莫伸等事 康熙六十年六月分／[4] 土豪勒佔等事 雍正元年六月分／[5] 土棍覇行等事 雍正元年八月分／[6]挟仇霹陥等事 雍正元年九月分／[7]虎牙呑客等事 雍正元年十一月分／[8]欽奉上諭事 雍正二年五月分／[9] 叩准訊究事 雍正三年正月分／[10] 勢豪滅命事 雍正三年五月分／[11]梟禿兇悪等事 雍正元年十月分／[12]壩棍越佔事 雍正二年九月分／[13]蒙恥号究等事／[14]虎総壩棍等事 詳看／[15]欽奉恩詔事 詳看／[16]違例悞公等事 詳看 雍正三年分。

同、巻8、稟帖：[1]稟府台 雍正二年十一月分 諸暨県／[2]稟府台 雍正二年十一月分 諸暨県／[3]稟府台 餘姚県／[4]稟府台 雍正三年五月分 諸暨県／[5]稟府台 雍正二年十二月分 山陰県／[6]請旨事 雍正三年七月分 蕭山県／[7]稟府台 諸暨 四年五月分。

餘集：[1]妹死不明事 署山陰 三年八月分／[2]憲救倒懸事 署山陰 雍正三年八月分／[3]掘塚冤烈事 署山陰／[4] 稟報事 署山陰 三年九月分／[5] 冤同案同等事 署山陰 雍正三年九月分／[6]仰遵憲批事 署山陰 雍正三年九月分／[7] 号憲訊追事 署山陰、雍正三年十月分／[8]鯨呑荳銀等事 署山陰 三年十月分／[9] 遵控反銷事 署山陰 雍正三年十一月分／[10] 報明事 署山陰 雍正三年十一月分／[11] 有捕無官等事 署山陰 雍正三年十二月分／[12] 前事 署山陰／[13] 捕縦殃民事 署山陰 雍正三年十二月分／[14] 拆毀強佔等事 署山陰 雍正四年正月分／[15] 投訟受冤事 署山陰／[16] 条陳銭穀大要等事 署山陰 雍正三年十月分／[17] 地虎劫本等事 署山陰 雍正三年十月分／[18] 棍拆民巣等事 署山陰 雍正三年分八月／[19] 横窃拒傷等事 署山陰 雍正三年八月／[20] 異姓乱宗事 署山陰 雍正三年九月分。

[**所蔵**]：[法学所]・[科学図]。

[**版本**]：[一九九五年上海上海古籍出版社用雍正四年刊本景印／続修四庫全書所収]。

[**備考**]：[P.E.Will 10]。

97　雅江新政　不分巻　清盧見曾撰　光緒二年跋重刊本

[撰者]：盧見曾が雍正 2 年(1724)から同 3 年(1725)まで四川省の嘉定州洪雅県知県として在任した時期のもの①。

[内容]：「看語」に上司批発案 10 件、「審単」に判 33 件を収録。標題は下記のとおり。

1 姜正清控伍建極案／2 尹文才凌歩増尹倫徳互控案／3 祝丹徐控曽万斗案／4 楊氏控沈得長巻／5 何世璋控曹魁遠巻／6 孔朝献控孔還元巻／7 陳万安控陳万寧巻／8 余天申呈周密巻／9 盧承祖控趙守栄巻／10 撫憲批余登高控許天申案／11 熊仕琪控王任輝巻／12 劉登科控朱長彩巻／13 沈良玉控劉奇舟案／14 周中権首周易巻／15 尹蜀賢控楊春洪尹鳳徳控楊春久案／16 龔粋控任万相巻／17 陳文敏控陳運林等案／18 李大金縊死案／19 符永隆告劉氏巻／20 徐天培徐文英徐之艶互控巻／21 張嘻喧控劉象乾巻／22 楊思友控湯養士巻／23 羅先階控魯栄兆／24 黄世孝控黄世礼巻／25 李錫富傅兆楫傅金堂等互控案／26 蒲天賜控牟治案／27 毛伍彩告毛文星巻／28 孫啓泰控王思礼巻／29 尹玉衡控任万享巻／30 龔附龍告李春久案／31 寂聡控韓長信案／32 尹華奇控尹増輝巻／33 尹相輝控呉東里巻／34 陳錫昌控陳表等巻／35 何長彦首何世芳案／36 章煥控楊凝苑案／37 陳文進控底大秀巻／38 王杞呈張志崇巻／39 馮先朝告胡国俸案／40 李崇煥告何永舟案／41 朱啓智告何芳案／42 張統告余之輝案／43 周啓義告黄文頂巻。

[所蔵]：[東文研]。

[版本]：　——

[備考]：[滋賀秀三 84]・[P.E.Will 10]。

98　徐雨峰中丞勘語　四巻　清徐士林撰　光緒三十二年武進李氏聖訳楼校刊本　聖訳楼叢書所収

[撰者]：徐士林が雍正 5 年(1727)から同 10 年(1732)まで江南省の安慶府知府として、雍正 12 年(1734)から乾隆元年(1736)まで福建省の海防汀漳道として在

---

① 嘉慶『洪雅県志』巻 7、職官志、文秩、国朝、知県、および同、巻 7、職官志、宦績、国朝、参照。

任した時期のもの①。

[**内容**]：巻 1-3 に、安慶府知府時代の 69 件の判を、巻 4 に、海防汀漳道時代の 34 件の判を収録。標題は下記のとおり。

巻 1：[1] 江図檀文交互争祖塋案／[2] 張永成占地強葬案／[3] 胡効倫越葬誣告案／[4] 葛行徳冒祖争山案／[5] 朱維彤越界冒祖案／[6] 張彤文捏約盗葬案／[7] 蘇二捏契佔山案／[8] 呉賀岩勒碑起塚案／[9] 僧省庵典田転売案／[10] 曹炳如強売洲柴案／[11] 胡良佐佔山強葬案／[12] 何玉鉉冒祖壇墳案／[13] 李廷桂違約争田案／[14] 韋譲三盗売弟田案／[15] 張有声主婚強売案／[16] 方弘正假譜強葬案／[17] 王賜俊等争認祖墳案／[18] 謝鴻等互控建閘案／[19] 王西士等互争棉地案／[20] 馮孟読私找田価案。

巻 2：[1] 王啓瑞假議保孤案／[2] 張璣冒認祖妣案／[3] 陳阿謝立継廃継案／[4] 覆審陳阿謝立継案／[5] 楊元等盗葬誣告案／[6] 余置見捏告田価案／[7] 劉長生捏契図佔案／[8] 湯宗文彭又煌互争祖墳案／[9] 鄭天宇假契覇産案／[10] 寧勝友誣告掣騙案／[11] 王阿胡烹産絶養案／[12] 程廷譲毀埂越佔案／[13] 郝飛霞假約刁告案／[14] 胡任士串党掣騙案／[15] 王華士冒祖佔葬案／[16] 田汝参誕産刁告案／[17] 李喬冒祖佔山案／[18] 郝正逵抬神鳴冤案／[19] 呉阿王争継案／[20] 僧慈雲姦拐熊氏案／[21] 范宗高争搶茭草案／[22] 汪孔禄假契假譜混佔墳地案／[23] 楊正常強搶案／[24] 呉瀾聴唆誣告案／[25] 王符玉盗売刁告案／[26] 汪宗洪争継誣贓案／[27] 操祖銘恃強伐樹案。

巻 3：[1] 詳請豁免積欠節礼案／[2] 合肥県民鮑于天打死万君禄案／[3] 桐城県民婦金阿潘控武生章正暉案／[4] 太湖県民蔡方来冒祖佔葬案／[5] 徐天禧捏造文冊案／[6] 徐天禧捏造文冊案／[7] 胡阿万聴唆妄告案／[8] 計汝懋等互争洲地案／[9] 請委員査験倉米案／[10] 劉隠賢自縊身死案／[11] 周孔闇拷逼認窃案／[12] 万子霞誣告拐略案／[13] 田氏被搶自刎身死案／[14] 張三照架詞争婚案／[15] 蒋阿陳官衿抗佔案／[16] 兪兆鎖拉張三女跌死案／[17] 趙栄澤誣告汪宗南案／[18] 王越万父子重典私売案／[19] 張言万張含万佔弟婦租穀案／[20] 呂永龍図産争継案／[21] 黄香等争継逐継案／[22] 江紹五徐家憲互訐案／[23] 黎宰衡捏照冒祖案

巻 4：[1] 林禋告蘇送等案／[2] 許準告謝芳恩等案 南靖県／[3] 批県詳／[4] 龍渓県民戴佳告韓飛渭等案／[5] 龍渓県民陳逸稟幇役荘小富案／[6] 龍渓県民楊場告陳端等案／[7] 永定県生員謝潤堂告謝崇達等案／[8] 龍巖県民楊明忠告黄文献等案／[9] 詔安県民

① 同書、所収「徐士林列伝」、乾隆『江南通志』巻 109、職官志、文職 11、国朝分轄、安慶府、知府、および光緒『漳州府志』巻 12、秩官 4、国朝歴官、海防汀漳道、参照。

李天告葉丑等案／10 批県詳／11 龍巖県監生林聯魁告翁希謙等案／12 龍渓県吏員楊光盛告王品等案／13 龍渓県貢生邱嶽告黄輦等案／14 漳平県民陳振告郭文燕等案／15 龍渓県民涂錫仁告涂右文等案／16 南靖県民黄光紹等告呉朗等案／17 龍巖県民陳賓俊告蘇梓明等案／18 海澄県民楊興告王衛等案／19 南靖県民郭博告許世徵等案／20 龍巖県民林景庵告李允標等案／21 黄氏告黄講等案／22 郭性嶽告黄学尹案／23 陳日駒告陳長人案／24 廖紹告劉臨等案／25 呉陶若告陳国等案／26 蔡仁告張英等案／27 林逢春告王㦸等案／28 林老告鄭祖案／29 陳氏告劉全等案／30 余份告張起明等案／31 張程公呈張頓等案／32 陳陽告朱畳等案／33 沈瑞告趙威案／34 曽志斌殺死曽阿祖案。

なお、**[版本]** 所載の『徐公讞詞』では、「守皖讞詞」42 件(巻 1・巻 3 の判)、「巡漳讞詞」32 件(同、巻 4)および「守皖讞詞補遺」27 件(同、巻 2)とされている。

[所蔵]：[人文研]・[東文研]・[東洋]・[科学図] 等。

[版本]：[徐公讞詞／陳全倫畢可娟呂暁東校点／二〇〇一年済南斉魯書社排印本]・[二〇〇八年北京国家図書出版社用光緒三十二年武進李氏聖訳楼校刊本景印／明清法制史料輯刊第一編所収]。

[備考]：[張偉仁 76]・[滋賀秀三 84]・[P.E.Will 10]。

99　誠求録　四巻　清逯英撰　乾隆十一年序刊本

[撰者]：逯英が雍正 9 年(1731)から乾隆元年(1736)まで広東省の広州府番禺県知県として、雍正 9 年(1731)から同 11 年(1733)まで同じく南雄府保昌県署知県として、また乾隆 2 年(1737)から乾隆 6 年(1741)まで同じく羅定州知州として在任した時期のもの①。

[内容]：巻 2、判語に 16 件の判を、巻 4、審案に「上司批発案」として 4 件を収録。標題は下記のとおり。

巻 2、判語：1 遵憲籲救等事／2 両逆盗逃等事／3 架奸串佔等事／4 奪田復毆等事／5 媳存再聘等事／6 盗売田糧等事／7 乞着領聘等事／8 臨娶改嫁等事／9 藐批

---

① 同治『番禺県志』巻 9、職官表 2、国朝、知県、道光『直隷南雄州志』巻 4、職官 2、原保昌県、国朝、知県、および道光『広東通志』巻 56、職官表 47、国朝 14、羅定州知州、参照。

抗処等事／[10] 任難托等事／[11] 奸斬僕祀等事／[12] 背案伐塚等事／[13] 恃強殴搶等事／[14] 号勘究佔等事／[15] 奸棍誘拐等事／[16] 遵批稟明等事。

巻 4、審案：[1] 拐窩謀奪等事／[2] 捏報病死等事／[3] 扣除丁憂等事／[4] 報明男命等事。

［所蔵］：［東文研］・［東洋］。

［版本］：　——

［備考］：［滋賀秀三 84］・［P.E.Will 10］。

100　玉華堂両江批案　一巻　清趙弘恩撰　雍正十二年刊本

［撰者］：趙弘恩が雍正 11 年(1733)から乾隆 2 年(1737)まで両江総督として在任した時期のもの①。

［内容］：3 件の批を収録。標題は下記のとおり。

[1] 蘇臬司詳武進楊興臣被盗捕役張成索詐及誣拿沈祥元等嘱扳／[2] 松江府詳上海県民張士英詞控上海県捕役蔡勝等誣拿詐贓／[3] 蘇臬司詳覆假差誣良之王乾等仍照原擬徒罪。

［所蔵］：［人文研］・［東文研］・［東洋］・［国家図(北)］・［国家図(台)］。

［版本］：　——

［備考］：　——

101　東萊紀略　二巻　清厳有禧撰　乾隆五年序刊本

［撰者］：厳有禧が雍正 11 年(1733)から乾隆 4 年(1739)まで山東省の萊州府知府として在任した時期のもの②。

［内容］：巻上に 3 件の案牘を収録。標題は下記のとおり。

[1] 請寛郎小年等搶案／[2] 請寛呉法才命案／[3] 請寛李士虎命案

［所蔵］：［国家図(分)］。

［版本］：　——

［備考］：［P.E.Will 10］。

---

① 銭実甫編、前掲『清代職官年表』第 2 冊、参照。

② 乾隆『萊州府志』巻 6、職官、国朝、萊州府知府、参照。

102 澄江治績続編　六巻　清蔡澍撰　馮立朝編　乾隆八年刊本

[撰者]：蔡澍が雍正 13 年(1735)から乾隆 9 年(1744)まで江蘇省の常州府江陰県知県として在任した時期のもの①。

[内容]：巻 4、集讞牘に 2 件の判を収録。標題は下記のとおり。

1 一件逐孀擄資審讞 乾隆七年七月／2 一件憲全孤産事審讞。

[所蔵]：〔国家図(分)〕。

[版本]：〔二〇〇八年北京国家図書出版社用乾隆八年刊本景印／明清法制史料輯刊第一編所収〕。

[備考]：〔P.E.Will 10〕

103 新編評注袁子才判牘菁華　一巻　清袁枚撰　襟霞閣輯　秋痕廛評　民国間上海東亜書局鉛印本　新編評注清朝十大名吏判牘所収

[撰者]：袁枚が乾隆年間の初めに江蘇省の江寧府江浦県・同溧水県・同江寧県、および同じく海州沭陽県の各知県として在任した時期のもの②。

[内容]：判 28 件、牘 6 件、および批 9 件を収録。標題は下記のとおり。

判：1 戯謔致禍之妙判／2 官吏狎妓之妙判／3 名士偸香之妙判／4 寡婦招贅之妙判／5 誤娶石女之妙判／6 縲絏成婚之妙判／7 戕身騙銭之妙判／8 小姑自縊之妙判／9 以身殉母之妙判／10 風吹婦女之妙判／11 輪姦婦女之妙判／12 借端誣陥之妙判／13 将人作犬之妙判／14 七月生子之妙判／15 教唆誣告之妙判／16 強姦致死之妙判／17 女生八竅之妙判／18 争執田地之妙判／19 兄弟争産之妙判／20 争立嗣子之妙判／21 叔嫂通姦之妙判／22 淫婦退婚之妙判／23 翁姑虐婦之妙判／24 殴辱斯文之妙判／25 房産争執之妙判／26 寺僧犯姦之妙判／27 郷民搶米之妙判／28 重責豪奴之妙判。

牘：1 乞假帰娶之妙牘／2 告養辞官之妙牘／3 擅責軍厮之妙牘／4 自辯風流之妙牘／5 焚琴煮鶴之妙牘／6 為花請命之妙牘。

---

① 道光『江陰県志』巻 12、職官 2、国朝、知県、参照。

② 嘉慶『新修江寧府志』巻 22、秩官表 3、江寧県、国朝、知県、参照。なお、各々の在任期間については明記されていない。

批：[1]請立嗣子之妙批／[2]盜劫報官之妙批／[3]請求改嫁之妙批／[4]請禁淫祠之妙批／[5]蠱毒騙財之妙批／[6]風水殺人之妙批／[7]禁止賽会之妙批／[8]代控忤逆之妙批／[9]娶妻受騙之妙批。

［所蔵］：［北京大］・［国家図(分)］。

［版本］：［二〇〇五年台北老古文化事業用民国二十三年上海中央書店鉛印本景印／清代名吏判牘七種彙編所収］。

［備考］：［P.E.Will 10］。

104　自訟編　不分巻　清万世寧撰　乾隆十七年序刊本

［撰者］：万世寧が乾隆 16 年(1751)に安徽省の徽州府休寧県知県として就任した時期のもの①。

［内容］：72 件の判を収録。第 1 判の標題は「金天順等控王子文鑿脈一案審過讞語」となっている。第 2 判は「朱科控姚洪声等審過讞語」、第三判は「程之樹控程秋圃等審過讞語」であり、標題のほぼすべてが“人名＋控＋人名(等、或いは一案)＋審過讞語”で構成されている。但し、第 14 判は「汪阿鄭首稟伊媳姦産私孩審讞」であり、第 18 判は「審得普満寺僧朗暉等一案讞語」、第 31 判は「梅茂奎与裘仲周互控一案審過讞語」、第 33 判は「梅萼王云九互控審過讞語」である。

［所蔵］：［歴史所］。

［版本］：　――

［備考］：［P.E.Will 10］。

105　新編評注張船山判牘菁華　一巻　清張問陶撰　襟霞閣輯　秋痕廔評　民国間上海東亜書局鉛印本　新編評注清朝十大名吏判牘所収

［撰者］：張問陶が乾隆年間に山東省の萊州府知府として在任した時期のもの。

① 当該書、序には「乾隆十有七年八月望後三日、休寧県知県万世寧枚卜氏、書於望雲西軒」と書かれているが、道光『徽州府志』巻 7 之 2、職官志、県職官、国朝知県では乾隆 16 年(1751)就任の知県の名は「万世林」となっている。

[内容]：判 28 件・批 12 件を収録。標題は下記のとおり。

判：[1]無頼窺浴之妙判／[2]私設娼寮之妙判／[3]姑嫂通姦之妙判／[4]套良作妾之妙判／[5]夫婦失和之妙判／[6]背夫私逃之妙判／[7]兄弟互殴之妙判／[8]控媳別嫁之妙判／[9]索債口角之妙判／[10]私造假銀之妙判／[11]図売兄妾之妙判／[12]因謔致命之妙判／[13]争奪遺産之妙判／[14]主人恋婢之妙判／[15]撮合鴛鴦之妙判／[16]売姉逼死之妙判／[17]僧尼成姦之妙判／[18]拒姦殺人之妙判／[19]報仇殺人之妙判／[20]貪贓枉法之妙判／[21]遺失窖金之妙判／[22]雅賊偸花之妙判／[23]凌虐翁夫之妙判／[24]縦女行姦之妙判／[25]縦子作賊之妙判／[26]悪吏誣盜之妙判／[27]鶏姦自首之妙判／[28]頂凶売命之妙判。

批：[1]倒閉銭荘之妙批／[2]侵呑公款之妙批／[3]店夥捲逃之妙批／[4]一女両嫁之妙批／[5]新娘殺人之妙批／[6]妾殺大婦之妙批／[7]奴姦主婦之妙批／[8]冒認本夫之妙批／[9]駁詰命案之妙批／[10]誣控強姦之妙批／[11]老翁娶婦之妙批／[12]兄弟争産之妙批。

[所蔵]：［北京大］・［国家図(分)］。

[版本]：［二〇〇五年台北老古文化事業用民国鉛印本景印／清代名吏判牘七種彙編所収］。

[備考]：［P.E.Will 10］。

106　講求共済録　五巻　清張五緯撰　嘉慶十七年序刊本

[撰者]：張五緯が嘉慶 13 年(1808)から同 19(1814)まで直隷の保定府・大名府・広平府および天津府の各知府として在任した時期のもの①。

[内容]：巻 3、歴任堂断に 13 件の判を、巻 4、歴任批詞に 70 件の批を収録。前者の標題は下記のとおり。

巻 3、歴任堂断：[1]清苑県呉省空誣控郭殿魁等一案堂断／[2]大名府任内／[3]大名府任内／[4]大名府任内／[5]大名府任内／[6]大名府任内／[7]審断閻杜氏閆楊氏応行立継一案／[8]審断李成名呈控李習元短伊墊還馬価不償一案／[9]審断広平呉三等合設賭局誘騙以致王三蕩産一案／[10]審断肥郷県任歩霞呈控宋玉蘭栽傷詐頼一案／

① 光緒『畿輔通志』巻 30、表 15、職官 6、国朝 1、知府、光緒『保定府志』巻 6、職官表 8、保定府知府、光緒『重修天津府志』巻 13、職官 4、国朝、天津府、知府、および光緒『広平府志』巻 7、職官表 4、国朝文秩、知府、参照。

[11] 審断永年県民王洛闊王礼泰窩賭窩娼一案／[12] 審断永年県民人白祥図謀寡孀地畝強継指買一案判語／[13] 審磁州彭城鎮山西舗戸窰戸与保正互控行差案。

［所蔵］：［東文研］・［国家図(分)］・［科学図］。

［版本］：［二〇〇八年北京国家図書出版社用嘉慶十七年序刊本景印／明清法制史料輯刊第一編所収］。

［備考］：［滋賀秀三 84］・［P.E.Will 10］。

107　講求共済録続集　五巻　清張五緯撰　嘉慶十八年跋刊本

［撰者］：張五緯が 106 と同様に直隷の保定府・天津府の各知府として在任した時期のもの。

［内容］：巻 1 に「商人范永盛稟控李芳林攬辦河一案詞批」等 15 件の批および「津邑潘言呈控劉恩慶一案」の判 1 件を、巻 2 に「南皮県生員張文光呈控張楚華一案」の判 1 件と「地方梁玉等稟明仰宿控常保樹一案詞批」等 32 件の批を、巻 3 に「津邑熊夢吉呈控劉執中等詞批」等 2 件の批を、巻 4 に「清苑県生員胡龍図詞批」等 2 件の批および「清苑県嬬婦何牛氏呈」1 件を、そして巻 5 に「批新河県生員程俊彩等呈」1 件を収録。

［所蔵］：［法学所］。

［版本］：　――

［備考］：［法制局 57］。

108　涇陽張公歴任岳長衡三郡風行録　五巻　清張五緯撰　嘉慶十八年重刊本

［撰者］：張五緯が嘉慶 6 年(1801)に湖南の衡州府知府として就任し、嘉慶 8 年(1803)に同じく岳州府知府として再任された時期のもの①。

［内容］：巻 2、岳州府に堂判 1 件、および巻 5、衡州府に批 14 件を収録。標題は下記のとおり。

巻 2：[1] 堂判巴陵民朱太和案。

巻 5：[1] 清泉県民婦鄧阿李呈詞批／[2] 清泉県民譚必蛟呈詞批／[3] 清泉県客民欧陽

---

① 当該書の各巻、目録を参照。

源昌呈詞批／4 清泉県客民彭克中呈詞批／5 清泉県民黄名揚呈詞批／6 清泉県民伍賢承呈詞批／7 清泉県何仁表呈詞批／8 清泉県民呉鴻達呈詞批／9 清泉県民李百和呈詞批／10 零陵県民唐克遠呈詞批／11 衡山県民婦賓王氏呈詞批／12 衡陽県挙人姚文錦等呈詞批／13 常寧県民周尚徳等呈詞批／14 郴州民劉敬煌呈詞批。

［所蔵］:［東文研］・［法学所］。

［版本］:［風行録／二〇〇五年北京中国社会科学出版社排印本／歴代判例判牘所収］。

［備考］:［森田成満 93］・［P.E.Will 10］。

109　風行録続集　二巻　清張五緯撰　二〇〇五年北京中国社会科学出版社排印本　歴代判例判牘所収

［撰者］: 108、参照。

［内容］: 巻 1、岳州府続集に堂判 3 件・批 9 件を収録。標題は下記のとおり。

1 巴陵県民熊顕廷稟較準斗秤呈詞批／2 巴陵県民易歩武呈詞批／3 華容県職員禹光清呈詞批／4 華容県民陳冠南呈詞批／5 平江県生員唐時信呈詞批／6 平江県貢生劉宏道呈詞批／7 巴陵県李大遜呈詞批／8 堂判臨湘県民姜文東案／9 堂判臨湘県職員李光宗案／10 堂判臨湘県民程挺秀案／11 平江県文童陳継韶呈詞批／12 王興山呈詞批。

［所蔵］: 原刊本は［法学所］所蔵。

［版本］:　——

［備考］:　——

110　宰蒲偶存　不分巻　清奚大壮撰　嘉慶二十一年刊本

［撰者］: 奚大壮が嘉慶 11 年(1806)から同 17 年(1812)まで湖北省の徳安府応城県知県として在任した時期のもの①。

［内容］: 2 件の判を収録。標題は下記のとおり。

1 馬崇賢控馬徳階一案讞断／2 劉大才等控李明万等一案讞断。

［所蔵］:［東文研］。

---

① 光緒『徳安府志』巻 9、職官上、県職、応城職官、国朝、知県、参照。

［版本］：　——

［備考］：［森田成満 93］・［P.E.Will 10］。

111　雪心案牘　不分巻　清闕名輯　清鈔本

［撰者］：嘉慶 23 年（1818）から道光元年（1821）まで在任した各山東按察使によるもの。該当する按察使は温承恵・童槐・琦善・羅含章である[①]。

［内容］：当該期における山東按察使の詳文を収録。但し、内容のほとんどは裁判関係であり、末尾に「院批」が附されている。全 12 冊のうち第 1 冊・第 2 冊が済南府、第 3 冊が兗州府、第 4 冊が泰安府、第 5 冊・第 6 冊が曹州府というように、各冊は府ごとに分かれている。

第 1 冊、済南府、嘉慶 23 年：「禹城県革生白騰雲京控孟良清捏款誣陥一案」等 11 件／嘉慶 24 年：「章邱県人楊永善・鄒平県耿長清赴京呈催開挑河道一案」等 7 件。

第 2 冊、済南府、嘉慶 25 年：「淄川県民婦唐劉氏呈控唐元杰等呑覇井分一案」等 25 件。

第 3 冊、兗州府、嘉慶 23 年：「兗州府同知稟獲匪犯鄒養行一案」等 17 件／嘉慶 24 年：「汶上県拿獲賊犯馬銓等搶奪馬販董世威馬匹一案」等 13 件／嘉慶 25 年：「陽穀県劉魁元京控捕役傅遂等囑賊誣扳毆勒伊子身死一案」等 10 件。

第 4 冊、泰安府、嘉慶 23 年：「泰安県民王加亭扎傷王加台身死並王興礼誤将王加台劃傷一案」等 13 件／嘉慶 24 年：「新泰県白進徳呈控伊父因私行踹麯被押索詐自縊身死一案」等 5 件／嘉慶 25 年：「東平州民韋二砍傷王立斎身死一案」等 6 件／道光元年：「泰安県民張培江誤傷胞兄張培海身死私埋匿報一案」1 件。

第 5 冊、曹州府、嘉慶 23 年：「城武県革生祝岐遣子祝経済京控該前県曹令侵呑賑銀一案」等 18 件。

第 6 冊、曹州府、嘉慶 24 年：「単県拏獲卞魁・李迎春等先後誘拐張二姐等一案」等 17 県／嘉慶 25 年：「曹県賊犯行窃図脱拒捕刃傷事主郭四平復一案」等 12 県／道光元年：「朝城県監生郭宜梓呈控陳魁士等挟嫌攢毆一案」等 2 件。

第 7 冊、東昌府、嘉慶 23 年：「東昌府等処先後拿獲匪犯路克志等一案」等 8

---

① 銭実甫編、前掲『清代職官年表』第 3 冊、参照。

件／嘉慶 24 年：「清平県革生張弭京控劉時盗樹毀坟等情一案」等 15 件／嘉慶 25 年：「高唐州民管桂京控漕書李楹等包漕預徴一案」等 7 件／道光元年：「続獲盗犯趙全棟糾窃莘県事主張光甲臨時行強一案」1 件。

第 8 冊、青州府、嘉慶 23 年：「安邱県韓小七等共殴馬元謙身死一案」等 10 件／嘉慶 24 年：「益都県民胡良等共殴長山県民斉五即斉徳亮身死一案」等 8 件／嘉慶 25 年：「諸城県民王富砍傷張齢身死一案」等 10 件／道光元年：「寿光県民李顕因姦情敗露商同劉陳氏将王小嶺姐致死一案」1 件。

第 9 冊、武定府、嘉慶 23 年：「楽陵県楊魁京控楊天柱等偸葬一案」等 11 件／嘉慶 24 年：「商河県民王君田京控潘洪才等平坟刨樹一案」等 11 件／嘉慶 25 年：「利津県監生苟歩青呈控郭可伝欠伊典灘価銀一案」等 10 件。

第 10 冊、沂州府、嘉慶 23 年：「沂州県孀婦黄婁氏京控王累仁等揹契串捏一案」等 11 件／嘉慶 24 年：「郯城県民李泰三等聴従李同楽共殴李真等身死一案」等 6 件／嘉慶 25 年：「蘭山県民全克理京控全曾鶴等率衆搶割麦豆一案」等 4 件／道光元年：「費県武略左騎尉孫克登呈控邵克静唆女辱尊一案」1 件。

第 11 冊、登州府、嘉慶 23 年：「莱陽県趙熤京控趙博文等図産争継一案」等 3 件／嘉慶 24 年：「蓬莱県民隋日大京控伊甥李正行誣伊覇産一案」等 3 件／嘉慶 25 年：「黄県捕役梁天錫等被朱思亮供出隠匿贓物一案」等 4 件／道光元年：「文登県灶戸于浡京控楊其経率衆打搶塩鍋一案」1 件。

第 12 冊、臨清州、嘉慶 23 年：「天津県民穆朝卿具控臨清州差郝永年等乗危糾搶一案」等 4 件／嘉慶 24 年：「武城県貢生呉象履京控丁書鄒玉祥等串謀索詐一案」等 6 件／嘉慶 25 年：「臨清州革役范二達等殴傷貢生鄭田等一案」等 6 件。

[所蔵]：[国家図(分)]。

[版本]：　——

[備考]：　——

112　濰陽紀事　十二巻　清凌泰交撰　道光九年序刊本

[撰者]：凌泰交が道光元年(1821)から同 6 年(1826)まで貴州省の鎮遠府知府として在任した時期のもの[①]。

---

① 当該書、序、参照。

[内容]：巻 1 に 1 件の判を収録。標題は「酌断小庄寺産帰公判」。

[所蔵]：[科学図]・[LC]。

[版本]：　——

[備考]：　——

113　滇牘偶存　不分巻　清何紹祺撰　道光二十九年刊本

[撰者]：何紹祺が道光 24 年(1844)から同 26 年(1846)まで雲南省の雲南府昆明県知県として在任した時期のもの①。

[内容]：「示諭雑件」に 2 件の判を、「批詞摘附」に 37 件の批を収録。標題は下記のとおり。

示諭雑件：[1]判此案呉興儒稟左日成謀媳覇産等情／[2]判畢成材木自貴等翻控王頼予等覇産兇殴一案。

批詞摘附 呈皆手批録此以存大略：[1]批生員馬捷魁等懇恩冤究一案／[2]批董綱呈控遺失姪女一案／[3]批何順告陳泰和棄児嫌妻一案／[4]批李騰甲等稟黎崇禎滅兄殴嫂一案／[5]批據趙成旺呈田粮清摺事／[6]批永済并張翠雲稟明殴賊事／[7]批廩生高徳孚請賞批立案事／[8]批廠民公稟厳定廠規事／[9]批抛孀婦胡周氏呈欺死瞞生一案／[10]批抛庫房遵批稟覆事／[11]批夷民李苞等控李朝宗恃衿覇砍一案／[12]批禄豊県李茂被搶一案／[13]批王維顕懇恩電察事／[14]批李文興等稟凌虐幼女事／[15]批馬上卿稟馬錫卿違母欺弟事／[16]批高徳厚訴高徳純等悖理滅倫一案／[17]批羅川街約馬栄貴稟覆理処事／[18]批羅尚達呈請垂憐事／[19]批貴州民李発稟請提究事／[20]批楊丕承叩恩察究事／[21]批鄭元貴懇恩開釈事／[22]批孀婦楊李氏呈控継子楊允升事／[23]批張天華呈陸綬殴妻服烟斃命事／[24]批馬明馬廷詔叩賞提究事／[25]批楊鐘岳稟趙祥作弊誣良事／[26]批尹朝佐等稟胡紹唐虎覇呑公事／[27]批董迎興稟尹朝位盗名滋訟事／[28]批抛段添禄具控李文才等再叩天恩電照奸夷事／[29]批何発栄等懇恩責釈一案／[30]批孫居文呈身死不明事／[31]批大慈寺僧師貞等稟何木二姓舞弊朦騙事／[32]批何国泰懇恩開釈事／[33]批馬錫卿具訴事／[34]批李万年稟周浩然懇請追究事／[35]批徐福呈彭世貴唫契懸銀事／[36]批周興祚訴馮揚春等嫌貧愛富事／[37]批羅羅氏訴羅仁等背祖滅叔事。

---

① 当該書、序、参照。

［所蔵］：［東文研］・［東洋］。

［版本］：　——

［備考］：［森田成満 93］・［P.E.Will 10］。

114　判語録存　四巻　清李鈞撰　道光十三年刊本

［撰者］：李鈞が道光 9 年(1829)から同 12 年(1832)まで河南省の河南府知府として在任した時期のもの。

［内容］：巻 1 に 18 件、巻 2 に 32 件、巻 3 に 34 件、巻 4 に 29 件の併せて 113 件の判を収録。標題は下記のとおり。

巻 1：1 興販婦女事 道光九年五月二十八日／2 謀毆斃命事 道光九年六月初二日／3 離婚事 道光九年六月十八日／4 鬥殺事 道光九年七月初八日／5 控争廟地事 道光九年八月二十四日／6 嫡庶不明事 道光九年九月二十九日／7 改継事 道光九年十月初五日／8 互争房産事 道光九年十月初七日／9 違犯教令事 道光九年十月十一日／10 共毆致命事 道光九年十一月二十八日／11 訛婚事 道光九年十一月二十八日／12 鑽継架訟事 道光九年十一月二十九日／13 鬥毆事 道光九年十一月三十日／14 虧東抗債事 道光九年十二月初七日／15 調姦未成事 道光九年十二月十二日／16 買銀解糧事 道光九年十二月二十五日／17 又　道光十一年二月二十七日／18 銭債事 道光九年十二月二十五日。

巻 2：1 按糧派差事 道光十年二月二十二日／2 貪利主婚事 道光十年四月初十日／3 自縊事 道光十年四月初七日／4 索欠被毆事 道光十年五月十三日／5 侄告伯事 道光十年五月十八日／6 争継事 道光十年六月二十一日／7 公請輪充頭畜行総行頭事 道光十年六月二十六日／8 抗欠捏誣事 道光十年七月初十日／9 過載行発脚事 道光十年七月十六日／10 受逼自縊事 道光十年七月二十三日／11 派差事 道光十年八月初四日／12 一房両典事 道光十年八月十一日／13 呈批 道光十二年二月初八日／14 争路事 道光十年十月初六日／15 漂失木貨事 道光十年十月十六日／16 互控舗債事 道光十年十月二十四日／17 争産事 道光十年十一月初一日／18 謀継事 道光十年十一月初九日／19 欠塩價事 道光十年十一月二十二日／20 妻党毆母事 道光十年十二月初六日／21 共毆成廃事 道光十年十二月十四日／22 欠地價事 道光十年十二月十六日／23 欠房價事 道光十年十二月二十四日／24 謀買田産事 道光十一年二月十九日／25 誤娶有夫之婦事 道光十一年二月二十九日／26 假冒職官事 道光十一年三月初六日／27 控追本銀事 道光十一年三月二十三日／28 重利盤剥事 道光十一年三月二十八日／29 西席被毆自縊事 道光十一年六月

初八日／[30] 縛毆斃命事 道光十一年六月二十三日／[31] 私質弟産事 道光十一年六月二十七日／[32] 誘拐孀婦事 道光十一年七月初八日。

巻 3：[1] 殺死一家二命事 道光十一年十月十四日／[2] 免造灘冊事 道光十一年十月十九日／[3] 過載行抽用事 道光十一年十月二十八日／[4] 私嫁子妻事 道光十一年十一月初四日／[5] 鬥命事 道光十一年十一月二十日／[6] 幫運石料事 道光十一年十一月二十八日／[7] 懐忿自縊事 道光十一年十二月初三日／[8] 争渠事 道光十一年十二月初十日／[9] 争渠事 道光十一年十二月十三日／[10] 修墩堡事 道光十一年十二月十五日／[11] 争農渡事 道光十一年十二月十八日／[12] 呈批 道光十二年二月十八日／[13] 争産事 道光十一年二月二十五日／[14] 武秀呈批 道光十二年三月初八日／[15] 武秀爲白武氏抱告呈批 道光十二年三月初八日／[16] 冒認同宗事 道光十一年十二月二十五日／[17] 包辦号草事 道光十一年十二月二十七日／[18] 官欠銀價事 道光十二年三月十一日／[19] 改継事 道光十二年五月十八日／[20] 捏控工費事 道光十五年五月二十八日／[21] 共毆致命事 道光十二年六月二十一日／[22] 悔婚事 道光十二年六月二十四日／[23] 犯姦後因他故自縊事 道光十二年六月二十五日／[24] 情急自縊事 道光十二年六月二十六日／[25] 悔婚抗断事 道光十二年七月初一日／[26] 不爲胞兄立嗣事 道光十二年七月初三日／[27] 呈批 道光十二年六月十八日／[28] 塞井断路事 道光十二年七月初七日／[29] 呈批 道光十二年七月二十三日／[30] 又断 動向十二年十一月初八日。

巻 4：[1] 咆哮公堂事 道光十二年七月十三日／[2] 領穀價事 道光十二年七月十三日／[3] 領款無着事 道光十二年七月十七日／[4] 已売復訛事 道光十二年八月初八日／[5] 繳農器事 道光十二年八月十二日／[6] 阻葬事 道光十二年八月十四日／[7] 売継産事 道光十二年八月十四日／[8] 威逼致死事 道光十二年八月二十九日／[9] 捏控強搶事 道光十二年九月初一日／[10] 争窯地事 道光十二年九月初三日／[11] 誤毒斃命事 道光十二年九月初六日／[12] 争産事 道光十二年九月初七日／[13] 以地抵債事 道光十二年九月初九日／[14] 又 道光十二年九月二十日／[15] 侵呑冊費事 道光十二年九月十三日／[16] 捐修廟工事 道光十二年九月二十日／[17] 定過載行抽用章程事 道光十二年九月二十一日／[18] 退婚事 道光十二年閏九月初八日／[19] 鑽充地方事 道光十二年閏九月十四日／[20] 隔里行糧事 道光十二年十月初五日／[21] 以貨抵債事 道光十二年十月十六日／[22] 越訴受責事 道光十二年十月十六日／[23] 割悼茎物事 道光十二年十月二十二日／[24] 橋船応帰一事 道光十二年十月二十二日／[25] 舅告甥事 道光十二年十一月十八日／[26] 争灘地事 道光十二年十二月十九日／[27] 失火事 道光十二年十二月二十一日／[28] 収管軍犯事 道光十二年十二月二十一日／[29] 争灘地事 道光十二年十二月二十六日。

[所蔵]：[東文研]・[国家図(分)]・[科学図]。

[版本]：[二〇〇五年北京中国社会科学出版社排印本／歴代判例判牘所収]。

［備考］:［滋賀秀三 84］・［小口彦太 88］・［P.E.Will 10］。

115 府判録存 五巻 清邱煌撰 道光二十年序刊本

［撰者］: 邱煌が道光 16 年(1836)から同 25 年(1845)まで陝西省の鳳翔府知府として在任した時期のもの。その間、道光 21 年(1841)から同 22 年(1842)まで署同州府知府を務めている[①]。

［内容］: 巻 1 に 35 件、巻 2 に 36 件、巻 3 に 28 件、巻 4 に 34 件、巻 5 に 22 件、併せて 155 件の判を収録。巻 1-4 は鳳祥府関係で、巻 5 は同州府関係である。各判に標題は附されていないが、巻 1 の最初にの判は「道光十六年二月初五日、扶風県民朱得利等控郿県民趙魁等一案」という書き出しとなっており、巻 4 の最後の判が同様に「道光二十年三月二十二日、審得、扶風県生員黄登甲控黄裕等一案」となっているように、すべてに日付が附されている。また、ほとんどの判が日付の後に「審得」或いは「審訊得」で始まり、最後は「取具遵結存案。此判」で終わるという形式で構成されている。一方、巻 5 には日付は一切附されていない。

［所蔵］:［東大法］・［国家図(分)］。

［版本］:［二〇〇八年北京国家図書出版社用道光二十年序刊本／明清法制史料第一編所収］。

［備考］:［滋賀秀三 84］・［P.E.Will 10］。

116 蝙蝠山訟案全巻 一巻 清闕名撰 道光十七年木活字本

［撰者］: 未詳。

［内容］:「道光十六年十一月十二日張浩川・錦志翰等呈、為糾衆発掘、毀棺戮屍、喊叩恩速詣勘、並飭差勒拘犯到案、云々」に始まる一案件についての呈・批・断・甘結等の一件書類を収録。浙江省の紹興府諸暨県の案件。

［所蔵］:［上海図］。

［版本］: ――

［備考］: ――

---

① 民国『続修陝西通志』巻 13、職官 4、文職、同州府、参照。

117　槐卿政蹟　六巻　清沈衍慶撰　同治元年刊本

[撰者]：沈衍慶が道光 18 年(1838)から咸豊 2 年(1852)まで江西省の贛州府興国県・南康府安義県・吉安府泰和県および饒州府鄱陽県の各知県として在任した時期のもの①。

[内容]：巻 2-6、判牘に 135 件(興国 14 件・安義 17 件・泰和 39 件・鄱陽 65 件)の判を収録。標題は下記のとおり。

巻 2、判牘：1 呑産指継事／2 忤親休棄事／3 盗売滅祭事／4 勾姦誘騙事／5 恨阻欺搶事／6 姦淫事／7 欺詐捏抱事／8 勒契強殴事／9 銭債事／10 恃刀覇姦事／11 毀祠滅祖事／12 狡串謀買事／13 挟恨削嗣事／14 甜借呑騙事／15 滅約廃婚事／16 廃創戕生事／17 廃公強佔事／18 謀産逼嫁事／19 雀入密羅事／20 戕祖竊伐事／21 強佔公路事／22 恃勢冒佔事／23 戕害無休事／24 背帖図翻事／25 逐継絶祀事／26 飛糧過戸事／27 強佔覇留事／28 尋衅逞兇事／29 嫌貧捎婚事／30 申冤事／31 割髮另娶事。

巻 3、判牘：1 冒領借充事／2 瞞産陥賦事／3 恃勢越佔事／4 串拐逃匿事／5 套夥欺騙事／6 墳骸両滅事／7 夤夜兇搶事／8 強造閉害事／9 朋党幫覇事／10 兇逼斃命事／11 糾衆毀搶事／12 活割事／13 悖諭迭砍事／14 捲逃呑騙事／15 藉軍飄佔事／16 拐真割実事／17 挖塚滅骸事／18 毀滅竪造事／19 飄空独佔事／20 藉孤串佔事／21 偽買謀呑事／22 同室操戈事。

巻 4、判牘：1 強佔覇収事／2 負罪求均事／3 畳遭強砍事／4 滅骸換葬事 前後両判／5 乞査提究事／6 毀塚滅骸事／7 侵斬盗葬事／8 恃衿統砍事／9 藉勢健訟事／10 原璧帰趙事／11 覇佔洲地事／12 無憑冒騙事／13 解釈嫌巇事／14 冒祭図佔事／15 擅屠祖骨事／16 把持串騙事／17 党悪害命事。

巻 5、判牘：1 迅賞押拆事／2 勢欺詐賠事／3 抗断兇築事／4 謀竊詐騙事／5 乗機挿佔事／6 会勘訊断事／7 欺篡飄佔事／8 背佃捎佔事／9 藐断兇挖事／10 饕棍陥累事／11 勦灌絶命事／12 兇阻擅移事／13 糾兇蜂阻事／14 挖毀強車事／15 欺佔滅倫事／16 聚衆掘毀事／17 罩佔墳山事／18 毀界盗葬事／19 假降邪神事／20 糾兇毀碑事／21 恃蛮藐抗事／22 強搶強捉事／23 串拐捲逃事／24 破塚換碑事／25 貪秀謀

① 同治『贛州府志』巻 43、官師志、県名宦、国朝、同治『安義県志』巻 6、職官志、名宦、国朝、光緒『泰和県志』巻 5、政典、宦績、および同治『饒州府志』巻 13、職官志 5、名宦下、県職、鄱陽県、参照。

買事／[26]挟隙互串事／[27]強砍勢掘事／[28]恃強硬佔事／[29]截阻河路事。

巻 6、判牘：[1]嫌貧擱婚事／[2]串孽盜売事／[3]砕車兇佔事／[4]阻築坑陥事／[5]串戚婪錦事／[6]図呑勒売事／[7]造橋害堰事／[8]螻蟻貪生事／[9]強毀侵佔事／[10]黒夜蜂搶事／[11]藉佃横佔事／[12]固執顛倒事／[13]夥窃抗封事／[14]飄混誘騙事／[15]設局串騙事／[16]払訛抄搶事／[17]李文彩控張煥璧一案／[18]抗夫抗圩事／[19]盜庇侵祖事／[20]受礼頼婚事／[21]勒継殴尊事／[22]揹契陥業事／[23]誘賭串窃事／[24]藐断屠佔事／[25]挟隙逞兇事／[26]奪継絶嗣事／[27]獲窃抗封事／[28]平塚毀碑事／[29]刁唆陥命事／[30]遵批呈字事／[31]謀斃図訛事／[32]藐法匿税事／[33]誣首会匪事／[34]截路叢殺事／[35]呑会滅祭事／[36]藉典強覇事。

［所蔵］：［国会図］・［東文研］・［東洋］・［国家図(分)］・［科学図］。

［版本］：［一九七三年台北文海出版社用同治元年序刊本景印／近代中国史料叢刊所収］・［二〇〇五年北京中国社会科学出版社排印本／歴代判例判牘所収］。

［備考］：［滋賀秀三 84］・［P.E.Will 10］。

118 道光二十六年至咸豊元年安順府及黎平府稟稿 不分巻 清 常恩撰 清鈔本

［撰者］：常恩が道光 27 年(1847)に貴州省の安順府知府に就任し、その後、同黎平府知府を経て、同 29 年(1849)に安順府知府に再任された時期のもの①。

［内容］：「道光二十七年安順府堂事稿」に 95 件の判（他に標題のみの判 55 件）を、「道光二十七八年黎平府堂事稿」に 88 件の判を収録。後者には標題が附されておらず、ここでは前者の標題のみを提示する。

[1]一件拠府民王長春具控祝万発等藉婚拴磕一案／[2]一件拠府民宋得全具控羅文曜等盜買盜売一案／[3]一件拠府民謝光沢具稟倉書揹串不給一案／[4]一件拠府属孀婦張陳氏具控徐赶年違断佔覇一案／[5]一件拠本城民陳時発具告陳長妹因覇呑田一案／[6]一件拠府属孀婦劉郭氏首告伊姪劉発琴与媳周氏通姦透漏家財一案／[7]一件拠普定県民厳開運具告伊姪厳小三受雇与府民舒老大家傭工生死無着一案／[8]一件拠府属民婦張鄭氏具稟姚綱等揹估凶傷一案／[9]一件拠府民王登厚具告王以杭等挖坟作田一案／[10]一件拠本城民呂仕徳具告王二皮主覇抗延一案／[11]一件拠

① 咸豊『安順府志』凡例、および同、巻 28、職官志 1、文職官譜、安順府知府、国朝、参照。

府民胡永年具報胡成泰等逆攢凶傷一案／12 一件抝府属武生周成元具首伊子周永安忤逆頂撞一案／13 一件抝本城西門外民顧洪順等具報劉攀元等聴刁拷磕一案／14 一件抝府民李世発具告呉杮等夥串拐逃一案／15 一件抝府民朱成元具告徐閏元等帮挑估接一案／16 一件抝府民陳起龍具告熊小弟等盗売估買一案／17 一件抝府民程文琳等具告葉大儒等串商掣估一案／18 一件抝府民何廷顕具告何廷桐等謀継覇業一案／19 一件抝府民呉天美具告呉杮等藐批勒写一案／20 一件抝府民張学元張燿元続控張心掌等藐断逞凶一案／21 一件抝府民張徳厚張朋見具告方有曠違断估覇一案／22 一件抝府民蒋爾徳等続告張朋見等堵塞水口一案／23 一件抝府民金鳳敖具告鮑老四等欺孤串估一案／24 一件抝府民王景春具報魏文貴覇開凶傷一案／25 一件抝府属民婦張游氏等具控田忠元拷磕殴傷一案／26 一件抝府民熊文龍与孀婦張田氏互報捜殴凶磕一案／27 一件抝府属孀婦任趙氏具報林老六等搶擄凶傷一案／28 一件抝府属民胡文才等具告沈宗祥等串棍訛磕一案／29 一件抝府属孀婦毛張氏具告劉本先等一案／30 一件抝府属民文治具首文趙氏等迫不得已一案／31 一件抝府民趙閏具報陳朝綱等堵路殴傷等情一案／32 一件抝府民葉大儒具続程文琳等復串違覇等情一案／33 一件抝本城民沈瀛具告李応春等夥串藐抗等情一案／34 一件抝府民程国雲等具報舒老四等捆殴受傷一案／35 一件抝普定属民程興順等与府民郭成徳等互控踐踏祖坟一案／36 一件抝鎮寧州属民房春栄具続楊阿躭越界覇耕一案／37 一件抝府民鄧忠具告劉永長夥串磕害一案／38 一件抝府民陳士才具告胡永祥等督騙夥騙一案／39 一件抝府民周永春具告呉国隆等違断估覇一案／40 一件抝本城孀婦杜王氏具告銭貴藉勢掣肥一案／41 一件抝府民高冬妹等具報伊父高中立被徐老七等攢殴後傷発身死一案／42 一件抝府民李思聡等具報劉缺嘴等贓賊両獲一案／43 一件訪聞事／44 一件抝府民鄧廷煜等具報魯元保等攔路搶奪一案／45 一件抝府民班鳳仁具告班鳳丹欺孤串估等情一案／46 一件抝府民羅文興具告宋徳全犁埂覇耕等情一案／47 一件抝府民張得仲具控魯元保等一案／48 一件抝鎮寧州民潘登科具稟伍廷万思患預防一案／49 一件抝府民張永善具告李茂林等斬脈傷犯等情一案／50 一件抝府民羅国文具報梁炳等夥殴凶磕一案／51 一件抝鎮寧属民呉永龍具報府民陳老彭等報明験究一案／52 一件抝普定属民顧朝寛等具報府民胡麻么等乗喪搶娶一案／53 一件抝府民伍攀玉告呉寿妹等期死瞞呑一案／54 一件抝本城右営兵丁高魁具告府民伍天行估騙不償一案／55 一件抝府属生員張徴熙具報李高乱等夜被賊窃一案／56 一件抝府民伍明栄具告伍君正改公作私一案／57 一

件抝府属苗民熊廷相具告葉大儒平空串覇一案／58 一件抝府属孀婦程沈氏具訴程張氏等棍刁違断一案／59 一件抝府民劉玉順具告黄吉禄嫌逐無跡一案／60 一件抝府民枝里差李佩等具稟周士甲等抗估粮条一案／61 一件訪聞府民羅士才呉応貴等匿契不税一案／62 一件抝府民孫朝相告魯二躭等估牛無耕一案／63 一件訪聞／64 一件抝府民段毓璣具告張天位等覇地估租等情一案／65 一件抝府民蔡春発具告李老八等誘套串估等情一案／66 一件抝山京汛解到府民伍倫興具報代元妹等賊真証確一案／67 一件抝府民宋如周具告戴其盛等估抗会銀等情一案／68 一件抝府民梅培等具告陳克秦抜界越覇等情一案／69 一件抝府孀婦梅胡氏具続梅老五等照例断明一案／70 一件抝府孀婦何陳氏具告何廷選等欺孀估覇一案／71 一件抝府民梁双有具控羅徳紀等欺孤飛害等情一案／72 一件抝鎮寧民呉永隆上控府民陳麻二等諱傷瞞供等情一案／73 一件抝府民王宗印与韋起興互控估耕土地等情一案／74 一件抝府民晏桂華与丁光徳互報偸窃牛隻一案／75 一件抝府民李維明具告李大糯等贓賊両獲等情一案／76 一件抝府民呉朝彦具続周永春重利盤剥一案／77 一件抝府民蕭嘉謨具告封敢寿一案／78 一件抝府民周士虞続告周士甲等違断覇估一案／79 一件抝府民王在成具控莫老三等遭棍凶磕一案／80 一件抝府民范起学具控李士順等贓真賊実一案／81 一件抝府民羅錦朋具控羅欲尅等夥串悔奪一案／82 一件抝府民王楡具告陳老二等奸刁串估等情一案／83 一件抝普定民方大占具告府民劉服受縦姦活奪一案／84 一件抝本城民黄起全具告文光斗等奸唆督搶一案／85 一件抝府民汪文成具告謝起貴等拷磕不遂一案／86 一件抝府属孀婦郭李氏具告郭大亮逐孀欺孤一案／87 一件抝普定県民滕治等上控杜敏興等官清差猾一案／88 一件抝府属民婦栢姚氏具告班玉成等誘和估呑一案／89 一件抝府属頭人蒋乾具告韓敢生等負情反磕一案／90 一件抝差役方順具稟王三受等估抗粮条一案／91 一件抝永寧州監生銭学淵上控梁士才等假造当契一案／92 一件抝府民呉士富具報張卯等報懇差逐一案／93 一件抝本城民蒋天一具告賀老二等唆估勒婚一案／94 一件抝府民張芳廷具告張晋廷等串逆凶估一案／95 一件抝普定県属孀婦劉胡氏等具告府民伍文光等唆当估租一案。

［所蔵］：［国家図（分）］。

［版本］：［安順黎平府公牘／二〇〇八年北京国家図書出版社用清鈔本景印／明清法制史料輯刊第一編所収］。

［備考］：　——

119　問心一隅　二巻　清胡秋潮撰　光緒三十二年刊本

［撰者］：胡秋潮が山東省の東昌府博平県知県として在任した時期のものであるが、道光 29 年(1849)の在任を確認することができる。また、道光 28 年(1848)には同府聊城県の署知県を務めていたと思われる。

［内容］：巻上・下ともに、すべて判語である。巻上には「逐婦明冤」「驟食多麦」「李氏寡婦」「伐場互訴」等 20 件、巻下には「捻匪遯跡」「清欠於未審之先」「当地找価」「欠項不准互訴」等 26 件、併せて 46 件の判を収録。

［所蔵］：［東文研］・［科学図］。

［版本］：　――

［備考］：［滋賀秀三 84］。

120　新編評注胡林翼判牘菁華　一巻　清胡林翼撰　襟霞閣輯　秋痕廔評　民国間上海東亜書局鉛印本　新編評注清朝十大名吏判牘所収

［撰者］：胡林翼は道光 27 年(1847)から咸豊元年(1851)にかけて貴州省の安順府・鎮遠府・思南府・黎平府の署知府・知府として在任しており、その時期のものと思われる①。

［内容］：判 38 件・批 28 件を収録。前者の標題は下記のとおり。

[1]指腹為婚之妙判／[2]糾衆奪妻之妙判／[3]報盗孟浪之妙判／[4]姦婦有孕之妙判／[5]姦盗分明之妙判／[6]愛嗣成立之妙判／[7]重究妄控之妙判／[8]謀殺親夫之妙判／[9]瘋狗斃人之妙判／[10]假命盗屍之妙判／[11]自縊身死之妙判／[12]秀才猟豔之妙判／[13]抹殺綱常之妙判／[14]玷辱淑女之妙判／[15]真奸假拐之妙判／[16]平反盗案之妙判／[17]任意株連之妙判／[18]捏造忤逆之妙判／[19]重提婚約之妙判／[20]大盗正法之妙判／[21]逃妾嫁人之妙判／[22]旧奴訐主之妙判／[23]捏控県官之妙判／[24]佔地造屋之妙判／[25]寡婦争産之妙判／[26]土豪捏控之妙判／[27]索債逼命之妙判／[28]打死小児之妙判／[29]毆人斃命之妙判／[30]拐誘婦女之妙判／[31]孌僮叛主之妙判／[32]姦刧妄報之妙判／[33]活佔髪妻之妙判／[34]棄職潜逃之妙判／[35]装傷朦訴之妙判／[36]奴奸主婦之妙判／[37]奸嫂未成之妙判／[38]淫衿重責之妙判。

---

① 梅英杰編『胡文忠公年譜』巻 2、参照。

[所蔵]：［北京大］・［国家図(分)］。

[版本]：［二〇〇〇年台北老古文化事業用民国鉛印本景印／清代名吏判牘七種彙編所収］。

[備考]：［森田成満 93］・［P.E.Will 10］。

121　退厓公牘文字　八巻　清賈臻撰　同治元年刊本　故城賈氏躬自厚斎叢書所収

[撰者]：賈臻が道光 30 年(1850)に河南省の河南府署知府として就任し、その後、同年から咸豊元年(1851)まで同知府として在任した時期のもの①。

[内容]：巻 1 に署知府時代の 2 件の判を、巻 3 に知府時代の 4 件の判を収録。標題は下記のとおり。

巻 1、署河南府任 起道光庚戌四月二十四日訖十月二十一日：[1]偃師民人王甲調姦蔡乙之女未成案判／[2]委審鞏県生員張炳然省控案稟臬台。

巻 3、河南府任 壬子：[1]洛陽孟津両県紳民互控寄荘差徭案判／[2]洛陽民婦孫狄氏案判／[3]新安監生韓冀思等省控霍村牌合牌辦差案判／[4]洛陽民人楊春発省控串差訛贖案判。

[所蔵]：［人文研］・［東文研］・［東洋］・［国家図(分)］。

[版本]：［二〇〇八年北京国家図書出版社用同治元年刊本景印／明清法制史料輯刊第一編所収］。

[備考]：［森田成満 93］。

122　牟公案牘存稿　八巻　清牟房撰　咸豊二年序刊本

[撰者]：牟房が道光 30 年(1850)まで浙江省の紹興府会稽県知県として在任した後、咸豊元年(1851)から同じく湖州府安吉県知県として在任した時期のもの②。

[内容]：巻 1、会稽県十七篇に堂論 5 件・批示 4 件を、巻 2、会稽県十三篇に堂論 5 件・批示 3 件を、巻 3、安吉県十篇に堂論 3 件・批示 2 件を、巻 4、安吉県

---

① 当該書の各巻、目録を参照。

② 当該書、巻首、「会稽県案牘存稿序」および同治『湖州府志』巻 6、職官表、州県、安吉県、参照。

十六篇に堂論7件・場論2件・批示1件を、巻5、安吉県十篇に堂論1件・場論1件・批示1件を、巻6、安吉県十一篇に堂論3件を、巻7、安吉県十五篇に堂論7件・批示2件を、そして巻8、安吉県十五篇に堂論2件・批示1件を収録。各々の標題は以下のとおり。

巻 1、会稽県十七篇：[1]審姒金鐿以県不勘案等事上控姒宝圭一案堂論／[2]審呉亜四以走失猫隻扭稟沈艾仔一起堂論／[3]審范九標控周雲在誘拐室女等事一案堂論／[4]批傅廷倫控傅李氏停棺唆詐等事一詞示／[5]審方永燮喊稟妾方任氏剪髪撤潑等事一起堂論／[6]審高徳宝喊稟叔妾高王氏唆逐無依一起堂論／[7]批金尚黎呈査明搶犯叩賜併拿一詞示／[8]批孟陳氏遵批声覆叩恩提釈一詞示／[9]批単沛泉控徐国傑頼修辱師等事一詞示。

巻 2、会稽県十三篇：[1]審職員劉子範控監生胡大栄盗買祭田一案堂論／[2]審沈瑞華控朱阿淮奸拐蔵匿等事一案堂論／[3]批羅仁緒推産息争一詞示／[4]批謝方氏奉送憲批等事一詞示／[5]審張継昌喊稟丁廿八擒匿伊妻一起堂論／[6]批前曹州府知府潘尚楫懇恩准捐等事一詞示／[7]審尼海印控呉聖賛等盤踞欺覇等事一案堂論。

巻 3、安吉県十篇：[1]審厳秉聖控傅廷基行窃拒捕等事一案堂論／[2]批丁広徳控朱坤元等凌辱逼嫁等事一詞示／[3]審賊匪銭阿夏窃劫馬姓屍棺一案堂論附梅渓記夢／[4]審方元学控朱以潮糾窃賍確一案堂論／[5]審周元升控劉福成覇牛勒贖一案堂論／[6]批徐永宝控章如松等串害截毆等事一詞示。

巻 4、安吉県十六篇：[1]審広徳州棚民池乃鳳等闖門喊稟一起堂論／[2]審姚盛氏呈送段六寿等招引煽惑等事一案堂論／[3]審陳呉氏控陳昌大等恃強兇毆等事一案堂論／[4]審方承輔控張思齢負欠租穀一案堂論／[5]審監生徐景湖控舒阿花恃強覇踞一案堂論／[6]審盧世標等各以子弟受傷擡験互控一案堂論／[7]審王炳基等控王効速等族悪難容等事一案堂論／[8]批陳文祥娣回呈明等事一詞示／[9]勘方張氏控張人鳳欺寡覇産一案場論／[10]審賊犯陳阿昭等行窃太平庵衣被等贓一起堂論／[11]勘鄭徳豊捆送賊匪王二毛撬壁偸窃一案場論。

巻 5、安吉県十篇：[1]審章汪氏呈送伊子章亜珏忤逆難寛一起堂論／[2]勘帰安県民人李阿度喊稟漁船被劫一起場論／[3]批兪兆熊等以伊弟悖逆不端呈請存案一詞示。

巻 6、安吉県十一篇：[1]審兪士則控徐阿年等頼物毆師等事一案堂論／[2]審沈成等呈控沈章氏過期生子一案堂論／[3]審上虞県民余阿江控李阿東恃蛮兇剥一案堂諭。

巻 7、安吉県十五篇：[1]審陳其炳控陳其明等串詐擾害等事一案堂諭／[2]批蕭姜氏叩案保釈一詞示／[3]又批孝豊県貢生楊春藹等盤踞截留等事一詞示／[4]審承発書胡建亭民人阮光桃扭結喊稟一起堂諭／[5]審江文聘控楊宏典強割田稲一案堂諭／[6]審荘差施鳳稟帯糧戸謝錫純一起堂諭／[7]審鄒成堃控王順元阻塟横詐等事一案堂諭／[8]審生員李載芳等控李有全澆賭肆横一案堂諭／[9]審胡徳茂以偸菜抜辮捆送賊匪王問生一起堂諭／[10]批徐治川等控伊弟徐浩川背逆不端等事一詞示。

巻 8、安吉県十五篇：[1]審陳世家控陳昌大等横索兇殴等一案堂諭／[2]批陳其勝等和陳方氏陳百林一案求息一詞示／[3]審張毓珂喊稟身死不明懇恩究辦事一起堂諭。

[所蔵]：[法学所]・[上海図]。

[版本]：　――

[備考]：[法制局 57]。

123　自治官書偶存　三巻　清劉如玉撰　光緒二十四年刊本

[撰者]：劉如玉が咸豊 2 年(1852)から同 6 年(1856)まで湖南省の永州府寧遠県知県として、咸豊 8 年(1858)から同 10 年(1860)まで同じく長沙府茶陵州署知州として在任した時期のもの[①]。

[内容]：巻 2 に 23 件の批を、巻 3 に 16 件の判を収録。後者の標題は下記のとおり。

巻 3：[1]判屈廷栄告楊鱣堂逞兇殺妻 咸豊十二年／[2]判呂鼎宏立後 咸豊三年／[3]判黄李氏命案 咸豊三年／[4]判楽玉振告楽顕鈺等私占学田 咸豊四年／[5]判劉楊氏告其媳与文見成通姦含羞自尽 咸豊八年／[6]判張盛華之女普秀断帰蕭姓 咸豊八年／[7]判陳譚氏告夫死不明 咸豊九年／[8]判馮光第告楽洪語賄謀強葬 咸豊十年／[9]判任陳氏控楊守誥冒認伊子任継忠為子 咸豊十一年／[10]判張万利女細貞帰陳遠明 咸豊十一年／[11]判斬通匪刑書楊奇峯 咸豊二年／[12]判斬土匪頭目荊彪彪仔 咸豊三年／[13]判斬土匪黄孝古 咸豊四年／[14]判斬従匪差役柏坤 咸豊四年／[15]判斬従匪監生楊上秀／[16]判女匪頭目許

---

① 光緒『寧遠県志』巻 7-1、人物、秩官、国朝、知県、同、巻 7-6、人物、名宦、国朝、同治『茶陵州志』巻 15、官守、国朝、知州、および同、巻 16、循良、国朝、参照。

香桂解回郴州本籍正法 咸豊五年。

[所蔵]：[人文研]。

[版本]：[勤慎堂自治官書偶存／一九七三年台北文海出版社用民国排印本景印／近代中国史料叢刊所収]。

[備考]：[張偉仁 76]・[滋賀秀三 84]・[P.E.Will 10]。

124　斯未信斎文編　十七巻　清徐宗幹撰　嘉慶二十一年刊本

[撰者]：徐宗幹が咸豊 4 年(1854)に福建按察使として、また同 7 年(1857)から同 8 年(1858)まで浙江按察使として在任した時期のもの[①]。

[内容]：官牘 5 福建 に 1 件の判を、官牘 7 浙江 に 2 件の判を収録。標題は下記のとおり。

官牘 5：1 争産控案判。

官牘 7：1 判祝昌期控案／2 判汪世栄控案。

[所蔵]：[人文研]・[東文研]・[国家図(分)]。

[版本]：　——

[備考]：[張偉仁 76]・[森田成満 93]・[P.E.Will 10]。

125　曾文正公批牘　六巻　清曾国藩撰　光緒二年伝忠書局刊本

[撰者]：曾国藩は咸豊 10 年(1860)から同治 4 年(1865)まで、次に同治 5 年(1866)から同 7 年(1868)まで、さらに同治 9 年(1870)から同 11 年(1872)までと、3 回にわたって両江総督を務めており、その間、同治 7 年(1868)から同 9 年(1870)まで直隷総督に就いている[②]。

[内容]：巻 4、「同治八年二月起至九年七月止直隷督轅」に訴訟関係の批 11 件、また巻 5-6「江督署刑科」に批等 10 件を収録。標題は下記のとおり。

巻 4：1 批青県文生張化敷等呈愬京控姚式熙等勒捐案情／2 批景州民常名芳呈控常彭年奪継／3 批饒陽民許有立等呈控王明哲等苛派差徭／4 批献県民馮際会等呈控苛派差徭／5 批河間文生張傅巖等続控／6 批広平府稟前署成安王令被控按地

---

① 銭実甫編『清代職官年表』第 3 冊、中華書局、1980 年、参照。

② 銭実甫編、前掲『清代職官年表』第 2 冊、参照。

派銭実在情形／[7]批晋州呉彭氏呈控呉洛純等不容伊子承継堂兄呉鉄錘等情／[8]批按察司詳覆隆平県稟生武心田等控曹愛元侵佔学基案／[9]批衡水県武生張従龍争継案三次呈控／[10]批隆平県稟生武心田等二次呈控曹愛元侵佔学基／[11]批元氏県文生智修理文続控。

巻 5 : [1]批銅沛豊三県士民馬鳳池等呈詞／[2]宝応捐職従九史抱書・捷書稟父天佑被殺等情／[3]批沛県士民張諤亭等呈／[4]批銅沛豊魚等県士民劉貫三等呈詞。

巻 6 : [1]発審局員何慶徴等稟委審程熙純控告許鑾呑欠賸考一案／[2]泰州革監曹毓琦控案審擬／[3]寿州職婦黄楊氏呈控伊夫被王参将謀害一案／[4]両淮塩運司稟候選道魏綸先稟控唐光昱一案／[5]両淮塩運司詳銷唐光昱・魏綸先互控一案／[6]批銅湖・沛湖団董事満亜江等呈詞。

[所蔵] : ［人文研］・［東文研］・［国家図(分)］・［科学図］ 等。

[版本] : ［一九七四年台北文海出版社用光緒二年黿伝忠書局刊本景印／近代中国史料叢刊続編所収］。

[備考] : ——

126 新編評注曾国藩判牘菁華 一巻 清曾国藩撰 襟霞閣輯 秋痕廔評 民国間上海東亜書局鉛印本 新編評注清朝十大名吏判牘所収

[撰者] : 125、参照。

[内容] : 批 31 件を収録。標題は下記のとおり。

[1]洋人租屋之妙批／[2]交通盜案之妙批／[3]整頓水師之妙批／[4]籌措餉械之妙批／[5]争執団地之妙批／[6]争執団地之妙批其二／[7]争執団地之妙批其三／[8]整頓丁漕之妙批／[9]整頓丁漕之妙批其二／[10]整頓丁漕之妙批其三／[11]革除陋規之妙批／[12]革除陋規之妙批其二／[13]教士設堂之妙批／[14]立功自効之妙批／[15]誥誡文士之妙批／[16]勗勉勤奮之妙批／[17]申斥撤誑之妙批／[18]厳懲弁勇之妙批／[19]任選人才之妙批／[20]訓練営将之妙批／[21]訓練営将之妙批其二／[22]安慰敗軍之妙批／[23]挙辦団練之妙批／[24]挙辦団練之妙批其二／[25]坐拚報仇之妙批／[26]寧静致遠之妙批／[27]分別団練之妙批／[28]党悪鬥詐之妙批／[29]訓練新勇之妙批／[30]辦理善後之妙批／[31]条陳善後之妙批。

[所蔵]：[国会図]・[北京大]・[国家図(分)]。

[版本]：　——

[備考]：[森田成満 93]。

127　新編評注曾国荃判牘菁華　一巻　清曾国荃撰　襟霞閣輯　秋痕廔評　民国間上海東亜書局鉛印本　新編評注清朝十大名吏判牘所収

[撰者]：曾国荃は同治元年(1862)から同2年(1863)まで江蘇布政使として、同治5年(1866)から同6年(1867)まで湖北巡撫として、その後、光緒2年(1876)から同6年(1880)まで山西巡撫として在任している①。

[内容]：判23件・駁3件・批19件を収録。標題は下記のとおり。

判：1勒死親夫之妙判／2殺妻誣姦之妙判／3価売弟婦之妙判／4強搶処女之妙判／5貪財逼嫁之妙判／6謗訐寡孀之妙判／7滅倫誘奸之妙判／8手刃双奸之妙判／9索債斃命之妙判／10謀財放火之妙判／11就地正法之妙判／12教匪造反之妙判／13活殺妻命之妙判／14藉灾侵賑之妙判／15掌責傷命之妙判／16挪移漕糧之妙判／17開棺見屍之妙判／18争果落井之妙判／19剥衣謀命之妙判／20殴死債窃之妙判／21郷愚販私之妙判／22双瞽鬥殴之妙判／23私販食塩之妙判。

駁：1苛派勒捐之妙駁／2擲石殺人之妙駁／3弄仮成真之妙駁。

批：1剋拉軍餉之妙批／2救全生霊之妙批／3姑息養奸之妙批／4求祷雨沢之妙批／5欄輿辱詈之妙批／6坐視匪乱之妙批／7褒揚貞魂之妙批／8巾幗完人之妙批／9開革兵丁之妙批／10取巧頼債之妙批／11重息放債之妙批／12匿灾不報之妙批／13移風易俗之妙批／14実心任事之妙批／15包抗銭糧之妙批／16狐狸跨伏之妙批／17荒救条陳之妙批／18因循疲玩之妙批／19禁種禁吸之妙批。

[所蔵]：[北京大]・[国家図(分)]。

[版本]：　——

[備考]：[森田成満 93]。

---

① 銭実甫編、前掲『清代職官年表』第2冊、および同、第3冊、参照。

128　谿州官牘　四集　清張修府撰　同治四年刊本

[撰者]：張修府が咸豊 11 年(1861)から同治 6 年(1867)まで湖南省の永順府知府として在任した時期のもの[①]。

[内容]：丙集に批詞 99 件・判 12 件を収録。各々の標題は以下のとおり。

批詞九十七首：1批桑植県民楊子新告劉品観等朋斃幼命事／2批龍山県職員陳昌堅告黄昌謨等毆斃妹命事／3 批永順県僧慈心告武生召石金声等藐断強収事／4批永順県職員李生寅告張光煥等賄弊朦詳事／5批永順県民張徳興告向喜等豪蠹串抗事／6 加批／7 批永順県民婦王呂氏告王晏氏等藉詐串押事／8 批永順県民婦李田氏告李長太等逆蠹串害事／9 批永順県民婦杜丁氏告杜成高等佔産埋冤事／10 批永順県職員李生寅告張光栄等畏証劫証事／11 批龍山県民婦劉鄢氏告彭述等騙詐串害事／12 加批／13 批龍山県民女張妹乖告彭永鳳等賄蠹塌抗事／14 批龍山県民彭家章告白廷献等串聳冤沈事／15 批龍山県民婦劉鄢氏同夫兄劉俊雄戸族劉英略稟懇免検験事／16 批龍山県民彭廷榜告白廷献等踵弊袒沈事／17 批龍山県民婦沈劉氏告彭桂林等欺騙兇毆事／18 批龍山県民女張妹乖告彭永鳳等冤深情切事／19 批龍山県民姚光富等告袁国興等違禁勢覇事／20 批龍山県民婦彭蓬氏告彭徳蛟等蔑倫姦嫂事／21 批龍山県民婦方劉氏告方徳寿等捐饍悖倫事／22 批龍山県武生劉静山告劉俊雄等一棺両塚事／23 批龍山県民彭家章告白廷献等舞弊改案事／24 批永順県民婦向田氏告朱宇寛等冤屈難伸事／25 批永順県武生石金声告僧慈心等挟誣羅織事／26 批永順県僧慈心告武生石金声等藐断強収事／27 批永順県民孫文忠告陳定南統捉強売事／28 批永順県武生石金声告孫文奇等挟隙嘱誣事／29 批郡城武廟僧万雲等稟請示伝戒事／30 批龍山県民彭宗貴告彭応龍等恨控捉拷事／31 批桑植県文童王士恵告彭光南等畳違串呑事／32 批永順県監生宋光国告武生石金声等糾搶庇抗事／33 批永順県民婦江李氏告王定玉等違断藐抗事／34 批永順県民彭文溶等告彭文彬冒襲朦詳事／35 批龍山県文童彭光泮告姚紹啓等抑冒戦功事／36 批永順県民彭文光告李光炳等権濫蠹擱事／37 批永順県民彭文彬稟先繳族譜事／38 批龍山県民婦呂謝氏告余成宏等蠹丁弊奪事／39 批桑植県劉陳氏告劉忠斌強搶弊奪事／40 批桑植県民張万選告江忠等捐官屠民事／41 批桑植県民朱衣端告劉漢連等籠贅破節事／42 批龍山県民田順奎告田祖福等鯨呑滅孤事／43 批永順県

---

① 光緒『湖南通志』巻 121、職官志 12、文職 12、国朝 1、永順府知府、参照。

文生彭子珍等稟請襲旧案事／44 批桑植県文生陳錦川告千総田士材縦兵毆士事／45 批永順県民張有万告高登富等串拐弊漏事／46 批龍山県民熊士貴告黄福貞等賄擱極冤事／47 批龍山県民熊士貴再告黄福貞等賄擱弊誑事／48 批龍山県民彭正玉告張清邦屡搶絶生事／49 批龍山県民熊士貴三告黄福貞等賄弊冤沈事／50 批龍山県文童彭国魁告彭有松等屡害無休事／51 批桑植県民鐘朝安告彭明寿等奇冤惨害事／52 批桑植県民鐘朝安告彭明寿等慾壑難填事／53 批龍山県民婦彭田氏告彭有松糾衆兇傷事／54 批桑植県民向光秀告王熙漢等弊朦県断事／55 批保靖県民孫大乾告孫大経等故殺故出事／56 批龍山県田大炳告田士貞等滅倫逼逃事／57 批龍山県田大炳再告田士貞等滅倫兇抄事／58 批永順県民欧永祥告熊良盛等統捉拷索事／59 批桑植県民許学超告李化龍串丁弊塌事／60 批龍山県民向廷珍告向鳳翥害極潜逃事／61 加批／62 批龍山県李鳳儀向順華稟不願終訟事／63 批龍山県民楊開魁告楊秀貴等賄弊串詐事／64 批本衙戸書劉朝良告蛮老十等串匪勒詐事／65 批桑植県民劉忠斌告夏英魁等串買田産事／66 批永順県民李大順告張清印等弊朦冤抑事／67 批永定県監生秦克恭告易光富等兇逃蠧縦事／68 批龍山県職員田萃亭告田有国等一縦三案事／69 批永順県民王開成告聶光彩等兵蠧理冤事／70 批龍山県民喩順珍告王正魁等拆昏詐贓事／71 批永定県監生秦克恭再告易光富等生害死冤事／72 批桑植県民王士建告谷啓克等兇斃賄匿事／73 批桑植県民劉忠諒稟遵断択継事／74 批永順県民李大正告楊魁等籠娶索悔事／75 批保靖県民馬儲駿告彭鑫渚等衿蠧専権事／76 批龍山県武生楊大栄等稟乞恩息結事／77 批永順県職員向文藻告陳一型等既詐復搶事／78 批龍山県民彭光泮告姚紹啓等兇毆押詐事／79 批永順県役胡升告向大興等養賊咬良事／80 批永順県文生陳一型告向文藻等騙詐不甘事／81 批永順県民唐正隷告張順動等毆斃父命事／82 批龍山県民婦田王氏告彭光典等串弊冤沈事／83 批永順県丁応成告田文燦欺詐図謀事／84 批永順県民婦唐蕭氏稟據実首悔事／85 批永順県民張応翬告張文奎傷塚損丁事／86 批龍山県民婦田王氏再告彭光典等賄擱冤沈事／87 批永順県民董光燦稟周昌権与彭兆抜等邀恩息銷事／88 批龍山県民向大告唐玉等藉案串磕事／89 批保靖県民劉朝珍告廖忠華等窃露移害事／90 批龍山県文童彭治新告彭紹越抗繳胎害事／91 批永順県民王倫告尚文徳等偽契索害事／92 批永順県民婦王戴氏告王大鐘藐断復搶事／93 加批／94 加批／95 批保靖県民彭寿亭告彭世志等恃衿害良事／96 批永順県民婦王戴氏稟遵批褸呈事／97 批永順県職員向成都告符時圭等藉誣擋薦事／98 批龍山県民女張妹乖告

彭正貴等賄弊沈擱事／99批保靖県文生謝鈺告包順等玩盜索賄事。

判十一首：1永順県民彭文溶等告彭文斌冒襲朦詳案判／2桑植県劉陳氏告劉忠斌覬産争継案判／3永順県文童潘渓成雇鎗案判／4桑植県文童熊良瑋王成章雇鎗案判／5 永定県文生宋士恒代鎗案判／6 永順県民唐正隸告老亢等案判／7 龍山県三四甲里民控糧書范必麟案判／8龍山県役王万等兇毆義従営勇丁案判／9龍山県土匪田占梅並妻向氏案判／10 永順県民向国校告向世林和姦案判／11 龍山県武生彭紹越与弟文童彭治新互控案判／12 龍山県民婦沈劉氏訴文生彭松林昧騙誣訟案判。

［所蔵］：［科学図］・［上海図］。

［版本］：　——

［備考］：　——

129　之游唾餘録　不分巻　清孫鏡寰撰　清鈔本

［撰者］：孫鏡寰は咸豊4年(1854)から同治9年(1870)にかけて、湖北省の徳安府随州・襄陽府穀城県・漢陽府漢川県・安陸府天門県・漢陽府漢陽県・安陸府鍾祥県・黄州府蘄州等の署知県・署知州を歴任している①。

［内容］：全3冊から成っているが、第1冊に「判詞」、第3冊に「省控案判詞 武昌発審局」として2件の判を収録。標題は附けられていない。前者は穀城署知県として、後者は漢川県署知県として在任した時期のものと思われる。

［所蔵］：［国家図(分)］。

［版本］：［二〇〇八年北京国家図書出版社用清鈔本景印／明清法制史料輯刊第一編所収］。

［備考］：　——

130　自楽堂遺文　不分巻坿続刻　清何桂芬撰　同治八年金陵府黄起東家刊本

［撰者］：何桂芬が同治5年(1866)から同7年(1868)まで陝西省の陝安道として在

① 当該書、所収の「敬再稟者」および「稟広西臬憲厳」等、参照。

任した時期のもの[①]。

［内容］：批 2 件を収録。標題は下記のとおり。

[1]非南褒田戸具控藉閏升期一案 同治七年六月／[2]覆稟批示 同治七年七月。

［所蔵］：［科学図］。

［版本］：　――

［備考］：　――

131　呉中判牘　不分巻　清蒯徳模撰　同治十三年序刊本　嘯園叢書所収

［撰者］：蒯徳模が同治 6 年(1867)から江蘇省の蘇州府長洲県知県として、また同治 7 年(1868)から同 9 年(1870)まで同じく太倉州署知州として在任した時期のもの[②]。

［内容］：45 件の判を収録。各判に標題は附されていない。

［所蔵］：［国会］・［人文研］・［尊経閣］・［東文研］・［国家図(分)］・［科学図］。

［版本］：［二〇〇八年北京国家図書出版社用同治十三年序刊本景印／明清法制史料輯刊第一編所収］。

［備考］：［張偉仁 76］・［滋賀秀三 84］・［P.E.Will 10］。

132　新編評注李鴻章判牘菁華　一巻　清李鴻章撰　襟霞閣輯　秋痕廔評　民国間上海東亜書局鉛印本　新編評注清朝十大名吏判牘所収

［撰者］：李鴻章の生没年は道光 3 年(1823)と光緒 27 年(1901)。下記の判等が何時のものかは未詳。

［内容］：判 45 件・批 19 件・駁 2 件を収録。標題は下記のとおり。

判：[1]敗人名節之妙判／[2]小叔盗嫂之妙判／[3]狠咬阿姑之妙判／[4]一網打尽之妙判／[5]攤派銭糧之妙判／[6]収取陋規之妙判／[7]乾没賄賂之妙判／[8]持訴恐嚇之妙判

---

① 民国『続修陝西通志稿』巻 12、職官 3、文職、陝西陝安道、参照。

② 光緒『蘇州府志』巻 56、職官 5、国朝、長洲県知県、および民国『太倉州志』巻 11、職官、文職表 2、清、知州、参照。

／9私蔵軍器之妙判／10抗粮寛宥之妙判／11夾帯私塩之妙判／12畏罪遠遁之妙判／13老蠹造孽之妙判／14毆打人命之妙判／15愛母殺妻之妙判／16逼嫁投河之妙判／17淫棍姦搶之妙判／18乗機搶火之妙判／19重利盤剥之妙判／20頼婚妄訴之妙判／21偽印収租之妙判／22子証母奸之妙判／23勾串強詐之妙判／24使臣出缺之妙判。

批：1捐立義荘之妙批／2愛惜人材之妙批／3礙難開河之妙批／4守制百日之妙批／5矢志柏舟之妙批／6孝行可風之妙批／7截髪守貞之妙批／8就地正法之妙批／9慎選使臣之妙批／10並非邪教之妙批／11大将星沈之妙批／12盗決官隄之妙批／13建造祠宇之妙批／14設壇祈雨之妙批／15妖僧異服之妙批／16禁宰耕牛之妙批／17十年漏網之妙批／18丘八猖狂之妙批／19厳禁賭博之妙批。

判：1紅顔薄命之妙判／2人道不全之妙判／3一女両字之妙判／4活拆夫婦之妙判／5騙取財物之妙判／6籍没遺産之妙判／7択賢択愛之妙判／8力闢誣奸之妙判／9佔妻殺命之妙判／10放火洩憤之妙判／11悍姑虐媳之妙判／12鶏姦擅殺之妙判／13掩鼻而過之妙判／14強奸幼女之妙判／15悍婦杖姪之妙判／16撫孤争産之妙判／17輪姦斃命之妙判／18暮窃朝擒之妙判／19滅門惨劇之妙判／20弑父奇変之妙判／21活殺男命之妙判。

駁：1劫財傷人之妙駁／2図姦被殺之妙駁。

［所蔵］：［国会図］・［北京大］・［国家図（分）］。

［版本］：［二〇〇〇年台北老古文化事業拠民国鉛印本景印／清代名吏判牘七種彙編所収］。

［備考］：　――

133　雅州公牘　不分巻　清黄雲鵠撰　光緒十二年序刊本

［撰者］：黄雲鵠が四川省の雅州府知府として在任した時期のもの。同治8年（1869）の就任を確認することができる[①]。

［内容］：　11件の判を収録。標題は下記のとおり。

1王嘉謨争産判／2周義昌控慈明寺道士判／3楊学明分産判／4蘆山鮮以成遣妾判／5盧応陽李嗣訟田判／6梅先春墓田判／7又判／8左用霖入籍判／9范趙氏控

① 当該書、序、参照。

伊姪范瑞雲判／[10] 李閏子李天喜・李心喜房屋判案／[11] 栄経県民周登貴闞栄光判案。

［所蔵］:［上海図］。

［版本］:　——

［備考］:　——

134　敬簡堂学治雑録　四巻　清戴杰撰　光緒十六年刊本

［撰者］: 戴烝が同治 8 年(1869)から同 13 年(1874)まで山東省の済南府陵県の知県として在任した時期のもの①。

［内容］: 巻 4、堂判摘附に 9 件の判を収録。各判に標題は附けられていないが、各判の書き出しは下記のとおり。

[1] 杜花亭与張常仔互控殴傷一案／[2] 斉河県民劉義欒控郭連芳拐売伊妻一案／[3]陳延芳府控孫甫功等設計焼害一案／[4]李永昌府控臨邑県民高崑等抗関不案一案／[5] 張龍池等控張佃成朋媒逐孀一案／[6] 欒珍等控許善治覇種廟地一案／[7] 欒珍等府控許善治等呈懇提究並許長栄等査丈地畝一案／[8] 劉張氏控劉廷訓貪産逼嫁一案／[9] 李珩控石長明抗債刁頼一案。

［所蔵］:［科学図］。

［版本］:［一九九七年合肥黄山書舎用光緒十六年刊本景印／官箴書集成所収］。

［備考］:［森田成満 93］・［P.E.Will 10］。

135　頤情館聞過集　十二巻　清宗源瀚撰　光緒三年上元宗氏刊本

［撰者］: 宗源瀚が同治 9 年(1870)から同 10 年(1871)まで浙江省の湖州府知府として在任した時期のもの②。

［内容］: 巻 8、守湖稿、詞訟に 8 案件に関する一件文書を収録。各案件内の標題は下記のとおり。

[1]徳清県民人費錫章等稟批／札徳清県。

[2] 帰安県民婦費徐氏呈批／帰安県民人王載興等呈批／長興県民婦余潘氏十月

① 当該書、自序、参照。
② 同治『湖州府志』巻 5、職官表、郡守、国朝、参照。

二十六日呈／又民人朱維新徐振和等同日呈／札帰安県丞。

3帰安県民人兪錦秀呈批／札帰安県並埭渓巡検。

4 安慶懐寧県民人丁仁長呈批／丁仁長等稟批／札安吉県／安吉県稟批／札委員／堂諭／札帰安・安吉両県。

5長興県貢生戴庭槐呈批／堂諭。

6札烏程県。

7稟督撫臬巡／稟撫臬巡／示稿。

8 長興県孀婦徐銭氏等稟批／長興県監生朱瓊稟批／長興監生楊歩蟾稟批／長興孀婦徐銭氏呈批。

［所蔵］：［国会］・［人文研］・［東文研］・［科学図］。

［版本］：［二〇〇〇年北京北京出版社用光緒三年序刊本景印／四庫未収書輯刊所収］。

［備考］：［P.E.Will 10］。

136　嶺西公牘彙存　十巻　清方濬師撰　光緒四年粤東省富文斎刊本

［撰者］：方濬師が同治 8 年(1869)から光緒 4 年(1878)まで広東省の肇慶府知府および署肇羅童道として在任した時期のもの。

［内容］：巻 1 に裁判関係の批 13 件、巻 2 に同じく批 12 件、巻 3 に同じく批 11 件、巻 4 に同じく批 6 件、巻 5 に同じく批 6 件、巻 6 に同じく批 12 件、巻 7 に同じく批 4 件、巻 8 に同じく批 8 件、巻 9 に同じく批 3 件、巻 10 に同じく批 8 件、併せて 83 件の批を収録。ここでは巻 1 と巻 2 のみ標題を提示する。

巻 1：1批大埔県貢生范寅襄呈為土豪謀呑背約反誣泣叩鏡験鋪批飭准提府 同治八年三月廿八日／2 批徳慶州民何檢呈為毆逼斃命賄和図卸冤惨彌天事 同治八年三月廿八日／3批陽春県監生邱鳳鳴控高華漢逆匪押案殺冤頼伸 同治八年四月十八日／3批署開建県彭保乂稟廩生梁兆鼇呈控梁瑞剛一案請将廩生梁維城革訊由 同治八年五月初一日／4 批陽江州民婦梁利氏控項三継等団殺斃命 同治八年五月廿八日／5 批徳慶州監生覃復初控覃士宏真凶認案指凶全虚 同治八年七月初四日／6 批高要県職員姚進志控藉命獲詐恐斃殺対畏罪自縊 同治八年七月初八日／7 批高要県民婦姚黄氏控禍纏怨畳死徙延焼分別招撫事 同治八年七月十八日／8 批新興県民婦葉董氏控伊子完糧站書梁

献光不肯給串反被県押 同治八年七月廿八日／[9]批四会県烏廷梧稟職員馬燊等上控呉明光等開設賭館一案 同治八年九月二十三日／[10]批開建県民婦李覃氏上控梁駿勳唆串県署管帳遊連科包案不断 同治八年十月初二日／[11]批羅定州稟遵批査明楊同奉控案稟覆察核飭遵 同治八年十月初四日／[12]批署封川県李積経詳遵将莫永春等具控均源店私開鉄爐久不赴審詳請銷案 同治八年十月十四日／[13]批開建県革生李国棟控游連科包断翻案 同治八年十二月十八日。

巻 2 : [1]批陽江州耆民楊啓光等控変章加抽赴訴架押仰乞吊放 同治九年三月二十三日／[2]批恩平県刑部主事馮典夔等控差串結陥良保凶等情 同治九年三月二十九日／[3]批開建県武生鄧錫長控訟棍唆擺串閣瞞聳封拆民房 同治九年五月初四日／[4]批高要県孀婦張陳氏控死難復生冤猶可解 同治九年六月初五日／[5]批開建県孀婦黄林氏控呈 同治九年六月十九日／[6]批陽江州監生陳岳齢控陳煥芳鑽修族譜廃兄滅祀等情 同治九年六月二十九日／[7]批陽春県貢生劉栄輦等控衙蠹覬覦瞞聳封禁穀米壅塞病民 同治九年七月二十二日／[8]批高明県民婦甘張氏控擄捉刑斃賄弄冤封 同治九年閏十月初八日／[9]批東安県生員彭沛樊・履祥等控滅理肆逆経断欺釈 同治九年閏十月二十四日／[10]批東安県民林紹達・啓芳控偽判串呑叩乞親提断結 同治九年十一月初四日／[11]批学前東西街舗民正和店等控賭館被封賭棍復領 同治九年十一月初九日／[12]批開建県蔡作聘等控曲直已分判渉両岐莫適従違 同治九年十二月初三日。

[所蔵] : [東文研]・[東洋]・[科学図]。

[版本] : [一九七三年台北文海出版社用光緒四年刊本景印／近代中国史料叢刊所収]。

[備考] : [張偉仁 76]・[P.E.Will 10]。

137　出山草譜　四巻　清湯肇熙撰　光緒十年昆陽県署刊本

[撰者] : 湯肇熙が同治 11 年(1872)-同 12 年(1873)に浙江省の衢州府開化県知県として、その後、光緒 8 年(1882)-同 11 年(1885)に同じく温州府平陽県知県として在任した時期のもの。

[内容] : 巻 1、初篇に 2 件の批を、巻 4、三篇下に 5 件、巻 5、四編に 3 件の判を収録。標題は下記のとおり。

巻 1 : [1]批民人姜梁泰稟詞／[2]批生員陳堂徽等稟詞。

巻 4 : [1]懸牌諭瑞安耆民董秉潤等上控蔡上智等一案／[2]懸牌示周陳氏控許慶芝案／[3]判定海堂尼僧招引坐関案／[4]懸牌示張姓網門租控案／[5]懸牌示諭金鎮余姓案。

巻 5: [1]三十一都欧陽駍等控案懸牌示／[2]諭余王氏控案族戚／[3]訊霊巖寺幼尼給還夫家判語。

[所蔵] :［東文研］・［科学図］。

[版本] :［二〇〇〇年北京北京出版社用光緒十年昆陽県署刊本景印／四庫未収書輯刊所収］。

[備考] :［森田成満 93］・［P.E.Will 10］。

138　宦游政稿　不分巻　清惲祖祁撰　光緒四年跋刊本

[撰者] : 惲祖祁の知県在任時のものだと思われるが、どこの知県かは未詳。

[内容] :「審看李光祖控李樹茂判」と題する 1 件の判を収録。

[所蔵] :［科学図］。

[版本] :　——

[備考] :　——

139　問心斎学治雑録　二巻続録四巻　清張聯桂撰　光緒十一年重刊本

[撰者] : 張聯桂が広東省の高州府・恵州府・潮州府の各知府と恵潮嘉道として在任した時期のもの①。光緒 3 年(1877)から同 4 年(1878)まで高州府知府として在任し、同 4 年(1878)に恵州府署知府となっている②。

[内容] : 続録、巻 3 に批 12 件および判 6 件を収録。標題は下記のとおり。

[1]批石城県奎令請将江国鏞控案作為了結稟／[2]批掲陽県稟河婆司巡検看管案犯蔡阿周等服毒自尽案／[3]批饒平県稟県属漁村郷黄音等被福建詔安県景坑郷張泉吾等擄殺案／[4]批饒平県等会稟漁村郷民被福建詔安県景坑郷張姓擄殺内王子雷

---

① 当該書、「問心斎学治続録序」参照。

② 光緒『高州府志』巻 21、職官 4、文職、国朝高州府知府、および光緒『恵州府志』巻 19、職官表上、国朝知府、参照。

等五人已先後放回王菓屍身無存案／[5] 批大埔県稟封職江金鰲等控福建連城県木商張維邦等瞞佔枋子塡木不案／[6] 批恵来県稟復生員黄阿熙控案人証未斉請委員銷差案／[7] 批嘉応州稟州属棍徒廖有章包攬詞訟与温没柿互控賭博将案巻十三宗解候審辦案／[8]批掲陽県稟彭王等姓鬭案原控兇犯錯誤另緝正兇審辦案／[9]批掲陽県稟県民郭大通呈報伊子郭宏周被人殺死案／[10] 批南澳同知稟請出示禁革隆澳新旧官屠案／[11] 批澄海県稟丈明魯麟洋行向郭忠恕堂祖受地段並未立契税印請弔銷郭姓原契另給執照管業案／[12] 批澄海県稟丈明英商呍唖与郭忠恕堂調換地段請弔銷原買印契及調換批字另給執照管業案／[13] 堂訊茂名県職婦陳董氏控職員譚恩祥誣指捐項移県封産案判／[14] 堂訊石城県民婦江蘇氏控職員江国鏞等穢祖奪産案判／[15] 堂訊恵来県廩生朱憲章控方隆郁覬覦墳穴移滅佔築案判／[16] 堂訊普寧県五品銜生員楊連茹控許礼粛即阿夷漏網餘孽案判／[17] 堂訊饒平県民婦張周氏攔輿呈控李勇烈匿媳另売案判／[18]堂訊長楽県周李二姓控争白石洋塡地案判

[所蔵]：[東文研]・[国家図(分)]・[科学図]・[LC]。

[版本]：[二〇〇八年北京国家図書出版社用光緒十一年刊本景印／明清法制史料輯刊第一編]。

[備考]：[森田成満 93]・[P.E.Will 10]。

140　不慊斎漫存　六巻　清徐賡陛撰　光緒八年南海官署刊本

[撰者]：徐賡陛が光緒 4 年(1878)-同 6 年(1880)頃に広東省の恵州府陸豊県の署知県として在任した時期のもの[①]。

[内容]：巻 5、陸豊書牘に「稟覆致死教民涂立存案」「批武生邱桂芳呈」を収録。

[所蔵]：[国会]・[人文研]・[東文研]・[東洋]・[国家図(分)]・[科学図]。

[版本]：　——

[備考]：[P.E.Will 10]。

141　斯不負斎政書　九巻文集五巻　清周家楣撰　光緒二十一年刊本

[撰者]：周家楣が光緒 4 年(1878)から同 5 年(1879)まで、さらに同 8 年(1882)

① 当該書、巻 5、陸豊書牘には「光緒四年歳次戊寅八月戊寅朔越祭日乙未、塩課司提挙銜広東候補通判署恵州府陸豊県知県徐」とあり、また同巻には「光緒六年」という記述も見える。

から同 10 年(1884)まで直隷の順天府尹として在任した時期のもの①。

[内容]：政書 7、府尹書 5 に裁判関係の札 2 件・批 7 件を収録。標題は下記のとおり。

1 札飭涿州秉公訊辦控案／2 札飭房山県審断窰帳／3 批霸州詳銷楊蔭棠控案／4 批香河稟李潰堂仍帰宝坻訊辦／5 批東安県詳王国林放鎗傷敵人身死／6 批通州陳牧鏡清稟辦官車並賈士雲控案／7 批治中詳復王国成控案／8 批宛平廩生譚景和等控案／9 批永清詳銷馮天元控案。

[所蔵]：[科学図]。

[版本]：[一九七三年台北文海出版社用光緒二十一年刊本景印／近代中国史料叢刊所収]。

[備考]：[張偉仁 76]。

142　呉平贅言　八巻　清董沛撰　光緒七年序刊本

[撰者]：董沛が光緒 6 年(1880)から同 7 年(1881)まで江西省の臨江府清江県知県として在任した時期のもの。

[内容]：巻 1、判上に「黄琮呈詞判」等と題する 34 件の判を、巻 2、判中に「彭廷桂呈詞判」等と題する 29 件の判を、巻 3、判下に「簡福申等控案判」等と題する 16 件および「提訊李之実等判」等と題する 5 件の判を、併せて全 84 件を収録。なお、巻 1・2 の標題はすべて“人名＋呈詞判”、巻 3 は“人名＋控案判”、および“提訊＋人名＋判”で構成されている。

[所蔵]：[人文研]・[東文研]・[国家図(分)]。

[版本]：　——

[備考]：[滋賀秀三 84]・[P.E.Will 10]。

143　汝東判語　六巻　清董沛撰　光緒九年序刊本

[撰者]：董沛が光緒 8 年(1883)年に江西省の撫州府東郷県署知県として就任した時期のもの②。

① 光緒『順天府志』巻 81、官師志 10、国朝官師表、国朝監尹以下表 1、参照。
② 当該書、巻 6、「改建帥文毅祠稟」参照。

[内容]：巻 1 に「高麟呈詞判」等 32 件、巻 2 に「掲慎修等呈詞判」等 42 件、巻 3 に「曾正秀等呈詞判」等 25 件、巻 4 に「危安才等控案判」等 23 件、巻 5 に「黄大良等控案判」「提訊陳怡興等判」等 20 件、併せて 142 件の判を収録。なお、141 と同様に、巻 1-3 の標題はすべて“人名＋呈詞判”、巻 4 は“人名＋控案判”、巻 5 は“人名＋控案判”と“提訊＋人名＋判”で構成されている。

[所蔵]：［人文研］・［東文研］・［国家図(分)］。

[版本]：　——

[備考]：［滋賀秀三 84］・［P.E.Will 10］。

144　晦闇斎筆語　六巻　清董沛撰　光緒十年序刊本

[撰者]：董沛が光緒 9 年(1883)から同 10 年(1884)まで江西省の南康府建昌県知県として在任した時期のもの①。

[内容]：巻 1、判に「戴燿廷等呈詞判」等と題する 43 件の判を収録。標題は“人名＋呈詞判”で構成されている。

[所蔵]：［東文研］・［国家図(分)］。

[版本]：　——

[備考]：［滋賀秀三 84］・［P.E.Will 10］。

145　南屏贅言　八巻　清董沛撰　光緒十二年刊本

[撰者]：董沛が光緒 11 年(1885)まで江西省の広信府上饒県知県として在任した時期のもの。

[内容]：巻 1、判上に「汪世宰等呈詞判」等の 27 件、巻 2、判中に「王裕昆呈詞判」等の 32 件、巻 3、判下に「宋咸剣等控案判」等の 10 件、併せて 69 件の判を収録。標題については、141・142・143 と同様。

[所蔵]：［国家図(分)］・［科学図］。

[版本]：　——

[備考]：　——

---

① 当該書、題辞、参照。

146 童温処公遺書 六巻 清童兆蓉撰 清刊本

[撰者]：童兆蓉が光緒 6 年(1880)に陝西省の署延楡綏道として就任した時期のもの①。

[内容]：巻 6、批札、延楡綏に「李自新与劉万挙互争水利判詞」と題する 1 件の判を収録。

[所蔵]：[法学所]・[国家図(分)]。

[版本]：——

[備考]：——

147 剡中治略 三巻 清潘彬撰 清銭忠林輯 光緒剡邑刊本

[撰者]：潘彬が光緒 6 年(1880)から同 9 年(1883)まで、および同 11 年(1885)から同 13 年(1887)までの二度にわたって浙江省の紹興府嵊県知県として在任した時期のもの②。

[内容]：巻中に 32 件の判を収録。標題は下記のとおり。

1范松泉与陳妓互訟判／2顕浄寺僧俗争財判／3王陳二姓争檀越判／4査辦私娼判／5袁芝妹判／6裘姓争蚕繭判／7黄買翁屋判／8王姓争地界判／9楊丹書小銭案判／10張万松妻嫁復帰判／11過蒋氏妄報命案判／12平反兪述政墳界案判／13兪姓互控誣窃判／14初訊閻姓祭田判／15平反銭姓争継案判／16童徐争山巨案判／17周姓書田判／18胡姓母子訟案判／19張姓争胙判／20童姓譲利還本判／21厳懲地棍李癩子判／22許張二強族争硴水巨案判／23珠溪孫氏修譜判／24以甥控舅判／25典妻判／26張姓書田定章判／27黄鄭争水判／28積善菴控案判／29陳高田事判／30黄姓書田判／31従心菴控案判／32章姓争継判。

[所蔵]：[常熟図]。

[版本]：——

[備考]：——

① 民国『続修陝西通志稿』巻 12、職官 3、文職、陝西延楡綏道、参照。

② 民国『嵊県志』巻 9、職官志、文職、県令、清、参照。

148　天彭治略　五巻　清潘彬撰　清楊鱣三輯　光緒二十年刊本

［撰者］：潘彬が四川省の成都府彭県知県として在任した時期のもの。光緒 19 年(1893)の着任を確認しえる①。

［内容］：巻 3、堂判に 32 件の判を収録。標題は下記のとおり。

[1]曽姓析産判／[2]趙葉氏定継判／[3]何友娃欺姦幼童未成判／[4]甥毆舅判／[5]拏究大班局賭判／[6]龍海明因賭拉搕判／[7]柯張氏判／[8]梁成棟洪杜氏和姦判／[9]劉童調戲幼女判／[10]葉意文失銀判／[11]買鴨贓判／[12]入教持斎而未為匪判／[13]鍾姓以叔搕姪案判／[14]徐江氏上控案判／[15]陽羅売休買休判／[16]高姓争管祭田判／[17]館師余尚弼訟搕其徒判／[18]田朝玉控師索欠判／[19]武生羅裕程上控水案判／[20]平反卡犯蕭福廷判／[21]劉応寛重利盤剥判／[22]王思位売山砍樹判／[23]張地席墳判／[24]劉姓撫案判／[25]張姓撫案判并究改状之弊／[26]王女許廖而嫁陳判／[27]楊松廷買婿田加価判／[28]来姓三寡婦判／[29]廖陳氏売田判／[30]陳姓多年上控案判／[31]游姓賣田判／[32]黄治元家蔵匪刀判。

［所蔵］：［常熟図］。

［版本］：　——

［備考］：　——

149　紹興府会稽県民案彙鈔　不分巻　清闕名撰　鈔本

［撰者］：未詳。

［内容］：光緒 8 年(1882)以降の堂諭 241 件を収録。なお巻頭に「羅文蘭詳稿」として「署紹興会稽県」「光緒十七年十月二十四日」等の字句が見られる。光緒 8 年(1883)3 月 28 日に始まる堂諭の最初の 20 件の標題(版心に明記)は下記のとおり。

[1]命案報験旋署覆訊／[2]田畝屋基混控界限／[3]踰造礙墳恃尊圧卑／[4]盗砍糾虜断賠枷責／[5]験傷二起／[6]違禁開宕被供隔禁断候諳勘／[7]験訊一起／[8]控争山畝失契礙断／[9]争継盜田押捕吊冊／[10]拐妻認実責発官媒候補傳固場／[11]覆訊失実責押候究／[12]庄書匿総責限候解／[13]交保発押各候訊釈／[14]衙廨設店寛限即遷／[15]族争墳山限繳各拠／[16]行凶鐐押断医抗違／[17]払賒糾擾責押被逃羽責具悔交保釈回

---

① 当該書、序、参照。

／[18]控争房屋／[19]験訊一起／[20]控争基地訊供吊冊。

［所蔵］:［上海図］。

［版本］:　——

［備考］:　——

150　学治録存　不分巻　清許□□撰　鈔本

［撰者］: 撰者が光緒 9 年(1883)頃に福建省の福州府福清県知県として在任した時期のものと思われる。

［内容］: 全 8 冊の第 3 冊に「古田県民江永達赴京呈控高美侯等佔山毀墳一案看語」を、第 4 冊に「奉委会審馬巷庁謝洪氏上控一案稟稿」等を収録。

［所蔵］:［上海図］。

［版本］:　——

［備考］:　——

151　審看擬式　四巻首一巻末一巻　清剛毅輯　光緒十五年江蘇書局刊本

［撰者］: 剛毅は光緒 11 年(1885)から同 14 年(1888)まで山西巡撫として在任①。

［内容］: 剛毅の「自序」によれば州県官の参考に供するために山西関係の「州県審看各案件八十餘則」を編輯したという。名例・吏・戸・礼・兵・刑の律ごとに標題が附されているが、各判については書き出しが「該某県知県某審看得……」と記されているように地域や知県はすべて匿名とされている。標題と件数とは下記のとおり。

巻 1、名例: [1]蠹役詐贓擬軍脱逃自首遇赦不准留養(1 件)。

同、吏律: [1]革役復充(2 件)。

同、戸律: [1]収留迷失子女(2 件)／[2]争継(1 件)／[3]盗売田宅(1 件)／[4]強占良家妻女(2 件)／[5]販運私塩(2 件)／[6]因窃乗匿原典貨物(1 件)／[7]費用受奇財産(1 件)。

同、礼律: [1]左道惑衆(2 件)／[2]匿父母喪(2 件)。

---

① 銭実甫編、前掲『清代職官年表』第 2 冊、参照。

同、兵律：[1]刁徒假地方公事逼勒平民聚衆(1件)／[2]私蔵応禁軍器(2件)。

巻2、刑律：[1]監守自盗倉庫銭糧(1件)／[2]強盗(2件)／[3]捕役分贓通賊(1件)／[4]奪犯毆差(2件)／[5]飢民爬搶(2件)／[6]搶奪拒捕(2件)／[7]搶奪私塩(2件)／[8]窃盗三犯(1件)／[9]捕役勾通窃賊坐地分贓(1件)／[10]盗田野穀麦(1件)／[11]凶悪棍徒(2件)／[12]姦拐同逃(2件)／[13]誘売功服卑幼(2件)／[14]発塚(2件)。

巻3、刑律：[1]謀殺(1件)／[2]採生折割人(1件)／[3]支解活人(1件)／[4]闘殺(2件)／[5]故殺(1件)／[6]戯殺(1件)／[7]誤殺(1件)／[8]過失殺(1件)／[9]過失傷(1件)／[10]因事用強毆打威逼致死傷非致命又非重傷(2件)／[11]違犯教令致母気忿軽生自尽(2件)／[12]継母故殺子(2件)／[13]刁徒直入衙門挾制官吏(1件)／[14]投匿名文書告言人罪(1件)／[15]誣告人死罪未決(1件)／[16]誣告笞罪(1件)。

巻4、刑律：[1]恃婦逞刁屡次翻控(1件)／[2]継母呈送忤逆(1件)／[3]義父呈送忤逆(1件)／[4]長随詐贓斃命(1件)／[5]偽造印信(1件)／[6]詐為官文書(1件)／[7]書吏詐為州県衙門文書誆騙財物(1件)／[8]銷燬制銭(1件)／[9]詐称内使等官(1件)／[10]刁姦(2件)／[11]輪姦(1件)／[12]雞姦(1件)／[13]冒姦(1件)／[14]買休売休(2件)／[15]買空売空(2件)／[16]挾仇放火(1件)／[17]誤禁平人因而致死(1件)。

［所蔵］：［国会図］・［人文研］・［東文研］・［法学所］・［傅斯年］・［国家図(分)］。

［版本］：　――

［備考］：［張偉仁76］・［P.E.Will 10］。

152　陽山叢牘　不分巻　清符翕撰　光緒十五年刊本

［撰者］：符翕は光緒15年(1889)に広東省の連州陽山県知県に就任①。判牘はその当時のものと思われる。

［内容］：全4冊から成っており、第1冊には「李栄山等控存族匪案」等19件、第2冊には同様に20件、第3冊には同様に20件、および第4冊には下記の標題をもつ9件の判を収録。

[1]羅向貴控李小慶搶牛案／[2]梁于福控梁麻生勒贖案／[3]何阿龍控何阿城□契案／[4]李水慶喊稟詹何方騙呑案／[5]邱雷康控邱習傳捏盗案／[6]黄厳氏控陳進高騙呑案／[7]欧陽薛氏控欧陽三傑等奪耕案／[8]陳厳氏控陳栄輝等盗砍案／[9]黎阿庚等控

① 当該書、自序、参照。

曾観妹等強砍樹木案。

［所蔵］:［法学所］・［科学図］。

［版本］:［科学図］所蔵は鈔本である。

［備考］:［法制局 57］。

153　柴桑傭録　四巻　清鍾体志撰　光緒十六年刊本

［撰者］: 鍾体志が光緒 13 年(1887)から同 15 年(1889)まで江西省の九江府徳化県知県として在任した時期のもの。

［内容］: 巻 1、讞語に 45 件の判を、巻 2、批詞に 79 件の批を収録。前者の標題は基本的には「徐忍卿控魏讓高案」というように“A 控 B 案”という形式になっているが、他に「邱楊氏案」「提迅孫得標」「陳基勝」のような標題も見られる。また 6 件について「前案覆訊」が存在し、「木商呉雨田案」のみ「時赴赤松郷勘提就舟鞫判」という割注が附されている。後者の標題は「熊万彬呈」のように“C 呈”という形式になっているが、続けて「又」が附される批も見られる。他に、「貢生郭紹陽呈」「義寧州廕生黄瑞麟等呈」のように身分の附されている場合もある。

［所蔵］:［東文研］・［科学図］。

［版本］:［二〇〇八年北京国家図書出版社用光緒十六年刊本景印／明清法制史料輯刊第一編］。

［備考］:［滋賀秀三 84］・［P.E.Will 10］。

154　嘉禾堂公牘鈔存　不分巻　清闕名撰　光緒鈔本

［撰者］: 撰者が光緒 13 年(1887)-同 14 年(1888)頃に直隷の承徳府知府として在任した時期のもの。155・156 も同じ撰者によるものと思われる。

［内容］: 全 5 冊のうち、第一冊に下記の標題をもつ批等を収録。

1審明遼陽州客民李富植等殺死非一家五命一案／2審明職員李常祺誘娶民女小環為妾一案／3札駁駅巡道審解鉄嶺県民劉尚茌一案／4批駁昌図府詳民婦蕭王氏商同姦夫常志信謀毒本夫蕭英敏身死後移屍装縊一案／5開原県属柴河堡子等処民教互争廟産案／6批通化県獲盗李滭陳案／7批岫巖州稟孟佶詳等刃斃尹路高孟

氏二命案／[8]簽査甸県趙才強搶呉姐子一案／以下、省略。

第2冊に「芷江県民婦龍張氏上控府役楊灝串狎伊夫龍秀万詞批」関係の一件文書を収録。

第4冊に「赤峰県住民陳万年呈報分司丁役挟描誣賭礟傷伊父陳起身死並放傷陳万福等三人案」関係の供述書を含む一件文書を収録。

なお、第4冊には、第一葉に「承徳府任」の紅単が貼附されている。

[所蔵]：[北京大]。

[版本]：　——

[備考]：　——

155　静遠山房公牘鈔存　八巻　清闕名撰　光緒鈔本

[撰者]：撰者は光緒13年(1887)から同16年(1890)まで直隷の承徳府知府として在任。

[内容]：巻3、稟批・堂判に8案件についての一件書類を、巻6、招解に8件、巻7招解・駁案に招解1件・駁15件を収録。ここでは巻3のみ標題を提示する。

[1] 客民馮知運呈控伊弟草生馮桂巖在府押自戕身死案(十三年二月廿四日堂判)／[2]傷越日身死賄仵隠傷捏報服毒跋伊子昝永順誣認謀毒母舅案(十三年七月初八日／七月十二日／七月廿四日／八月初三日堂判／八月初四日堂判／十四年三月初八日堂判／三月二十三日堂判／三月廿四日堂判／三月廿五日堂判／四月初八日堂判／四月十二日堂判／四月十四日堂判／四月三十日堂判／五月初四日堂判／八月初十日堂判)／[3]馬鳳岐呈控子春勾串伊孫馬雲龍私捏偽契独覇柴場案批(十一月十一日墨批／十一月十四日硃批／十一月十四日墨筆／十一月十五日堂判)／[4] 二溝汎稟送李生挟嫌放火故焼蘇廷楹場園柴草案(十五年正月十八日判／二十日)／[5] 二溝汎黒山溝住民李栢林呈控黄明玉抗欠逞凶由(三月十一日堂単墨批／十三日堂単墨批／十八日堂判)／[6]提審豊寧楊李氏上控県役誣良為盗刑逼伊子楊富春誣認偸窃案(三月初二日硃判／三月初四日硃判／三月初六日硃判)／[7] 計家営住民曹永得呈控李勤勾串謝泳碌拐売伊妻董氏並散役潘景汰稟称訪聞謝泳碌与段淮沅任氏各拐一不知姓名婦人被黒河川寛甸民人截田売在遷安県等情案(二月廿五日判／三月初五日判／七月初一日判／初二日判／初九日判)／[8]

平泉州民張燿春張燿彩張文広呈控荘頭蘇志謙不給出立租字無憑領照等情案(十二月十五日判)。

なお、各巻の第一葉に「承徳府任」という紅単が貼附されている。

[所蔵]：[北京大]。

[版本]：　——

[備考]：　——

156　静止軒公牘鈔存　不分巻　清闕名撰　光緒鈔本

[撰者]：撰者が光緒 17 年(1891)から同 22 年(1896)にかけて湖南省の岳常澧道および辰沅永靖道として在任した時期のもの。

[内容]：全 5 冊のうち第 1 冊に 3 件の稟・咨を、第 3 冊に 2 件の稟を、第 5 冊には 2 案件の「堂判」を含む一件書類を収録。標題は下記のとおり。

第 1 冊：[1]勘訊武陵県民賀体仁等盜売官荒洲土一案稟 光緒十七年十二月／[2]咨為提審澧□犯伍仲満踢傷伍喜姑身死一案 光緒十八年十二月初三日／[3]勘訊易陽県民譚味春等続抉華容県貢生練易吾等恃符藐背等情一案 光緒十八年十二月。

第 3 冊：[1]勘訊華容県生民上控武陵県歳貢熊斗寅等改志飛争老灩洲淤土等情一案稟／[2]勘訊武陵県民賀体仁等盜売官荒並生員熊道修造契争佔一案稟。

第 5 冊：[1]提審営兵向秋元上控屯千総唐宗武毆傷子媳向喜妹身死案(鳳凰庁稟請提審批／堂判三則 五月二十六日・二十八日・六月十二日／銷案詳文)／[2]提訊乾州協兵方祖興糾毆庁丞之弟王福綬致傷案(乾州庁稟批／委員藍令稟批／堂判四則 十九年七月初六日・十一日・十三日／札乾州庁)。

[所蔵]：[北京大]。

[版本]：　——

[備考]：　——

157　夢園公牘文集　十巻　清劉曾騄撰　光緒十七年刊本

[撰者]：劉曾騄が光緒 10 年代を中心として前後 20 餘年間にわたって山東省の済南府歴城県・済寧直隷州鄆城県・沂州府郯城県・東昌府茌平県の各知県として

在任した時期のもの①。

［**内容**］：巻 6、批詞、郯城批詞・鄆城批詞および茌平批詞に併せて 9 件を、巻 7、讞獄、歴城讞獄・鄆城讞獄一・同二・郯城讞獄一・同二・同三・茌平讞獄一および同二に併せて 24 件を、さらに巻 8、判案、郯城判案一・同二・同三・鄆城判案一・同二および茌平判案一に併せて 34 件を収録。判案の標題は「孫鳳儀控孫鳳魁案」のように、ほぼ“A 控 B 案”という形式となっているが、鄆城判案一には「王景灝請息李懐強控李自謙案」或いは「王丙南等請息王向新与王張氏互控案」等の標題も見える。

［**所蔵**］：［法学所］・［国家図(分)］。

［**版本**］：　——

［**備考**］：［法制局 57］。

158　琴堂判事録　四巻　清劉鎮寰撰　光緒三十三年仲抱雲山館刊本

［**撰者**］：劉鎮寰は光緒 16 年(1890)以来、十数年にわたって広東省の潮州府恵来県・嘉応直隷州興寧県・韶州府楽昌県の各知県、およぶ恵州府帰善県・広州府増城県の各署知県を歴任しているが、光緒 19 年(1893)から同 21 年(1895)まで楽昌県知県として在任した時期のものと思われる②。

［**内容**］：本書の内容はすべて判牘であり、全 74 件を収録。標題は下記のとおり。

巻 1：1 提訊黄甲祥　癸巳二月／2 欧淑春控曾正雲等殴斃其子　癸巳二月／3 白雲苛与伯母譚氏争産　癸巳二月／4 集訊曾伝盛曾庚古与黄甲祥控案　癸巳三月／5 許才金呈控欧培芝唱殴庇凶　癸巳三月／6 張亜樹呈控鄧九仔鄧相清拐匿其妻　癸巳四月／7 欧黄氏控欧仙徳図産争継　癸巳四月／8 朱徳輝華占春等控凌紹邦侵呑公款　癸巳四月／9 張森栄張初開等与王寿松控争陂水　癸巳五月／10 周素栄等呈控植明幹鍾亜葉等佔造妨害　癸巳五月／11 王愷祥与龔錦懋控争墳山　癸巳五月／12 張皇煌与張紅喜等争銭債　癸巳五月／13 黄文瀛等与駱伝信争山　癸巳六月／14 鄧羅氏呈控撫子鄧連佑覇産　癸巳七月／15 平反抜貢生李伝盛等被黜案　癸巳七月／16 龔長頭等与張棟材控争沙

---

① 当該書、巻 2、「山東河防四議」に「不佞宦游山東二十餘載」とある。また巻 3、「郯城聖廟碑記」には「光緒九年八月初二日、同知銜山東沂州郯城県知県劉」とあり、同じく巻 3、「詳山東張中丞鄆城箕山河修築民堰案」には光緒 13 年(1887)閏 4 月 29 日の日付が見える。

② 当該書、自序、参照。

壩 癸巳七月／17 欧鑑唐与鄭徳輝控争銭債 癸巳七月／18 劉興伝与李盛科以人命興訟 癸巳七月。

巻2:1 林茂徳控其丈人鄒亜銘縦女養姦 癸巳八月／2 欧庚仔与呉義利控争杉簰 癸巳八月／3 傅求会等与朱賢恵等因採薪争闘 癸巳九月／4 覆訊欧黄氏欧仙徳控案 癸巳酈醮孫左足 癸巳九月／8 鄧象海控鄧象茂之子強姦伊媳 癸巳十月／9 呉炬城呈控黄吉龍強姦伊媳 癸巳十月／10 劉癸林呈控送其妻譚氏及姦夫周賤香 癸巳十月／11 欧明芳与陳孝綱控争園地 癸巳十一月／12 覆訊白譚氏白雲苟 癸巳十一月／13 張龔氏控廖賤苟等詐索 癸巳十一月／14 張宏福与張三勝控争沙壩 癸巳十一月／15 鄭隆茂等控鄭酈氏縦女売姦 癸巳十一月／16 覆訊欧明芳陳孝綱案 癸巳十二月／17 許張氏呈送其子龍輝 癸巳十二月／18 提訊王吉士 癸巳十二月／19 黄蘭君与黄蘭金争産 癸巳十二月。

巻 3 : 1 提訊謝李氏及案役巫高 甲午二月／2 蕭宏勝与段生備闘殴 甲午三月／3 王鄧氏呈送逆子王細苟 甲午三月／4 昌朝周等控宋弼覇店 甲午三月／5 黄則栄呈送其姪仙林 甲午三月／6 集訊白廷章白順古控案 甲午四月／7 集訊蕭曾氏呉喜発李丙松等 甲午四月／8 張先協控張考興攔棺阻葬 甲午四月／9 黄有益与郭李氏闘殴 甲午四月／10 鄧松箕控鄧見光詐索 甲午四月／11 鄧祥興控白順古攔搶 甲午五月／12 譚錫珍控馮展鵬誘姦其妻 甲午五月／13 駱六経控温子麟踞点 甲午五月／14 劉張氏被黄才等捉姦 甲午六月／15 鄭辛賤呈控鄭崇興殴尊 甲午六月／16 邱剣鋒綑送妓女李荷珠 甲午六月／17 提訊劉盧氏 甲午七月／18 覆訊白廷章白順古案 甲午七月。

巻4:1 李駱氏控李兆祥盗売嘗田 甲午七月／2 傅甲興与鄭仙閏控争油搾税 甲午七月／3 会勘黎頼両姓所争山 甲午八月／4 邱元龍控催童北社退佃 甲午九月／5 覆訊張宏福張三勝控案 甲午九月／6 龔張氏控龔成俊殴搶 甲午九月／7 連紹源呈送盗犯梁亜彬等 甲午十月／8 鍾禄達呈控鍾福超墾佔山田 甲午十月／9 鄧曹氏以姦呈送其寡媳李氏 甲午十月／10 雷鏡茂与雷兆仔控争山木 甲午十月／11 曾仙元控鍾文彩等索詐 甲午十一月／12 扶徳仁等阻止熊益昌建屋 甲午十一月／13 相験鄭孝賤屍 乙未正月／14 劉寿祥控劉江松詐索 乙未四月／15 鄭源茂控陳徳玉謀娶伊妻 乙未五月／16 蔡秋冬控秦福生姦拐 乙未五月／17 邱林氏控邱聖福等欺孤奪産 乙未五月／18 曹福貴控欧陽光璧等奪婚 乙未五月／19 再訊張上桂与張黄氏控案 乙未閏五月。

[所蔵]：[国家図(分)]。

[版本]：　——

[備考]：　——

159　樊山批判　十五巻　清樊増祥撰　光緒二十三年刊本

[撰者]：樊増祥が光緒 17 年(1891)から同 19 年(1893)まで陝西省の西安府咸寧県知県として、また光緒 19 年(1893)から同 24(1898)まで同府渭南県知県として在任した時期のもの①。

[内容]：巻 1、批に「代定興公批已革武挙阮大徳上控山陽令呈詞」「批姜恒泰稟詞」等の批 115 件、巻 2、批に「批革書李光第稟詞」「批房敬堂稟詞」等の批 112 件、巻 3、批に「批貢生陳銘揚稟」「批余藻稟詞」等の批 121 件、巻 4、批に「批鄭登雲稟詞」「批査清珍呈詞」等の批 48 件、巻 5、批に「批閔順栄呈詞」「批石玉蓮呈詞」等の批 109 件、巻 6、批に「批李王氏呈詞」「批樊一心児呈詞」等の批 140 件、巻 7、判に「批趙興信呈詞」「批馮俊蘭呈詞」等の批 100 件、巻 8、批に「批王振隆呈詞」「批雷登漢呈詞」等の批 131 件、巻 9、批に「批張国瑞呈詞」「批康大金呈詞」等の批 168 件、巻 10、批に「批張黄氏呈詞」「批邱永恵呈詞」等の批 143 件、巻 11、批に「批薛元珍稟詞」「批賀天禄稟詞」等の批 183 件、巻 12、批に「批田龗呈詞」「批王寿祥呈詞」等の批 132 件、巻 13、批に「批轎夫常老五呈詞」「批姜恒謙呈詞」等の批 80 件、巻 14、批に「批李見章呈詞」「批侯玉淋呈詞」等の批 37 件を、巻 15、判に下記の標題をもつ判 10 件、併せて 1629 件を収録。

1 呉王氏具控悍媳判／2 趙清暉贖房判／3 山西客婦陳裴氏上控劉世芳判／4 唐瑞琳張明福互控判／5 客民黄吉順与舒献則互控判／6 馮景立控司書程福善判／7 韓万成具控魁盛店夥劉老二判／8 里正魏効徴等稟控詹李氏判／9 譚泰盛具控鋪夥余禎錫判／10 客頭孫恒高等保領犯婦車張氏判。

[所蔵]：[人文研]・[東文研]。

[版本]：[二〇〇五年北京中国社会科学出版社排印本／歴代判例判牘所収]。

[備考]：[張偉仁 76]・[滋賀秀三 84]・[P.E.Will 10]。

160　樊山政書　二十巻　清樊増祥撰　宣統二年金陵湯氏聚珍書局排印本

[撰者]：樊増祥が光緒 27 年(1901)から同 30 年(1904)まで陝西按察使として、同

---

① 民国『続修陝西通志稿』巻 15、職官 6、文職、咸寧県知県、および同、渭南県知県、参照。

年から同 33 年(1907)まで陝西布政使として、その後、光緒 34 年(1908)から宣統 3 年(1911)まで江寧布政使として在任した時期のもの[1]。

[内容]：巻 1 には「批鳳翔県武生厳桂芳控詞 陝臬任内稿」等の標題の末尾に「控詞」「呈詞」「稟詞」の附けられた批 47 件(その中には 1 件の「批富平県派交皇差車夫陳万升等控詞 署陝藩任内稿」を含む)、巻 2 には同様に「批客民張敬順控詞」等の批 22 件、巻 3 には同様に「批咸寧県民婦張劉氏呈詞」等の批 38 件、巻 4 には同様に「批渭南県民魏鎮明呈詞」等の批 46 件、巻 5 には同様に「批吏房書辦張金鏡稟詞」等の批 25 件、巻 6 には同様に「批咸寧県商民王日宣等呈詞」等の批 32 件、巻 7 には同様に「批長武県李令稟詞」等の批 14 件、巻 8 には同様に「批鎮安県監生趙子璋等呈詞」等の批 2 件、巻 9 には同様に「批華陰県民李映蓮呈詞」等の批 6 件、巻 10 には同様に「批華陰県挙人李兆鵬等稟詞」等の批 4 件、巻 11 には同様に「批平利県訓導王鎮西稟詞」等の批 4 件、巻 12 には同様に「批寧陝庁民王允義呈詞」等の批 2 件、巻 13 には同様に「批龍王廟僧清和懇詞」の批 1 件、巻 14 には同様に「批西総科経書王維翰稟詞」等の批 2 件、巻 15 には同様に「批咸寧県西木頭市郷約靳大発呈詞」等の批 4 件、巻 16 には同様に「批鎮安県貢生祝隆熾呈詞」等の批 7 件、巻 17 には同様に「批渭南県廩生田紀鳳等呈詞」等の批 9 件、巻 19 には同様に「批山陽県民周経茂呈詞」等の批 13 件、巻 20 には同様に「批職員丁傑路稟詞」等の批 13 件を収録。なお巻 20 の最初の批文は「批甘泉県典史稟 寧藩任内稿」となっている。

[所蔵]：[人文研]・[科学図]。

[版本]：[一九七三年台北文海出版社用宣統二年金陵湯氏排印本景印／近代中国史料叢刊所収]・[一九九七年合肥黄山書舎用宣統二年金陵湯明林聚珍書局排印本景印／官箴書集成所収]・[那思陸孫家紅点校／二〇〇七年北京中華書局排印本]。

[備考]：[張偉仁 76]・[P.E.Will 10]。

---

[1] 当該書、「樊山政書自序」および銭実甫編、前掲『清代職官年表』第 3 冊、参照。

161　新編評注樊樊山判牘菁華　一巻　清樊增祥撰　襟霞閣輯　秋痕廔評　民国間上海東亜書局鉛印本　新編評注清朝十大名吏判牘所収

[撰者]：159・160を参照。

[内容]：公牘1件・批17件・判45件を収録。標題は下記のとおり。

公牘：[1]休退婚姻之公牘。

批・判：[1]票拁鼠囓之妙批／[2]節婦請旌之妙批／[3]争風醸釁之妙判／[4]老婦再醮之妙判／[5]調戯孀婦之妙判／[6]請仮回籍之妙批／[7]辞差奔喪之妙批／[8]巾幗鬚眉之妙批／[9]身世可憐之妙批／[10]曖昧図姦之妙批／[11]改嫁還嫁之妙批／[12]擅売髪妻之妙批／[13]混帳官司之妙批／[14]僧丐渉訟之妙批／[15]空想老婆之妙批／[16]調戯幼女之妙批／[17]哀悼良吏之妙批／[18]殺死姦夫之妙批／[19]因奸醸命之妙批／[20]劫案粉飾之妙批／[21]妻妾争風之妙判／[22]両姓争妻之妙判／[23]一女両嫁之妙判／[24]服毒身死之妙批／[25]代索債款之妙判／[26]庇姦行賄之妙批／[27]投鼠忌器之妙批／[28]黝字成姦之妙批／[29]贖房渉訟之妙判／[30]大快人心之妙判／[31]挟嫌互控之妙判／[32]考察疑獄之妙判／[33]夫婦失和之妙判／[34]具控悍媳之妙判／[35]乱倫蔑理之妙判／[36]不許抬轎之妙判／[37]哄娶幼女之妙判／[38]言詞侃直之妙判／[39]天道好還之妙判／[40]清査倉糧之妙判／[41]互控不休之妙判／[42]路斃屍骸之妙判／[43]重利盤剥之妙判／[44]収拾残碑之妙判／[45]控告優伶之妙判／[46]乱打官司之妙判／[47]体恤老吏之妙判／[48]銭鋪倒閉之妙判／[49]辱罵斯文之妙判／[50]懲辦昏虫之妙判／[51]務去積弊之妙判／[52]随時過糧之妙判／[53]体面官司之妙判／[54]兄弟互控之妙判／[55]客民互控之妙判／[56]買人為嗣之妙判／[57]図頼貸款之妙判／[58]懲戒浪子之妙判／[59]合資営商之妙判／[60]蔓訟不休之妙判／[61]公平無私之妙判／[62]避重就軽之妙判。

[所蔵]：［北京大］・［国家図（分）］。

[版本]：　——

[備考]：［P.E.Will 10］。

162　巻園書牘　不分巻　清銭康栄撰　光緒二十二年刊本

[撰者]：銭康栄が光緒20年（1894）に湖南省の署岳常澧道として在任した時期のも

の①。

［内容］：訴訟関係の批等 15 件を収録。その標題は以下のとおり。

1 批安郷県生民曾月香等控顔沢颺違規誣詐／2 批慈利袁尚衆控詞／3 批澧州申覆崔宏一与胞姪崔復初控一案／4 批武陵李令稟覆汪達人未在徳山／5 批澧州督同石門県訊明劉四掌手等借逃荒為名／6 強取龔芳潭衣飾／7 批澧州鄭牧等稟研訊劉四掌手等実係白昼搶奪／8 批南洲頼倅承裕稟解課到省／9 慈利職員汪蕙茂等控汪珠璸等挨継阻葬／10 李伝業喊控楊元貞等頼婚／11 李伝業控伊妻楊氏屢次覓死逃回母家為楊元升姦佔不放／12 武陵孀婦蕭劉氏控楊世垣等勢戕両命／13 彭大文喊控劉州判懋勳与丁役朋詐誣陥／14 陳宏興喊控劉州判憑空提押勒詐／15 札催澧州詳辦皮儒学命案。

［所蔵］：［科学図］。

［版本］：　——

［備考］：　——

163　敬慎堂公牘　六巻　清沈秉堃撰　光緒二十五年江陽官署刊本

［撰者］：沈秉堃が光緒年間の 11 年の間、四川省の瀘州直隷州江安県・嘉定府楽山県・成都府成都県・綿州直隷州綿竹県・成都府彭県・重慶府巴県・叙州府富順県等の知県として在任した時期のもの。

［内容］：巻 6、詞稟批に併せて 51 件の批等を収録。標題は「唐官良詞批」「陳見挙詞批」等、ほぼ人名のみの表記であり、案件の内容を窺うことのできるものではない。

［所蔵］：［科学図］。

［版本］：　——

［備考］：［P.E.Will 10］。

164　学治偶存　八巻　清陸維祺撰　光緒十九年刊本

［撰者］：陸維祺が湖北省の荊州府松滋県知県として在任した時期のもの。

［内容］：巻 5 に判 7 件、巻 6 に批 59 件を収録。標題は下記のとおり。

---

① 当該書、序、参照。

巻 5：1 判許維高与陳福寛等互争沙淤案／2 判楊福安具報伊妻被胡敬執主媳逆殴案／3 判僧融道上控楊翰新等案／4 判陳楽善与蕭陶二姓互争沙洲案／5 判耿心泮控王宗賢瞞価漏税案／6 判張肄南控張治南争継案／7 判湯懐儒陳嗣儒争墳案。

巻 6：1 批朱姚氏告周人柏盗割田穀贓証両確実事／2 批王永興告田弼成為嗔索凶殴術掣狡騙懇恩追究事／3 批呉又山等為程明東請息稟／4 批王宏太告兄挟索反誣肘憑覇産事／5 批魏陳氏告熊鄭氏縦悪不悛懇請批杜事／6 批高裕亨告義順恒為佔騙滔塾凶殴難甘事／7 批祝炳烘告馬炳煌為有法遵法無法免涜事／8 批葉煥庭為抛実縷稟事／9 批呉懐明田連城等為田如海等公懇賞息事／10 批熊胡氏告鮑縄祖為貪図串誣逐妻再娶事／11 批馬炳煌告祝炳烘為非刑拷勒生死難保投懇験究事／12 批宋炳文等告宋克明為遵批叙明再祷拘究事／13 批葛啓才為賊風熾市鬧難防乞恩准退事／14 批邱廖氏告雷照慶為忿煽嫌逐懇恩究全事／15 批祝炳烘告馬炳煌為忿控趕殴負傷乞験事／16 批雷有祥告雷有林為図産売嫂藐法乱倫事／17 批張経周為縷稟備案懇恩作主以杜後累事／18 批賀寿懋鮑継照舒紹徽等為張経周請息案／19 批夏之時為請示勒碑整風礪俗事／20 批談和万為呈懇批儆以杜後患事／21 批聶春藻等告聶欽賢縦子乱倫公懇厳懲事／22 批談鴻儒告談聞善等為図産冏拐懇繳根究事／23 批丁克講告丁克文為恃横欺覇懇恩作主事／24 批□継芳告兄継魁為恃圧屡害事／25 批丁炳輝龔文治等為龔登仕等請銷案事／26 批胡良輔告妻馬氏獏縦蠹淺再懇批儆事／27 批龔名綱等為田義大懇請銷案以全家誼事／28 批李世龍等告李栄甲賄盗朦挙公懇諭挙事／29 批魏廷選告弟治澤為藐違祖訓忿斥逞凶事／30 批王日暄星元告王日先為挟忿栽誣懇訊察剖事／31 批劉柏堂告姪光恵為負恩復犯捕殴請験事／32 批雷霖雨為媳不安於室稟請飭究事／33 批洪国華告堂姪重章為屡縦辱詈滅倫殴嬸事／34 批熊道遠告熊盛万為嚼祖廃公事／35 批紳士石永昌等設立義学案／36 批石必崇与江自滁互控一案／37 批邱鳳喈与胞兄義生互控窃竹拒捕一案／38 批龔伝釗等請示厳禁賭博盗伐樹木一案／39 批李栄告鄧必先賭博並争山一案公懇息案／40 批覃作霖告葉文立争山一案／41 批邱廖氏告雷裕太瞞婚冤休伊女一案／42 批万運黄告傅大順嫌残欲休伊女一案／43 批劉廖氏告劉正興欺背覇殴一案／44 批魯春林等調処雷霖雨控伊媳不守婦道案／45 批李玉書告張緯庭白日糾衆截路殴搶一案／46 批徐徳中等告徐煥章殴族滅倫嚼公廃祭一案／47 批陳開文等告陳湯氏屡訓不改恃婦掠窃一案／48 批魏王氏告妾曽氏淫妬忌嫌案／49 批余煉生告劉万興殴師搶騙請拘究懲一案／50 批龍王氏告龍文松為逼嫁図財懇全名節事／51 批徐

雲梯等選挙木鐸広施教化復行古制稟／[52]批周廷選等告江遠梅等為欺拿強佔虧畏造抵事／[53]批陳石氏告陳洪紀覇産滅分一案／[54]批謝甘回告謝甫臣為匿抗陥累瞋索辱滅事／[55]批劉万興告余煉生白日搶奪一案／[56]批李義譲告弟義倹為棒圧拿滅呈懇存案事／[57]批葉兆珪等報水災稟／[58]批文占元等擬開平車路公稟／[59]批董鄒氏詞。

[所蔵]：[東文研]・[科学図]。

[版本]：　——

[備考]：[森田成満 93]・[P.E.Will 10]。

165　諸曁諭民紀要　三巻　清倪望重撰　二〇〇五年北京中国社会科学出版社排印本　歴代判例判牘所収

[撰者]：倪望重は、浙江省の台州府諸曁県の知県・署知県として光緒 9 年(1884)から同 11 年(1886)まで、光緒 21 年(1895)から同 23 年(1897)まで、および光緒 26 年(1900)年の三度にわたって在任しているが、当該書は署知県として二度目に在任した時期のもの①。

[内容]：巻 1、正堂倪二任に 59 件、巻 2、正堂倪二任に 92 件、巻 3、正堂倪二任に 66 件の併せて 217 件の「堂諭」を収録。標題は下記のとおり。

巻 1、正堂倪二任：[1]何文朝控何佳明拆毀香火祠堂擅除丁銭由／[2]僧松標等与蔡芝明等互争山業由／[3]毛志望捏毛志林積欠会租由／[4]屠賡与屠邦安等互控庠産各情由／[5]屠福成等与屠茂松互争曬場由／[6]杜銀喜等与孫志耀互控橋捐由／[7]徐沛甘控酈樹行等殴傷伊堂兄徐吉人身死由／[8]楊洪生与楊友法等互控搬搶擒禁各情由／[9]趙伝忠等控趙雲峰即運風混佔基地由／[10]周斯氏与周本夏等互控各情由／[11]何維華等与何余宝等互控起佃争殴由／[12]侯春書因子病癲出外疑報章桂月格殴由／[13]陳廷学控周如裕等図頼欠款由／[14]許先朝控許先寅等争田兇殴由／[15]杜朝奏等控杜銀喜越界図葬由／[16]樓克志等与周天瑞等互控蝕款欠租由／[17]周金万等控朱仕照等抗欠会款由／[18]何東行等控何鎮邦侵蝕由／[19]周春海与周文桂互争継産由／[20]陳性善控戚丙栄竊牛由／[21]陳秀瑞控陳秀朝等覇管産業由／[22]孟隹木与孟春木互争産業由／[23]趙金氏控趙錫泰争田逞兇由／[24]郭汝忠控王恵志等懐疑

① 宣統『諸曁県志』巻 21、人物志、職官表、国朝知県、参照。

逞兇由／[25] 孫鋆控孫天祥即福祥等背典逞蛮由／[26] 孫栄光等控孫謙即元栄佔造房屋由／[27] 陳珠簾与田文孝等互争車水兇毆各情由／[28] 蔣如永等与樓金婺等互控車水毀毆由／[29] 樓陳氏憑余李氏為媒由／[30] 黄金生控周賡燾等暗焚墳蔭由／[31] 兪求明控兪宝三砍樹由／[32] 王士本控王魯信揹贖房屋由／[33] 周紀顕控余永鑑欠租霸店由／[34] 斯栄照与斯佩連互争廠屋由／[35] 周志高等控朱喜玉等盗砍墳木由／[36] 呉崇山控黄漢栄図頼票款由／[37] 趙福江等控趙周標等積欠屋租由／[38] 周宝玉周庚扣胙周有控周森槐勒派由／[39] 陳長貴控陳秋槎図頼佃田押價由／[40] 鍾桂秋与鍾連元即杜連元等互争継由／[41] 周敬銘等控陳順章等借殯図佔由／[42] 方玉環与方陳氏等互控車水毆傷由／[43] 楊蔭繁即順国控追楊周烈等図頼票款由／[44] 朱継銓等控朱金玉等盗売祀田各情由／[45] 黄金煊黄海生等互争田畝各情由／[46] 鄭岐瑞等呈控余継定等佔種官蕩由／[47] 兪田氏控銭美揺強継揹留由／[48] 宣光圓即広圓等与蔣秀法等互争山場由／[49] 楊玉佩与楊巨徳争放田水牽扯混控由／[50] 呂黄氏控夫堂兄呂祥瑞図産綑略由／[51] 袁錦堂稟追朝林即小祥林欠租由／[52] 徐応徳即錫圭与蔣誥互控佔基由／[53] 銭章武控王昌太図頼借款由／[54] 趙泉左控趙廷試揹贖祀会由／[55] 周宝玉控周賡扣胙兇傷等情由／[56] 呉元桂控呉旆良等捺樹滋鬧由／[57] 葛培栄為葛毛氏所鍾愛即断入継其子由／[58] 孫維格等与石南鶴等互控墳地由／[59] 楊炳煥控追葉玉清等欠租由。

巻 2、正堂倪二任：[1] 阮月良等控張志祥糾砍埂上竹木由／[2] 阮月良虞錦校等呈控張志祥等争埂逞兇由／[3] 郭学周等与袁継漢等互争水塘由／[4] 楼鉅洪孫氏秀玉成婚由／[5] 酈文相控郭嘉仁等越界盗殯等情由／[6] 樓金氏与黄得君互控串詐頼婚由／[7] 趙有桂等控楊大法霸住莊屋不管墳山由／[8] 斯炳森控斯金朝等佔管田産由／[9] 金奎鼎等控謝春栄等盗葬砍樹由／[10] 姚継孝等控石士章等串売盗葬由／[11] 斯炳森斯金朝各検宗譜由／[12] 孫琨等控陳有美盗葬由／[13] 周天祥等与周蔣氏互争墳山由／[14] 童倫朝等与宣華雍即渭川等互控欠租由／[15] 邵棠蔭等与邵海観等懐挟訴嫌非図鬥狠由／[16] 陳学彬控周思文頼婚転嫁由／[17] 斯玉泉控沈志渭悔婚改略由／[18] 趙瑩等与趙金鑑等互控砍樹兇毆由／[19] 張連輝等与兪冠賚等互控墳山由／[20] 沙呉民等控盧啓培等誣窩搶物由／[21] 袁九皐控袁晋臣等強継佔産由／[22] 阮水興控永何金田串売何阮氏屋宇田産由／[23] 姚桂法与姚宗虞互控兇傷由／[24] 王吉慶呈控王春富綑略侄媳由／[25] 阮家型控阮家者等侵蝕暴露各情由／[26] 呉殿発控呉永佩等偸竊毀棚由／[27] 郭応辰又以郭玉五即宛生違断霸産由／[28] 呉茂発与呉宣氏互控図頼佔管由

／[29] 宣照海即沼海控宣貴倫売屋翻悔由／[30] 王安槎与詹鴻蔭互控頼價逞兇由／[31] 兪宝廷控邱春栄姦拐伊妻由／[32] 宣金櫟与宣伝岐等互控捺契肥私田／[33] 蔡奎邦等控蔡観瀾等騙價抗推由／[34] 金周氏控金張氏争継一由／[35] 馮隆興控馮海雲等謀会串改由／[36] 蔣歩元等呈控沈金伝盗砍樹由／[37] 又再諭／[38] 周大金等与屠資深等互控砍竹由／[39] 郭泉聲郭杏元互争基地由／[40] 徐禹平控徐文照聴信徐逢見主使図頼由／[41] 楊兆林控楊挺秀欺佔強耕由／[42] 周奎煌等控趙大洪等負欠抗撥等情由／[43] 魏趙氏与魏樹賢互争祀産各情由／[44] 黄桂年等控王作霖等阻疏揠溝由／[45] 黄張書等控黄張魁等盗翻蔭樹由／[46] 兪冠賚等張連輝等互争墳山各情由／[47] 周瑞良与駱欽若互争園地由／[48] 宣鳳竹等祝克永等互争山木由／[49] 斯琢相控黄錦湘図頼田價由／[50] 金沛甫与趙志昌等互控地畝由／[51] 馮秀潮等控李貢来等盗砍図佔由／[52] 王学冲等与史秀康控争山木由／[53] 楊酈氏控楊歩江等佔種強摘等情由／[54] 孫洽庭等与金継善等互争田畝由／[55] 楊陳氏控楊金標捏継図産由／[56] 許芳来等呈控許海棠等私翻蝕價由／[57] 朱士芳与張志万互控竊佔由／[58] 徐之権等控徐之図等強収庠産由／[59] 周徳元等控王啓官即啓貴搬柴図啓由／[60] 酈錦瑞控王金田等越砍図佔由／[61] 周雙海与何郎海互控阻継争産由／[62] 徐許氏呈控徐培金拐逃等情由／[63] 馮登千控馮文魁即文奎謀佔廠屋由／[64] 周全金等与周元臣互控強佔由／[65] 楊邦朝翻控趙武斌争田由／[66] 趙炳等与楊至善互争田畝由／[67] 趙昌祥控趙志仁越界砍柴各情由／[68] 羅張氏控羅会桐盗売祀屋由／[69] 何学安等与何咸定等互争山場及何祥茂等控何咸定管祀盗売等情由／[70] 章錦魁等与孟慶水争田由／[71] 顧倫如等控朱金球等串同金啓孝捏佔由／[72] 周賢東等控周松林等盗砍松樹由／[73] 周子䠟等趙文顕互争基地由／[74] 陳卿雲等控陳東照等妄争門眷由／[75] 周載賢与宣昌定等互控佔山砍樹由／[76] 陳徳安控陳玉林揹贖各情由／[77] 朱志情控朱志封佔田由／[78] 王応氏与趙懐恩互争屋宇由／[79] 蒋鴻藻等稟控何起周等違禁薬魚由／[80] 蒋丙全与蒋如冲互控窃奪各情由／[81] 兪味巻等控呂高廷等掘毀碑壇由／[82] 徐金氏与徐嘉炎控争継産由／[83] 兪楼氏控兪文燦争継霸産由／[84] 屠資深与邵樹棠互控借欠等情由／[85] 阮正富控阮海富等搶穀逞蛮由／[86] 買徳法等呈控顧翰宝等図佔搶割由／[87] 陳継品等控楊文友欠租佔屋由／[88] 鮑蒋氏控鮑万義争田擒搶由／[89] 楊兪氏控楊啓東等争継毀搶由／[90] 楊志校控陳鶴元等阻継勒捐由／[91] 何周氏控何応浩等謀産強嫁由／[92] 兪一枝控楊経奎等頼銭佔地由。

巻 3、正堂倪二任：[1] 郭学周等与袁継漢等互争水塘由／[2] 孫南海控孫渭水霸田関禁由／3周祖烈控馮楚峰串受田畝由／4楊田高等控楊啓桂等阻砍樹木由／5周大海与周耀秀争地造墳由／6陳湘江等控陳聖達周邦佐等佔田糾割由／7邵金堂邵瑞国等互控争地逞兇由／8陳方倫与駱鍾氏互控改許毀擄等情由／9黄以普等控黄銀海等串砍等情由／10俞恒成控趙培迪盜砍由／11郭瑞堂与郭夏松控争基地由／12陳佳其等与許継品互争塘藕由／13何万林控何瑞雲越界佔山由／14孫金水等控陳有美互争墳山由／15王永昌等控湯秀来等搶米捡人由／16馮葆正等与蔡泰芳等互控兇傷由／17趙乾埧等控張廷泰等欠繳逞蛮並張廷泰等控張瑞庚鯨吞存項各情由／18楊継品等場諭由／19周瑞国等与僧殷蓮互争山界由／20周普控卓蔡富呑没転醮由／21張金鏞等与阮月良等互争塘樹由／22章学芾与章佔鰲等互控侵噬義倉由／23孫琨等控陳有美違諭佔種由／24袁又新控追邵昌洲等票借洋銀由／25郭文鏸等控追徐春水欠租牽牛由／26何蘭生控宣開宏等藉屍擾害並宣維龍等控何蘭生越砍佔殯各等情由／27曹盛昌控陳鎬相即桂潮捐贖楼屋由／28張玉松控張剣青即作相乗間竊物及張作相之兄張作霖与張炳潮互控欠款由／29王炳福方光元及楼性瑞等控争地畝由／30陳潮瑞控周袁氏硬取滋擾由／31邱南林等与顧福明等控争墳墓由／32虞吉行即吉仁等控王善高盜砍山樹由／33郭祥元控郭沈氏盜殯棺木等情由／34徐孝賢控翁竹生等越界砍樹由／35周承培等控周良貴搶女等情由／36王槐園控王万茂拆廠売地由／37張雅高等控張継袁佔管祀地等情由／38樓岳相等控孫継相等阻奪祭物由／39袁秉海等控袁高豊等串売租田理阻被兇毆由／40寿玉書控王張氏盜葬佔屋等情由／41葛文栄即理堂与弟葛祖栄互争産業由／42呉金松等控呉長春盜売浮銷及呉長春等控呉継秀抗欠租銭等情由／43趙桂福即石桂福控王正午欠租捐贖由／44楊瑞宝与朱貢元等争山地由／45張瑞法与黄之揺互控逞兇由／46陳蘭生等与楊文煜互控捡奪図頼由／47蔣法祥等控蔣歩元等佔産奪牛各情由／48陳金春等控陳元龍持強造葬由／49魏占魁与魏光鑁等控争庠産由／50王明善控邢正全等越佔山界由／51陳万利控陳宗富捐贖佃田由／52金徳昌等与金炳興等互争墳山由／53汪張氏控汪蘭生等貪産逼嫁等情由／54金漢定与張行泉等互争基地等情由／55陳樹来等控陳大堯毀界掘坑由／56厳以能等控追厳国祥侵蝕祀款由／57方遜堯与方遜徳互争継襲由／58陳徳孝等控蔡汝霖捐贖押産由／59孟宝富即宝珩与孟葆樺等争管祀産由／60楼煥栄控許永耕退婚不允由／61張定華控趙其祥佔地殯棺由／62陳炳仁控夏登官即阿登盜翻松樹由／63石高元与陳金朝等互控佔由／64陳黄氏等与何陳氏互争田畝由／65毛埈明控毛望高等毀基強詐由／66孫煥采

等控趙裕興等砍柴樹由。

［所蔵］：原刊本は［法学所］所蔵。

［版本］：　——

［備考］：　——

166　寧陽存牘　不分巻　清李鍾珏等撰　光緒二十四年刊本

［撰者］：李鍾珏が光緒 21 年（1895）-同 22 年（1896）頃に広東省の広州府新寧県知県として在任した時期のもの。

［内容］：判 1 件を収録。標題は「謝辺黄姓造屋案判」。

［所蔵］：［国家図（分）］・［科学図］・［上海図］。

［版本］：　——

［備考］：　——

167　蒿盦類稿　不分巻　清馮煦撰　光緒年間排印本

［撰者］：馮煦が光緒 21 年（1895）から同 22 年（1896）まで安徽省の鳳陽府知府として在任した時期のもの①。

［内容］：公牘 1 に訴訟関係として 5 件の「稟」を収録。標題は下記のとおり。

[1]稟寿州王春浴案／[2]稟臨淮郭永昌盗案／[3]稟霊璧張華玉・李永全両盗案／[4]稟寿州李尚恒自戕案／[5]稟勘審蒙城丁家堂廟盗案。

［所蔵］：［科学図］。

［版本］：　——

［備考］：　——

168　岳宝公牘続刻　一巻　清伊拉哩英文撰　光緒二十七年宝慶府署刊本

［撰者］：伊拉哩英文が光緒 22 年（1896）頃から同 27 年（1901）まで湖南省の岳州府

① 光緒『鳳陽府志』巻 6 下、秩官表 3、国朝秩官、知府、参照。

知府および宝慶府知府として在任した時期のもの①。

[内容]：目録には「批詞一百一十五道」「判語一道」とある。判語では「提訊周重襄等為附党営私事又為違踞串呑事／彭延熾等為藐違挺唆事又為讐不共天事／楊開遜等為藉侵恋抗事／陳今柄等為假公私詐事／張唐等為違扛誣恋事」の 5 件が一括して取り上げられている。批詞の標題の一部(50 件)は下記のとおり。

[1]劉伍氏為欺呑卡勒事／[2]張才縉為朋凶惨廃事／[3]羅朱氏為倫灰冤沈事／[4]劉振堂等為公事公論事／[5]曾毓職為控休両難事／[6]楊徳清為巨案懸久事／[7]李国楨為情無事有事／[8]谷王氏為賄祖串勒事／[9]劉遇元為串弄不軌事／[10]李鍾濬等為臚陳悪習事／[11]劉福昌為久墊不償事／[12]申献朝為限縦抗擱事／[13]李鶴仙為迭受擾累事／[14]鄒序等為阻匿混質事／[15]姜虞珍為不提案擱事／[16]楊三陽等為情迫難已事／[17]謝石青為挟忿買誣事／[18]姚叙典為責非己任事／[19]原告姚濬明王佐宣胡廷弼姚若林為案債両懸事被告谷筱章谷王氏何覲臣謝恵堂・原告谷景琦為官商両融事被告姚義軒姚螘夫近隣劉吉先楊徳安鄧玉亭牌総任炳坤／[20]謝栄隆等為蠹挺違争事／[21]蕭忠書為恋害不休事／[22]畢承志為情迫水火事／[23]楊凌松為斯卡勒索事／[24]楊陳氏為重案久懸事／[25]谷王氏為遵違両難事／[26]鄧錦江為勢坐抗伝事／[27]梁国選為恃擺誣害事／[28]姚濬明為訟由扛成事／[29]曾抬興等為遵諭定例事／[30]李代礼為輸誣反浇事／[31]陳錫栄等為民不堪命事／[32]張宝臣為冤屈無伸事／[33]張伯希為牽殺漏究事／[34]曾石氏為冤沈莫白事／[35]羅世球為誣卡勒詐事／[36]黄守謙為懇恩札辦事／[37]寧聡八等為拐匿謀呑事／[38]陳上一為冤沈海底事／[39]李卓元為傷斃冤沈事／[40]粟献瑞等為請賞考課事／[41]劉玉卿為結税莫辦事／[42]黄守謙為已恩再恩事／[43]鄒代過等為興学育材事／[44]申献明為前後祖擱事／[45]陳兆龍為偽朦誣害事／[46]周世坊為抝実稟明事／[47]曹芯開為窃名具稟事／[48]張勤最為遵批粘陳事／[49]陳光裕為懇便商民事／[50]李雲成為進退維谷事。

[所蔵]：[北京大]・[国家図(分)]・[科学図]。

[版本]：　——

[備考]：　——

① 当該書、目録および伊拉哩英文『岳宝公牘初刻』自序、同目録、参照。

169 新編評注端午橋判牘菁華　一巻　清端方撰　襟霞閣輯　秋痕廔評　民国間上海東亜書局鉛印本　新編評注清朝十代名吏判牘所収

[撰者]：端方が光緒24年(1898)から同25年(1899)まで直隷覇昌道および陝西按察使として在任した時期のものと思われる①。

[内容]：判21件・批50件を収録。各々の標題は以下のごとし。

判：[1]石女離婚之妙判／[2]矯正姻縁之妙判／[3]側室争寵之妙判／[4]血案株連之妙判／[5]杖斃悍媳之妙判／[6]妬奸殺奸之妙判／[7]貞婢逃亡之妙判／[8]業師救徒之妙判／[9]誣姦幼婢之妙判／[10]妄請拘押之妙判／[11]和尚離婚之妙判／[12]当堂撒潑之妙判／[13]改嫁還聘之妙判／[14]招夫被騙之妙判／[15]藉屍図詐之妙判／[16]婚姻纏訟之妙判／[17]船戸殺人之妙判／[18]勢利頼婚之妙判／[19]女性纏訟之妙判／[20]謀夫冤獄之妙判／[21]保釈胞姪之妙判。

批：[1]自称小的之妙批／[2]串娶孀媳之妙批／[3]不准株連之妙批／[4]懇請開釈之妙批／[5]売妻図詐之妙批／[6]後母被盗之妙批／[7]健訟挨打之妙批／[8]売婢作妾之妙批／[9]嫡子逼醮之妙批／[10]乗喪窃物之妙批／[11]悍姑売媳之妙批／[12]続娶被拐之妙批／[13]書吏被毆之妙批／[14]妓院討賬之妙批／[15]病中誑妻之妙批／[16]秀才白吃之妙批／[17]寛厳並用之妙批／[18]拐逃弟婦之妙批／[19]情痴囚禁之妙批／[20]急娶受騙之妙批／[21]暗殺疑獄之妙批／[22]贍養友妻之妙批／[23]情節奇離之妙批／[24]調戯姪媳之妙批／[25]互控拐妻之妙批／[26]醜事求息之妙批／[27]失物退贓之妙批／[28]逆子図詐之妙批／[29]堆桟糾葛之妙批／[30]尼姑還俗之妙批／[31]葬夫争訟之妙批／[32]調戯子妾之妙批／[33]母捉子姦之妙批／[34]贖房糾葛之妙批／[35]教師訛詐之妙批／[36]斂銭帮扛之妙批／[37]捏飾賠墊之妙批／[38]趕逐嗣母之妙批／[39]拐逃髪妻之妙批／[40]妾求離異之妙批／[41]馬弁拐妻之妙批／[42]債戸擄人之妙批／[43]保釈流氓之妙批／[44]呑没積穀之妙批／[45]母子渉訟之妙批／[46]訛詐姪媳之妙批／[47]討債逓籍之妙批／[48]挺抗逼醮之妙批／[49]宿廟被戕之妙批／[50]塾師失物之妙批。

[所蔵]：[北京大]・[国家図(分)]。

[版本]：[二〇〇五年台北老古文化事業用民国鉛印本景印／清代名吏判牘七種彙編所収]。

---

① 銭実甫編、前掲『清代職官年表』第3冊、参照。

［備考］:［P.E.Will 10］。

170　吏皖存牘　三巻　清姚錫光撰　光緒三十四年京師廣斎排印本

［撰者］: 姚錫光が光緒 25 年（1899）から同 26 年（1900）まで安徽省の池州府石埭県知県・安慶府懐寧県知県として在任した時期のもの①。

［内容］: 巻上に「堂判五則」として 5 件の判を収録。標題は下記のとおり。

1 沈姓牙帖案堂判 光緒己亥九月二十日／2 楊正元喊控句謀害命案堂判 光緒己亥九月二十二日／3 湯学楚控追銭債案堂判 光緒己亥十月十三日／4 沈迪光控追逃媳楊氏案堂判 三次／5 履勘文生楊清輝控儲姓阻占堨廃案堂判 光緒己亥十一月二十八日。

［所蔵］:［東文研］・［東洋］・［科学図］。

［版本］:［一九九七年合肥黄山書舎用光緒三十四年京師廣斎排印本景印／官箴書集成所収］。

［備考］:［森田成満 93］・［P.E.Will 10］。

171　四西斎決事　八巻　清孫鼎烈撰　光緒三十年活字印本

［撰者］: 孫鼎烈が光緒 20 年代に浙江省の紹興府会稽県・台州府太平県・同府臨海県の各知県を歴任した時期のもの。太平県知県は光緒 25 年（1899）に、臨海県知県は光緒 26 年（1900）-同 27 年（1901）に在任したことが確認できる②。

［内容］: 巻 1、会稽治牘に「謝成文等批」「陶相批」等の批 64 件を、巻 2、会稽治牘に「柳元判」「顔伝鈺判」等の判 32 件を、巻 5、太平治牘に「戸糧庫書金廷樑等批」「教民沈暁春批」「謝潘氏批」等の批 40 件および「陳白眼頭判」「林修等判」等の判 13 件を、巻 7、臨海治牘に「陳夢彝批」「姚蒋氏批」等の批 11 件および「何雨亭判」「陳道璈判」等の判 9 件を収録。

［所蔵］:［東文研］・［科学図］。

［版本］:［二〇〇五年北京中国社会科学出版社排印本／歴代判例判牘所収］。

［備考］:［滋賀秀三 84］・［P.E.Will 10］。

---

① 当該書、目録および同、巻上、跋、参照。

② 民国『台州府志』巻 13、職官表 5、国朝、臨海知県、および同、太平知県、参照。

172　秀山公牘　五巻　清呉光燿撰　光緒二十九年刊本

[撰者]：呉光燿が光緒 27 年（1901）から同 28 年（1902）まで四川省の酉陽州秀山県知県として在任した時期のもの。

[内容]：巻 3、詞批に 133 件の批を、巻 4、堂判に 121 件の判を収録。ここでは後者の標題のみを以下に提示する。

1 翟坤崇以屡糾僞搶告翟師儒等判／2 張黄氏以估修故犯告同仁和判／3 田宗栄以逆倫強姦告田宗坤等判／4 龍再朝等以照拠耕業告張青雲等判／5 楊再科等以串弊覇騙告胡芝元等判／6 龍正海以籠掣鉤擄告胡老満等判／7 彭陳氏以挟縦逆毆告彭照剛等判／8 廖士台以縦牛践穀告田陳氏等判／9 白裕興以糾匪估搶告蕭順斗等判／10 張紹端以毀擄毆搕告安唐氏等判／11 熊呉氏以欺僞蠆搕告文天斗等判／12 楊懋礼以犯実抗誣告雷永科等判／13 范楊氏以朋殺惨斃告范基新判／14 魯其馨以窩窃贓実告羅朝楓等判／15 蕭彭氏以刁逆毆孀告蕭高鵬等判／16 曾昭彪以糾盟捉毆告周大吉等判／17 陳永昆以謀業越覇告陳世徳等判／18 貢生王用予以畳搕滋害告王小毛判／19 張徳興以謀産毒斃告田応喜判／20 文永奎以恃横估覇告文永綱判／21 陳宗華以串搕不休告梁升序判／22 楊光理以糾搶誣陥告楊光珍等判／23 冉瑞祥以鯨公廃祀告冉隆旺等判／24 陳鳳義以謀買揞贖告陳永富等判／25 冉啓才以恃横估覇告梅応瑶等判／26 田興譲以估砍毆擄告周玉成等判／27 田興貴以糾拆民房告陶廷芳等判／28 陳瑞図以串揞避税告冉余氏等判／29 涂国清以匿契騙償告張秀宗等判／30 陳金以匿契抗税告彭常江等判／31 蕭廖氏以払匿悔買告陳吉昌判／32 曾広其以昧価短税告王興隆判／33 羅克紹以欺樸蒙害告羅興旺判／34 何濬以匿契誣抵告呉才享等判／35 涂元熙以串姦盗買告劉世揚等判／36 舒世成以僞買僞売告舒孝明等判／37 楊勝発以恃騙估抗告楊勝高等判／38 劉紹維以串謀絶嗣告劉紹承等判／39 粟楊氏以挖苗断種告楊拔四等判／40 戴鄒氏以糾毆毀擄告楊光映等判／41 張先科以糾覇佔耕告侯国斗等判／42 唐世拔以墳毀路告張啓緒等判／43 陳江氏以独覇母膳告陳尚連等判／44 陳江氏以覇伐朋毆告陳尚連判／45 王希祖以覇騙滅祀告呉来興等判／46 唐正発以呑公覇当告伍文純等判／47 高志彩以覇挖凶搶告文烏三等判／48 宋子銀以謀買揞害告劉忠義判／49 鄒茂才以富売公業告熊登衡等判／50 張啓来以欺挟剷苗告張再美等判／51 伍新芝以越界估覇告宋興周等判／52 譚彭氏以串覇絶渡告譚栄浦等判／53 王大鈞以守據失業告秦可廷判／54 劉国金

以迭搕串害告劉洪坤等判／[55] 王文千以覇姦透折告譚冬狗等判／[56] 姚祥太以攜捉亮搕告彭安二判／[57] 楊俊臣以弔揹勒搕告周河清判／[58] 龍秀禄以糾捉毆搕告宿仁顕等判／[59] 何田氏以欺死估覇告何大満等判／[60] 田慶秀以藐抗捉殺告田漢廷等判／[61] 楊倫昌以庇盗搕民告呉三等判／[62] 生員鄧炳麟以平遭凶擄告黄恩等判／[63] 楊通徳以糾捉命危告楊狗等判／[64] 石昌富以欺樸估買告石昌藻等判／[65] 李徽珍以欺寡覇騙告劉紹承等判／[66] 生員龍文明以屡窃贓実稟龍土地保等判／[67] 白常敬以刁透支逃告唐提明判／[68] 宿双発以估窃捉殺告劉官寿判／[69] 李義順以冒墳窃砍告田太栄等判／[70] 田瞿氏以欺寡逆毆告田興明等判／[71] 呉全志以刁逆阻毆告呉秀蘭等判／[72] 陳紹煊以覇毀荒田告魏徳科等判／[73] 楊昌徳以覇業凶殺告楊勝福判／[74] 田宗福以藐騙搶穫告田大喜判／[75] 羅源清以黒契溷告譚永堂判／[76] 彭光才以鉤搕糾捉告彭世龍判／[77] 涂梅氏以掣毆無蹤告王興宗等判／[78] 魯彭氏以欺死估告騙陳運富等判／[79] 陳余氏以局騙作妾告黄林氏等／[80] 唐楊氏以鉤掣逆殺告唐三等判／[81] 白順義以藉嫁拐覇喊稟周倫判／[82] 楊発銀以逆糾凶毆告楊勝作等判／[83] 田興良以逆倫姦拐告田興益判／[84] 戴文江以縦盗包騙告楊老毛等判／[85] 僧道亭以勢鉤捉殺告張通台等判／[86] 劉秉亮以糾擾毀擄告程友豪判／[87] 僧吉興以鉤痞凶擄告田仁炳等判／[88] 王興福以欺覇誣搕告王正万等判／[89] 監生葛天民以平白糾搶告田子才等判／[90] 田龔氏以欺寡謗陥告龔正洪判／[91] 葉文玉以窃捉勒贖告陳玉堂等判／[92] 李廷芳以飛誣坐騙告楊通正等判／[93] 羅克錨以殺搶禍迫告羅源清等判／[94] 劉天徳以誣毆串搕告龍四等判／[95] 呉永定以滅倫姦拐告呉永太等判／[96] 羅興考以偸員短漏告羅克煓判／[97] 姚正林以捏詞栽誣告楊光好等判／[98] 楊光保以捏誣蒙報告楊承興等判／[99] 羅明松以因当成買已准族翻告呉乾熙判／[100] 楊光考以抗税揹価告楊連富等判／[101] 何美金以偸砍搕騙告呉老細等判／[102] 周大誥以估砍犯冢告呉乾登判／[103] 白仁炳以逆違呑騙搶穫禍速告田仁栄判／[104] 余周氏以滅倫偸搶告余世蛟等判／[105] 楊明考以盗傷擄捉告陳栄広等判／[106] 劉洪基以夤糾搶殺告楊興友判／[107] 白紹儒以欺拐串売告楊二木匠等判／[108] 楊昌琦以挟嫌飛誣告文問三等判／[109] 蕭輝伝以藐騙価懸告文世釗等判／[110] 蒋天成以仗吏誣買告楊正純判／[111] 羅克全以恃豪揹害告楊昌玖等判／[112] 雷万鏡以契立包揹告呉正大判／[113] 劉黄氏以逆倫搶穫告秦狗毛等判／[114] 何元吉以勒據搶穫告張慶宗判／[115] 李定光以欺騙凶殺告周大宗等判／[116] 陳老保以估挖犯墳与陳仲書互控判／[117] 胡義源以贓明贓実告胡耀海判／[118] 田宗慶以堆騙偽造告蕭建順判／[119] 姚徳魁以欺窃朋毆告姚老岩等

判／[120]周鳳清告楊毛疥四等判／[121]職婦張伍氏告李茂禄欺孀佔騙判。

［所蔵］：［東文研］・［法学所］・［傅斯年］・［国家図(分)］・［LC］。

［版本］：［二〇〇八年北京国家図書出版社用光緒二十九年刊本景印／明清法制史料輯刊第一編］。

［備考］：［張偉仁 76］・［滋賀秀三 84］・［P.E.Will 10］。

173　三邑治略　五巻　清熊賓撰　光緒三十一年序刊本

［撰者］：熊賓が光緒 27 年(1901)から同 31 年(1905)まで湖北省の施南府利川県および宜昌府東湖県の各知県として在任した時期のもの。

［内容］：巻 3、文告に県批 8 件・代批 21 件、巻 4、堂判に判 74 件(以上、利川県)、巻 5、堂判に判 80 件(東湖県)を収録。「堂判」の標題は「訊周秀挙一案」(巻 4)、「訊盧上達一案」(巻 5) 等、ほぼ全てが“訊＋人名＋一案”という形式で表示されている。

［所蔵］：［人文研］・［法学所］・［国家図(分)］・［科学図］・［LC］。

［版本］：［二〇〇五年北京中国社会科学出版社排印本／歴代判例判牘所収］。

［備考］：［滋賀秀三 84］・［P.E.Will 10］。

174　盧郷公牘　四巻　清荘綸裔撰　光緒三十年序排印本

［撰者］：荘綸裔が光緒 28 年(1902)から同 31 年(1905)まで山東省の登州府萊陽県知県として在任した時期のもの①。

［内容］：巻 1-2 に訴訟関係の詳文 8 件を、巻 3-4 に堂判 152 件を収録。標題は下記のとおり。

巻 1：[1]詳県氏閻長順府控張冠一案詳文／[2]詳県民龐永清府控史鴻玉案詳文／[3]詳県民婦鄭王氏府控鄭之同案詳文／[4]詳県民可英府控李連玉案詳文。

巻 2：[1]詳県民解同順府控于成太案詳文／[2]詳県民劉鳳昌府控劉鳳考案詳文／[3]詳県民孫蘭馨府控張尚謨案詳文／[4]詳県民宮殿珍府控解宗案詳文。

巻 3：[1]解丙控林果案堂判／[2]孫恒武控高克挙案堂判／[3]丁克勤控丁保児案堂判

① 民国『萊陽県志』巻 3-1 上、人事志、人物、職官、清、知県、参照。

／4 周鏡堂控周文治案堂判／5 李文田控李世昌案堂判／6 傅王氏控王文楷案堂判／7 葛成徳控張全剛案堂判／8 張従古控張学古案堂判／9 王瑞控王毓慶案堂判／10 孫敬徳控尉鳳翥案堂判／11 劉法控遅之極案堂判／12 唐楊氏控唐礼児案堂判／13 宮殿南控董士民案堂判／14 趙佐控高登安案堂判／15 鄭克敬呈報被窃案堂判／16 劉旭兆控劉坊案堂判／17 劉鳳考控劉茂玉案堂判／18 隋増控呂徳興案堂判／19 李鳳洲控李朋義案堂判／20 左賢礼控李元隆案堂判／21 張李氏控張守譜案堂判／22 楊劉氏控趙仁山案堂判／23 辛恭控潘邢氏案堂判／24 魯日太控魯国舟案堂判／25 陳王氏控于克柱案堂判／26 臧澔控臧洳案堂判／27 蓋錫範控蓋錫禄案堂判／28 隋学令控隋藍田案堂判／29 孫劉氏控孫志海案堂判／30 劉明起控李慶栄案堂判／31 王李氏控王之漢案堂判／32 劉柳氏控劉見友案堂判／33 姜龐氏控張允中案堂判／34 宋裕謙控林升案堂判／35 張鴻俊控魯序曾案堂判／36 張仁登呈請立継案堂判／37 張村控張学官案堂判／38 姜義全控姜芸案堂判／39 張守智控王法案堂判／40 盛殿控盛尚案堂判／41 李潘氏控李恒昌案堂判／42 宮煥又控宋廷棟案堂判／43 劉祝氏控劉作賓案堂判／44 梁丕栄控梁建之案堂判／45 程文卿控程曲氏一案堂判／46 史孫氏控孫仁同案堂判／47 王廷控孫成案堂判／48 刁明信告遅八児案堂判／49 趙劉氏控趙常児案堂判／50 王景東控請験傷案堂判／51 左廷棟控左尚賢案堂判／52 劉徐氏控于士選案堂判／53 初殿奎控劉培十案堂判／54 張相炆控紀洪範案堂判／55 張作喜控張利児案堂判／56 位廷彩控李盛案堂判／57 潘学敬控李盛案堂判／58 呂永禅控呂英韶案堂判／59 夏暖控夏忙児案堂判／60 劉任恒控劉恪案堂判／61 遅東児拐売趙呂氏案堂判／62 呂王氏控呂雲青案堂判／63 蓋新太告隋合浦案堂判／64 劉芳音控劉蕙案堂判／65 孫香洲控聶理案堂判。

卷 4:1 劉李氏控王義理案堂判／2 孫相臣控任為本案堂判／3 趙炳斗控徐克恭案堂判／4 蘇劉氏控蘇徳九案堂判／5 李邢氏控李成文案堂判／6 高雲河控高丑児案堂判／7 王張氏控王栄廷案堂判／8 方文明控邢方錫案堂判／9 隋云登控隋普元案堂判／10 呂増児控丁本剛案堂判／11 郭玉管控郭振東案堂判／12 劉張氏控宋同連案堂判／13 張劉氏控張立傑案堂判／14 鄭彦廷控鄭福同案堂判／15 張方礼控張正案堂判／16 夏崑控夏崙案堂判／17 劉張氏控江八十案堂判／18 李寿普控崔春林案堂判／19 封盛控姜崇案堂判／20 郭宋氏控郭赶生案堂判／21 劉趙氏控劉騰進案堂判／22 李錫九控李樹荊案堂判／23 王福全控宮徳清案堂判／24 趙袁氏控趙元田案堂判／25 張文成控張全福案堂判／26 蓋姜氏控蓋式度案堂判／27 張文江控蘇斗児

案堂判／[28] 趙作興控徐万宝案堂判／[29] 張学控張貴雲案堂判／[30] 王寿堂控譚永清案堂判／[31] 趙玉控趙徳義案堂判／[32] 郭桐控隋坤案堂判／[33] 李守臻控全正寛案堂判／[34] 段姜氏控段夏児案堂判／[35] 李徐氏控李茂増案堂判／[36] 葛永会控葛慶三案堂判／[37] 蒋欽控呂成児案堂判／[38] 倪允吉控周中児案堂判／[39] 劉李氏控任玉山案堂判／[40] 陳万雲控周曰年案堂判／[41] 劉鳳仙控劉鳳考案堂判／[42] 孫永楨控楊振声案堂判／[43] 宋璋控劉徳平案堂判／[44] 趙吉永控陳貞案堂判／[45] 姜憲控梁鄒氏案堂判／[46] 黄暖控黄在茲案堂判／[47] 潘茂興控于振忠案堂判／[48] 趙孟臣控姜殿元案堂判／[49] 趙乃春控趙乃榛案堂判／[50] 戚運涪控王会常案堂判／[51] 于鑑貴控葉松児案堂判／[52] 邢肯堂控邢方坤案堂判／[53] 展豊湖控展豊煥案堂判／[54] 邱含英控隋福基案堂判／[55] 董有修控董丙寅案堂判／[56] 陳文礼控劉貫案堂判／[57] 修占桂控趙彦隆案堂判／[58] 戦有名控王景升案堂判／[59] 宋金相控劉作先案堂判／[60] 趙縄祖控辛龍児案堂判／[61] 趙徐氏控郭龍起案堂判／[62] 丁廷興控牟廷戒案堂判／[63] 沈述球控李京書案堂判／[64] 孫王氏控孫万松案堂判／[65] 衣中文控王福案堂判／[66] 邢連陞控王兆和案堂判／[67] 周維漢控周鑑三案堂判／[68] 初鏡堂控初未児案堂判／[69] 張咸和控張法中案堂判／[70] 胡清等控馬成良案堂判／[71] 李鳳翥控李紹林案堂判／[72] 孫正徳控李徳児案堂判／[73] 左許氏控王洛大案堂判／[74] 李会清控李銘典案堂判／[75] 周丕忠控王金圃案堂判／[76] 李呂氏控李臣案堂判／[77] 展学保控郝可盛案堂判／[78] 蓋聡控丁成官案堂判／[79] 張維翰控張廷文案堂判／[80] 董復春控李曰松案堂判／[81] 王成寿控王興漢案堂判／[82] 徐歳更控徐晩来案堂判／[83] 姜呂氏控呂爾愷案堂判／[84] 李会臣控李会児案堂判／[85] 劉哲先控劉史氏案堂判／[86] 臧訪控臧之圩案堂判／[87] 郭邵氏控王三児案堂判。

［所蔵］：［科学図］。

［版本］：［一九九七年合肥黄山書舎用光緒三十年序排印本景印／官箴書集成所収］。

［備考］：［P.E.Will 10］。

175　交河爪印　一巻　清程鯀撰　光緒刊本

［撰者］：程鯀が光緒27-28年（1901-02）頃、直隷省河間府交河県知県として在任した時期のもの①。

① 当該書、所収の「壬寅正月十四日上直隷袁宮保条陳」および「辛丑冬呈送各憲辦理地方情形節

［内容］:「批稟生白醴泉等稟」「批文生侯維藩稟」等、裁判関係の批 25 件、および「秦元幅等堂判」「堂諭瘋婦之子趙八」の 2 件の判を収録。

［所蔵］:［国家図（分）］・［科学図］。

［版本］: ——

［備考］: ——

176　浙鴻爪印　不分巻　清程龢撰　一九七三年台北文海出版社用民国十三年排印本景印　近代中国史料叢刊所収

［撰者］: 程龢が光緒 33 年（1907）から宣統元年（1909）まで浙江省の寧波府象山県知県として在任した時期のもの①。

［内容］: 巻上、堂判類に 73 件の判を収録。標題は下記のとおり。

1 鄭金南与董明桃控争塗地勘諭／2 詣勘直嶴魚塘諭／3 翁克諧翁克剛等堂諭／4 翁克秀控翁克剛等堂諭／5 倉董丁伴庚等与兪継宝上控一案堂判／6 教民李大林控瘋人鄭利漢等搶毀物件堂判／7 王劉氏控余徳栄強佔官妾堂判／8 據盧元修呈報胞兄盧達修被盧均修等槍斃一案堂判／9 訊判張陳氏控婁順昌欠洋一案堂論／10 警察局獲送賭案堂論／11 邵金南因賭毆差堂判／12 許和尚控許森林堂論／13 呉文龍控呉士寿等削譜堂判／14 方起翺与方積瀛争継堂論／15 楊永昌控糧書何紹昌串騙案堂判／16 方松林控程維順毆傷伊妻杜氏案堂判／17 舒明理等控舒鴻翥佔地毀墓案堂判／18 陳選青控陳邦森案堂判／19 童鄭氏控邵大歪案堂判／20 祝春良等查訊案堂判／21 呉卸宝等查訊案堂判／22 濮忍吉控張植三案堂判／23 聞世根查訊案堂判／24 鄧章非等查訊案堂判／25 羅浩等查訊案堂判／26 楊雲等争継案堂判／27 訊周曰忠報控人命案／28 復訊周曰忠控案／29 一訊余式爻等堂論／30 一訊黄景高等堂論／31 一訊晏樟和等堂論／32 一訊呉祥泰等堂論／33 一訊管樟富控管徳世堂論／34 一訊王承安控謝富根堂論／35 覆訊呉祥泰等堂論／36 一訊郭茂言等堂論／37 一訊郭茂言等堂論／38 一訊張詩樟等堂論／39 一訊劉応氏控賀氏案堂論／40 一訊厳連順等堂論／41 一訊程法模等堂論／42 一訊王徳成等堂論／43 一訊潘遵潤等堂論／44 一訊王根寿堂論／45 一訊来古笙堂論／46 一訊徐啓周等堂論／47 一

略」等、参照。

① 民国『象山県志』巻 5、職官表、清知県、参照。

訊仇天煦等堂論／[48] 一訊厳蛮蛮等堂論／[49] 一訊李根栄堂論／[50] 一訊翁日義堂論／[51] 一訊徐樟波堂論／[52] 一訊池雲根堂論／[53] 一訊孫大用等堂論／[54] 一訊劉開明等堂論／[55] 一訊余宗瑾等堂論／[56] 一訊鄭京川等堂論／[57] 一訊季魏氏等堂論／[58] 一訊藍徐氏等堂論／[59] 一訊余海良等堂論／[60] 一訊羅鄭氏等堂論／[61] 一訊徐開起等堂論／[62] 一訊陳金寿等堂論／[63] 一訊杜泰均等堂論／[64] 訊判傅茂林控金老五私取飾銀堂論／[65] 訊判李存誠控傅家騏図頼欠款堂論／[66] 訊判張為奇控潘茂材佔山砍木一案堂論／[67] 訊判沈炳旂控朱継満佔妻一案堂論／[68] 判金炳照控厳金氏盗受房屋一案堂論／[69] 繆修徳控呉根土誘拐伊妹鳳姑質訊案堂判／[70] 一訊経書蒋思斌稟請吊巻堂判／[71] 一訊謝張氏併張楊氏呈報伊夫被張啓淦胡名山砍死両命堂判／[72] 據盧元修呈報胞兄盧達修被盧均修等槍斃一案堂判／[73] 教民徐志東等控励志通糾搶姪女一案復訊堂判。

[所蔵]：原排印本の所蔵機関は未詳。

[版本]：　——

[備考]：［森田成満 93］・［P.E.Will 10］。

177　宛陵判事日記　残一巻　清何恩煌撰　光緒二十九年序刊本

[撰者]：何恩煌が光緒 29 年(1903)に安徽省の寧国府宜城県知県として在任した時期のもの。

[内容]：64 件の判を収録。その内訳は「堂論」33 件、「堂断」29 件、および「場論」1 件である。標題は附けられていない。

[所蔵]：［東大法］・［LC］。

[版本]：　——

[備考]：［滋賀秀三 84］。

178　済川公牘　不分巻　清闕名撰　光緒三十年彩雲別墅刊本

[撰者]：四川省の松藩直隷庁のものであるが、時期としては光緒 29 年(1903)のみ確認できる①。

[内容]：訴訟関係として「訊結革生藍映泰罵蘇参将案詳文」および「米文暄攔劫凶

---

① 当該書の版心に「松藩直隷庁／光緒癸卯年」とある。

傷呈批」「呉国富估贖勒買呈批」「孀婦羅尤氏呑昧虐斃呈批」「客民石金玉嫌貧悔婚呈批」等の批 54 件を収録。

[所蔵]：[科学図]。

[版本]：　——

[備考]：　——

179　陝西鎮安県公牘　不分巻　清李麟図撰　光緒二十九年鈔本

[撰者]：李麟図が光緒 29 年(1903)から同 31 年(1905)まで陝西省の商州鎮安県知県として在任した時期のもの①。

[内容]：1 件の稟を収録。標題は「通稟劉立業違断覇産擬結立案由」であり、「光緒二十七年六月」とある。

[所蔵]：[科学図]。

[版本]：　——

[備考]：　——

180　贛中寸牘　不分巻　清江鐘霖撰　光緒三十四年排印本

[撰者]：江鐘霖が光緒 31 年(1905)から同 34 年(1908)まで江西省の道台として在任した時期のもの。

[内容]：　辦結案として 9 件および批 1 件を収録。標題は下記のとおり。

1 辦結豊城県盛廷松等盗典房屋与福音堂一案 光緒三十一年六月間／2 辦結万載県教民宋鑑堂盗典房屋与天主堂一案 光緒三十一年五月間／3 辦結龍泉県民康慶廷盗売公産楊錫光等盗売総祠与天主堂一案 光緒三十一年十二月／4 辦結徳化県革監羅秋舫盗売屯地美商李湯姆一案 光緒三十一年九月／5 辦結湖口県屯田洲地張謀礼違約退与英商都志善一案 光緒三十二年六月／6 辦結寧都州監生李逢春等互控伐樹搶穀一案 光緒三十三年七月間／7 辦結餘干県民呉金生違章設堂威脅郷愚勒捐聚衆一案 光緒三十四年二月間／8 辦結寧都州耶蘇堂部牧師因理勧教婦頼姜氏与夫兄争産被天主教民扭毆一案 光緒三十四年三月間／9 辦結萍郷県糧書孫継昌等糾衆打毀天主堂誦経所什物一案 光緒三十四年五月／10 批南豊県楊令詳教婦李呉氏与李福全互控糾搶断令罰

---

① 民国『続修陝西通志稿』巻 222、職官 13、文職、鎮安県知県、参照。

賠結案稟。

[所蔵]：[国家図(分)]・[科学図]。

[版本]：[二〇〇八年北京国家図書出版社用光緒三十四年排印本景印／明清法制史料輯刊第一編所収]。

[備考]：　――

181　勈盦官書拾存　四巻　清羅正鈞撰　光緒年間刊本

[撰者]：羅正鈞は直隷の永平府撫寧県・保定府清苑県・同府定興県の各知県または署知県として在任しているが､光緒31年(1905)の清苑県知県のみ確認できる①。

[内容]：巻3に「審結倉巨村民争地一案稟 三月二十四日」の1件を収録。

[所蔵]：[国家図(分)]・[科学図]・[傅斯年]。

[版本]：[二〇〇八年北京国家図書出版社用民国九年刊本(庚申湘潭羅氏養正斎刊本)景印／明清法制史料輯刊第一編所収]。

[備考]：[張偉仁 76]。

182　陶甓公牘　十二巻　清劉汝驥撰　宣統三年安徽印刷局排印本

[撰者]：劉汝驥が清末に安徽省の徽州府知府として在任した時期のもの。光緒33年(1907)から宣統元年(1909)までの在任を確認できる②。

[内容]：巻2、批判、吏科に批3件、巻3、批判、戸科に批19件・堂判1件・看語1件、巻4批判、礼科に批33件・堂判1件、巻7、批判、刑科に批65件および堂諭・堂判6件を収録。ここでは堂判・堂諭・看語の標題のみを以下に提示する。

巻3、批判、戸科：[1]休寧教民黄金聚控汪社宝一案堂判。

巻4、批判、礼科：[1]婺源県余査氏控余啓呈覇産一案堂判／[2]歙県蔡令世信詳寿民葉光衔五世同堂看語。

巻7、批判、刑科：[1]歙県民人曹九十投井撈救一案堂諭／[2]歙県革生洪漢雲上控章炳勒索一案堂判／[3]分府革役孫進即孫金奎奉批監禁一案堂諭／[4]歙県民婦蕭

① 当該書、巻4、「計稟呈鈔禄合同一紙」参照。

② 当該書、巻1、示諭、丁未、「召見恭紀」および巻12、法制、「歙県民情之習慣」等、参照。

氏控胡兆麟等唆訟抬詐一案堂諭／[5]又堂諭／[6]婺源県民人王成們控朱宗煌等藉屍抬詐一案堂判。

［所蔵］:［東文研］・［科学図］。

［版本］:［一九九七年合肥黄山書舎用宣統三年安徽印刷局排印本景印／官箴書集成所収］。

［備考］:［森田成満 93］・［P.E.Will 10］。

183　両淮案牘鈔存　不分巻　清趙濱彦撰　排印本

［撰者］: 趙濱彦が光緒 29 年(1903)から宣統元年(1909)まで両淮塩運使として在任した時期のもの。

［内容］:「喬楊案鈔」として「喬宦遺抱控告楊誥騙呑財産稟」「運使趙批」から「運使趙録批行県局札」まで 24 件の案牘を、また「盧紳控案」として「盧錫珪等控盧晋恩毆尊呑産請封垣産稟」「運使趙批」から「運使趙飭査盧紳垣産行淮南局札」まで 34 件の案牘を収録。

［所蔵］:［科学図］。

［版本］:　──

［備考］:　──

184　湘藩案牘鈔存　不分巻　清趙濱彦撰　宣統年間排印本

［撰者］: 趙濱彦が宣統 2 年(1910)から同 3 年(1911)まで湖南布政使として在任した時期のもの①。

［内容］: 批牘 1 に 2 件の批を収録。標題は下記のとおり。

[1]湘郷県査覆職貢李篤悱等聯名上控稟批／[2]常徳府会稟議結劉徳沛田業抵還官銭局款項並勾攤商款花票各情形批。

［所蔵］:［科学図］。

［版本］:［一九七三年台北文海出版社用宣統年間排印本景印／近代中国史料叢刊続編所収］。

［備考］:　──

---

① 銭実甫編、前掲『清代職官年表』3 冊、参照。

185　案事編　一巻　清沈祖燕撰　光緒三十三年序排印本

[撰者]：沈祖燕が光緒 32 年(1906)の末に、存記道台として一時、湖南省永綏直隷庁事を統べた時期のもの①。

[内容]：4 件の判を収録。すべて光緒 32 年(1906)12 月のもの。標題は下記のとおり。

1集訊湖南乾州庁附貢生龍則霊女春姐与永綏庁苗民石生結婚構訟案判詞／2提訊湖南永綏庁文生楊大林斥革監禁案判詞／3 提訊永綏庁刑書査育卿並其子門丁査道闌案判詞／4覆訊査道闌案判詞。

[所蔵]：［国家図(分)］・［上海図］。

[版本]：　──

[備考]：　──

186　敬畏斎公牘　二巻坿一巻　清石鑫撰　民国二十八年陽新石氏蓉城仙館印行本

[撰者]：石鑫は光緒 33 年(1907)に山西省の汾州府孝義県知県に就任しているが、同年に任地で死去している②。

[内容]：巻 2 に 16 件の批を収録。標題は下記のとおり。

1批上王村保正成克明控楊徵文／2批三山村文生官居仁稟葛彭年淩辱師長文／3批小磨溝村張存仁控梁月娃謀害羊隻文／4批郭家村鄭富国状訴馬二禿並非盗馬文／5批大井溝田依農状控田裕民乱宗立嗣文／6批郭家村周志有状訴張信義恃強欺弱文／7批窩舗溝劉文章状訴梅閏喜恃強阻路文／8批職員劉継曾等稟懇厳禁偸窃禾苗並送章程文／9 批生員張守忠状訴梁八等同阻父柩文／10 批生員信全真状訴丁志昌強抗父債文／11 批宋村泰占魁状訴郭挙病愈不酬文／12 批八角堡廩生張宅中等籌設学堂文／13 批横山村郭挙状訴侯斌等指産誆騙文／14 批義井高益祥状訴高喜祥異姓乱宗文／15 批宮光仁状訴陳三許婚不聘文／16 批劉秉全状訴楊選等

---

① 当該書、所収の「案事編例言」および「湖南巡撫岑奏派雲南査辦事件片稿」光緒 33 年(1907)正月、参照。

② 当該書、附録、傅嶽棻「清授中憲大夫知府用在任候補直隷州知州補山西孝義県知県顕考綏之府君行述」参照。

誘母再醮文。

[所蔵]：[国家図(分)]・[科学図]。

[版本]：[二〇〇八年北京国家図書出版社用民国二十八年陽新石氏蓉城仙館印行本景印／明清法制史料輯刊第一編]。

[備考]：　——

187　塔景亭案牘　清許文濬撰　民国十三年排印本

[撰者]：許文濬は光緒 34 年(1908)に江蘇省の江寧府句容県知県に就任しており、その時期のものと思われる①。

[内容]：巻 4-10 が「庭判」となっているが、各判の標題はほぼ人名のみで構成されている。巻 4 には「周篤貴控周孝運等」等 75 件、巻 5 には「蘇景懐控王二等」等 71 件、巻 6 には「趙如」「蔡厳氏控蔡熊等」等 54 件、巻 7 には「呉徳栄控王徳仕」等 53 件、巻 8 には「張開生控倪紹培」等 47 件、巻 9 には「周祥有」等 54 件、そして巻 10 には「何趙氏」等 48 件、併せて 402 件の判を収録。

[所蔵]：[科学図]。

[版本]：[兪江点校／二〇〇七年北京北京大学出版社排印本／近代司法判決叢編所収]。

[備考]：[P.E.Will 10]。

188　謗書　四巻　清銭瑞生撰　何震彜輯　民国九年排印本

[撰者]：銭瑞生が光緒 34 年(1908)から宣統元年(1909)まで河南省の南陽府唐県知県として在任した時期のもの②。

[内容]：巻 2-4 に裁判関係の稟 23 件を収録。標題は下記のとおり。

巻 2：[1] 県民張国儒置買房地填用款発教会契紙有違定章差伝質訊核辦稟 附堂諭／[2] 訊明張国儒託名教会置買田産接晤各教士委無牽渉憑有回信請示遵行稟 附另稟告示／[3] 会訊張国儒価買呂文桀等田房託名教会填用契紙匿不到案稟／[4] 県民袁

---

① 当該書、自序および同、跋、参照。後者には「此許丈玉農令句容時存艸也」とある。

② 当該書、跋、および巻 2、「抽収城郷土膏店捐款、撥給各項新政公用、截至夏季止、動支数目、逐款造報稟 附清摺」参照。

鎮三捏控白士林揚言殺害伝集訊明秉公断結並抄艾教士来函請予立案稟.

巻 3:[1]監生趙命新上控孀婦李姚氏等丈荒退熟一案県控訊断情形検呈全巻及李姓契拠懇請核示稟／[2] 趙命新続控李姚氏会差搶禾匿不投審請飭府提質訊免醸巨案稟／[3]会委訊結県民李継昌上控李満堂等乗喪争継稟／[4]訊明仝篤恭上控仝鍾元等権蠹調衅等情一案断結情形稟／[5] 泌陽県民張連秀被裕州粮差韓景元等串訛殴斃移屍唐境請飭裕州劉牧来県会験稟／[6]会験泌民張連秀委係中途因病身死稟 附移送犯証訊辦文／[7]拿獲隣境盗犯鄭錫卿解赴湖北夏口庁収審稟／[9]会訊趙景濂遣抱上控趙海濱藉命牽誣分別質証明確酌予議結稟／[10] 訊明県民劉子栄誣控胞叔劉天礼殺兄売嫂酌予坐誣稟／[11] 査明県民張発林上控魏廷杰同謀殺命業経前県集訊毫無確拠分別保釈請免伝審稟／[12] 訊明張志芳越控搶傷伊父張文江身死案内首匪王喜長詳細情形抄録全案請派営務処到県会審稟／[13] 常全成違断纏訟覇地抗伝請飭押発稟／[14] 武生殷万年上控管永発群蠹架訛一案遵批稟／[15] 泌陽県民牛進山捏控翟喜等買婚有拠伝集人証訊結坐誣稟／[16] 県民仝清吉上控楊三黒拉勧轟傷仝清挙身死一案被楊三黒業経奉飭保釈請免復提以省拖累稟。

巻 4 : [1]訊明楊清蘭素不安分教唆詞訟擾害郷里按例擬議解審究辦文／[2]験明李清金委係受傷身死訊拠屍子李萱供認救父情切悞傷所致擬即押犯進省稟／[3] 会査已死姚敬之強拿凶犯邵永華之土並無報税印花稟。

[所蔵] : [国会]・[東文研]・[科学図]。

[版本] : [一九七三台北文海出版社用民国九年排印本景印／近代中国史料叢刊続編所収]。

[備考] : [P.E.Will 10]。

189　歴任判牘彙記　三巻　清趙幼班撰　鈔本

[撰者]:趙幼班が清末に江蘇省の江寧府上元県知県および山東省の泰州知州として在任した時期のものと思われる。

[内容] : 巻 1 に「判王淦泉等堂詞」「判陸張氏等堂詞」等 161 件、巻 2 に「判伏朱氏等堂詞」「判張徳貴等堂詞」等 292 件、巻 3 に「沈金和等堂詞」「判李裕坤等堂詞」等 268 件、併せて 721 件の判を収録。

[所蔵] : [法学所]。

[版本]：[二〇〇五年北京中国社会科学出版社排印本／歷代判例判牘所収]。

[備考]：　――

跋

本目録は、平成16年度～同18年度日本学術振興会科学研究費補助金基盤研究(B)海外学術調査「伝統中国の訴訟・裁判史料に関する調査研究」(代表三木聰) および平成17年度～同21年度文部科学省科学研究費特定領域研究「東アジアの地域形成と地方統治官――規範の普及と現実――」(代表山本英史) の研究成果として編纂されたものである。前者の成果の一部として2007年3月に発表された「伝統中国判牘資料目録稿(明清篇)」(三木編『伝統中国の訴訟・裁判史料に関する調査研究』北海道大学大学院文学研究科東洋史学研究室、2007年、所収。以下「目録稿」と略称) を基に、その後、増補・修改を加えて、ここにひとまず『伝統中国判牘資料目録』として上梓することができたのである。

本目録編纂の直接的な契機は、滋賀秀三『清代中国の法と裁判』(創文社、1984年) の巻末に附された「清代判牘目録 (明末を含む)」にあった。そこに収録された26種 (明末の1種を含む) の判牘の解題はまさに簡にして要を得たものであり、はじめの段階でわれわれが目指したものは滋賀の当該目録の増補であった。その後、滋賀秀三編『中国法制史――基本資料の研究――』(東京大学出版会、1993年) 所収の濱島敦俊「明代の判牘」および森田成満「清代の判語」が発表され、われわれが知り得た判牘資料の数は明代が16種、清代が55種、併せて71種に上ったのである。今回、本目録が採録した判牘等のデータは全部で189種 (明代55種、清代134種) であり、「目録稿」所載の全171種に対しても18種の新たな知見が増補されている。なお、ここでお断りしなければならないことは、本目録の書名に「伝統中国」と銘打ちながら、採録された判牘等がすべて明清時代に限られている点である。読者諸兄姉の御寛恕をお願いしたい。宋元時代または民国期の判牘類を含めた目録、或いは明清時代のより完成された目録については、今後の調査・研究の進展に待ちたい。

最終的に本目録として結実した判牘調査についての発案は、故高橋芳郎によって出されたものである。私が科研プロジェクトの代表となったのは、諸般の事情による偶さかのことであった。高橋は 90 年代の半ばから『中国古籍善本目録』（史部は上海古籍出版社、1991 年、子部は同、1996 年）を片手に、北京・上海等の漢籍収蔵機関において判牘の調査とデータの集積を行っていたが、その一方で、善本には分類されない漢籍の中に従来、全く紹介されることのなかった判牘資料が各種収蔵機関の書架に大量に眠っていることを実感するに至っていた。本目録作成のための調査・研究が始まる段階には、すでに当該時期に高橋が調査・収集した判牘関係の詳細なデータが存在していたのである。また、これまでほとんど顧みられることのなかった中国社会科学院法学研究所図書館の蔵書に注目したのも高橋であったことは、本目録の序で山本英史が述べるとおりである。2004 年以来、6 年間にわたってわれわれは高橋が拓いてきた道を再び歩みながら、主に日本・中国・台湾の諸機関において判牘の調査に従事してきた。また、山本は独自に米国での調査を実施した。その高橋芳郎が昨年の 3 月、自身が代表を務める科研プロジェクトのために滞在していた北京で客死した。長期の調査旅行による過労と宿痾の発症とによる突然の死であった。これまで同じ研究プロジェクトに参画し、ごく身近にいた者として痛恨の極みである。一昨年の 11 月、高橋・山本および私の 3 名の話し合いによって本目録の出版へ向けて踏み出すことを決定していたが、出版の場にともに立ち会うことは叶わなくなった。

本目録の刊行に至るまでの間に、多くの方々の御支援を頂戴した。ここに謝辞を申し述べたい。台湾中央研究院近代史研究所の巫仁恕氏には御自身が収集された貴重な判牘データを見せていただいた。コレージュ・ド・フランスのピエール・エティエンヌ・ウィル氏には執筆中の *Official Handbooks and Anthologies of Imperial China : A Descriptive and Critical Bibliography* の引用を許可していただいた。ここに深甚の謝意を申し上げたい。京都大学人文科学研究所の岩井茂樹氏、京都大学大学院法学研究科の寺田浩明氏、九州大学大学院法学研究院の西英昭氏、東京大学東洋文化研究所の森本一夫氏、北京大学中古史研究中心の張希清氏および南京大学歴史学系の范金民氏には資料調査、或いは文献収集の面で多大な御援助をいただいた。一橋大学大学院社会学研究科の佐藤仁史氏には本目録の版下作成の面で御協力いただいた。北海道大学大学院文学研究科の松下憲一氏および元中国科学院図書館司書の王燕黎氏には海外調査の様々な面で御尽力いただいた。日本学術振興会特別研究員の城地孝氏、北海道大学大学院博士後期課程の小林晃氏、同じく宮沢礼克氏にも資料調査およびデータ整理の面で協力してもらった。以上に名前を記すことのできなかった方々を含めて、心から感謝の意を表したい。

本書の出版に際しては、汲古書院の石坂叡志氏および小林詔子氏にお世話いただいた。記して御礼を申し上げる。

最後に、本書を北京市西郊万安公墓に眠る編者の一人、高橋(津田)芳郎氏の墓前に捧げることにしたい。

2010年1月20日

三木　聰　識

索　　引

1　以下は、書名索引、撰者・編者に関する人名索引、および省名索引である。

2　三者ともに基本的には五十音順で配列した。なお、第一字目の漢字が同音の場合は、『康熙字典』の漢字配列順に従った。

3　三者ともに頁数ではなく、書名に附された番号を表示した。

書名索引

あ　行

か　行

さ　行

た　行

な　行

は　行

ま　行

や　行

ら　行

人名索引

あ　行

か　行

さ　行

た　行

は　行

ま　行

や　行

ら　行

省別索引

編者紹介

三木　聡（みき　さとし）

1951年 生まれ

現　職：北海道大学大学院文学研究科教授

主要著書：

『明清福建農村社会の研究』（2002年，北海道大学図書刊行会）

『盗みの文化誌』（共著，1995年，青弓社）

山本英史（やまもと　えいし）

1950年 生まれ

現　職：慶應義塾大学文学部教授

主要著書：

『清代中国の地域支配』（2007年，慶應義塾大学出版会）

『現代中国の履歴書』（2003年，慶應義塾大学出版会）

『伝統中国の地域像』（編著，2000年，慶應義塾大学出版会）

高橋芳郎（たかはし　よしろう）

1949年 生まれ

2009年 北海道大学大学院文学研究科教授在任中に死去

主要著書：

『訳注『名公書判清明集』戸婚門』（2006年，創文社）

『宋代中国の法制と社会』（2002年，汲古書院）

『宋-清身分法の研究』（2001年，北海道大学図書刊行会）

伝統中国判牘資料目録

2010年（平成22）3月22日　発行

編　者　三木　聰
　　　　山本英史
　　　　高橋芳郎

発行者　石坂叡志
製版印刷　富士リプロ（株）

発行所　汲古書院
〒102-0072　東京都千代田区飯田橋 2-5-4
電話 03（3265）9764　FAX03（3222）1845

ISBN978－4－7629－1222－1　C3000